广东省研究生示范课程"社会研究方法"建设教材
华南农业大学研究生创新计划项目（课程思政建设）"质性研究方法"教材
华南农业大学课程思政示范课程"田野调查与社会实践"教材

田野工作：
质性研究的理论、方法与实践

廖杨 蒙丽 等 编著

科学出版社

北京

内 容 简 介

本书在介绍田野工作的含义、意义、性质、目标、情感、伦理等内容的基础上，较为系统地讨论和分析了田野工作的理论视野、理论维度、理论预设、理论创新、方法论原则、方法体系、方法选择和方法运用等问题。

本书是贯通普通高等学校本科和研究生质性研究方法类多门课程的配套教材，兼顾本科生和研究生学习社会调查研究方法特别是质性研究方法的需要，适合于高年级本科生和研究生学习使用，也可以供社会科学研究者及爱好者参考。

图书在版编目（CIP）数据

田野工作：质性研究的理论、方法与实践 / 廖杨等编著. -- 北京：科学出版社，2025.3. -- ISBN 978-7-03-079806-0

Ⅰ.C91-03

中国国家版本馆 CIP 数据核字第 2024A9R327 号

责任编辑：冷 玥 / 责任校对：张亚丹
责任印制：徐晓晨 / 封面设计：义和文创

科 学 出 版 社 出版
北京东黄城根北街 16 号
邮政编码：100717
http://www.sciencep.com

北京华宇信诺印刷有限公司印刷
科学出版社发行 各地新华书店经销
*

2025 年 3 月第 一 版　开本：720×1000　1/16
2025 年 3 月第一次印刷　印张：18 1/2
字数：370 000

定价：98.00 元
（如有印装质量问题，我社负责调换）

前　言

田野工作基本上属于质性研究。尽管田野工作过程中有时也开展一些小规模的问卷调查，但是那些问卷调查的统计结果不能像定量研究那样去做推论分析，而是为了弥补田野工作质性研究的不足，亦即它是为了民族志研究更精当而开展的辅助性调查，是以量化的数据或资料与定性资料形成互补，而不是以概率抽样的调查结果去推论研究总体。

传统的田野工作点往往是小范围的微型社区。虽然许烺光先生曾将中国、印度和美国三个国家看作是不同类型的巨型"社区"，并进行跨文化的比较研究，出版了《宗族·种姓·俱乐部》[①]著作，但是，绝大多数的传统田野工作点依然是某个地方的微型社区。随着信息时代计算机和互联网等技术的发展，即时通信突破了时空限制，超时空的田野工作理论上成为可能，传统田野工作的"社区"趋于虚拟或半虚拟，同步、即时、多点、散点和虚拟或半虚拟化，成为信息时代网络田野工作的基本特征。

如何兼顾传统田野工作和信息时代网络田野工作，是当代社会科学研究面临的机遇和挑战，也是质性研究必须直面的时代课题。

目前，国内涉及田野工作的教材主要以社会学、人类学、民俗学、教育学等学科为主。近年来，有一些政治学学者重视和提倡将田野工作方法运用于中国乡村基层社会的政治学研究。例如，徐勇先生便提出了田野政治学的主张，强调将实证方法引入中国政治学研究，以更新中国政治学的研究范式。[②]这一倡议现已得到越来越多的学者支持和赞同。[③④⑤⑥⑦⑧]但是，国内现有专著或教材对于田野工作的讨论一般散见于相关章节，或仅列一两章或三五章进行分析，如周大鸣主持编

---

① 许烺光. 宗族·种姓·俱乐部[M]. 薛刚, 译. 北京：华夏出版社, 1990.

② 徐勇, 慕良泽. 田野与政治：实证方法的引入与研究范式的创新：徐勇教授访谈[J]. 学术月刊, 2009, 41 (5)：155-160.

③ 任璐. 田野政治学：村治研究与中国政治学的重建：以中国村民自治研究为重点表述对象[J]. 云南社会科学, 2017 (3)：14-20, 185.

④ 韩冬临. 田野实验：概念、方法与政治学研究[J]. 国外社会科学, 2018 (1)：134-142.

⑤ 周平. 把握田野政治学的丰富内涵[N]. 中国社会科学报, 2020-08-18 (001).

⑥ 房宁. 政治学为什么需要田野调查[J]. 华中师范大学学报（人文社会科学版）, 2021, 60 (1)：10-16.

⑦ 黄振华. 田野政治学：构建中国特色政治学的重要路径[J]. 探索, 2021 (6)：70-79.

⑧ 陈军亚. 从感觉到自觉：田野政治学的概念建构路径：以"韧性小农"概念建构为例[J]. 天津社会科学, 2022 (1)：66-71.

写的《人类学概论》[①]第二章第二节，庄孔韶主编的《人类学概论》[②]第六、七章，王积超主编的《人类学研究方法》[③]第四、五、六章，何星亮著的《文化人类学调查与研究方法》[④]上篇第一章至第四章为田野调查方法介绍、第五章为调查研究报告；国内学者翻译国外田野工作的相关著作主要有重庆大学出版社出版的"质性研究方法译丛"，如《民族志：步步深入》[⑤]《田野工作的艺术》[⑥]《民族志方法要义：观察、访谈与调查问卷》[⑦]等，文字相对晦涩，写作风格也与国内教材或论著迥异，不易于国内读者参考阅读。

田野工作不仅仅是一种收集资料的技术，更是一种方法，有其理论视野、基本维度、理论预设和方法论原则指导，而且田野工作的方法体系、方法选择和实践运用也有诸多讲究，需要编写专门的教材或论著进行讨论。

《田野工作：质性研究的理论、方法与实践》分导论、理论、方法和实践四篇内容进行编写。其中，导论篇为第一章，主要介绍田野工作的含义、意义、性质、目标、情感、伦理等内容，以便从总体上了解田野工作；理论篇包括第二章至第五章，主要讨论和分析田野工作的理论视野、理论维度、理论预设和理论创新等方面的内容；方法篇包括第六章至第十章的内容，主要讨论田野工作的方法论原则、方法体系、方法选择和方法运用等问题；实践篇是第十一章至第十四章，包括相关田野工作案例和调查资料，以供参考。

总体上看，本书与国内以往的同类论著或教材相比有所创新，主要表现在：

（1）本书是较为系统地讨论和分析田野工作的教材，使得以往零散的田野工作知识得以系统化、完整化和结构化。

（2）本书将田野工作与质性研究结合起来，避免了单纯地就资料收集谈田野工作技术。

（3）本书融入了编写者的教学、科研实践和心得体会，既深入浅出，又富有"实战"经验和示范案例。

（4）本书是本科课程和研究生课程内容的有机结合，可为本科生和研究生科研能力提升提供质性研究方法训练。

（5）本书是多个教育教学改革或创新计划项目成果的结晶，注重融入课程思

---

① 《人类学概论》编写组. 人类学概论[M]. 北京：高等教育出版社，2019.
② 庄孔韶. 人类学概论[M]. 2版. 北京：中国人民大学出版社，2015.
③ 王积超. 人类学研究方法[M]. 北京：中国人民大学出版社，2014.
④ 何星亮. 文化人类学调查与研究方法[M]. 北京：中国社会科学出版社，2017.
⑤ 费特曼. 民族志：步步深入[M]. 龚建华，译. 重庆：重庆大学出版社，2007.
⑥ 沃尔科特. 田野工作的艺术[M]. 冯近远，译. 重庆：重庆大学出版社，2011.
⑦ 斯蒂芬·L. 申苏尔，琼·J. 申苏尔，勒孔特. 民族志方法要义：观察、访谈与调查问卷[M]. 康敏，李荣荣，译. 重庆：重庆大学出版社，2012.

政元素，是适应时代发展推进教育教学改革基础上的教材创新，助力课程教学改革和人才培养质量提升。

本书的主要特色是将田野工作与质性研究结合起来，系统阐述田野工作的理论与方法，并将基于田野工作的质性研究实践（包括田野民族志、研究报告、访谈法的相关操作等）列入实践篇。这为初学者提供了参考样例和示范文本。

总之，本书是一本兼顾本科生和研究生学习社会调查研究方法特别是质性研究方法需要的教材，适合于本科生、研究生、社会科学研究者及爱好者参考使用。

目　录

前言

导　论　篇

第一章　导论 ····· 3
一、田野工作的含义 ····· 3
二、田野工作的意义 ····· 4
三、田野工作的性质 ····· 5
四、田野工作的目标 ····· 7
五、田野工作的情感 ····· 8
六、田野工作的伦理 ····· 9
七、本章小结 ····· 15
参考文献 ····· 16

理　论　篇

第二章　田野工作的理论视野 ····· 19
一、西方田野工作的理论流变 ····· 19
二、中国田野工作的理论探索 ····· 29
三、当代田野工作的理论视域 ····· 40
四、本章小结 ····· 46
参考文献 ····· 47

第三章　田野工作的理论维度 ····· 52
一、进出田野场域理论 ····· 52
二、生产生活周期理论 ····· 53
三、台前幕后文化展示理论 ····· 55
四、文化描述与解释理论 ····· 56
五、本章小结 ····· 57
参考文献 ····· 58

第四章　田野工作的理论预设 ····· 59
一、看文化：民族志方法的运用与正误 ····· 59

二、写文化：民族志"在场"与"现在时"……………………………63
　　三、读文化：民族志作品的文化建构与解构…………………………67
　　四、本章小结……………………………………………………………72
　　参考文献…………………………………………………………………73

第五章　田野工作的理论创新………………………………………………74
　　一、"无招胜有招"：先入为辅还是先入为主？………………………74
　　二、"无声胜有声"：民族志作者"在场"还是"不在场"？……………77
　　三、"高处可胜寒"：文化解释、文化批评还是文化建设？…………80
　　四、本章小结……………………………………………………………82
　　参考文献…………………………………………………………………83

方　法　篇

第六章　田野工作的方法论原则……………………………………………87
　　一、文化多样性：多维时空和文化场域变奏…………………………87
　　二、"三观合一"：整体观、相对观和比较观…………………………91
　　三、价值中立：文化听说读写译的基本原则…………………………94
　　四、本章小结……………………………………………………………95
　　参考文献…………………………………………………………………97

第七章　田野工作方法体系…………………………………………………98
　　一、何谓田野工作方法体系……………………………………………98
　　二、田野工作方法体系的基本特征……………………………………100
　　三、田野资料收集方法…………………………………………………101
　　四、田野资料分析方法…………………………………………………113
　　五、本章小结……………………………………………………………121
　　参考文献…………………………………………………………………122

第八章　田野工作前的方法选择……………………………………………124
　　一、文献研究法…………………………………………………………124
　　二、网络资料分析法……………………………………………………130
　　三、快速了解调查点方法………………………………………………136
　　四、本章小结……………………………………………………………147
　　参考文献…………………………………………………………………148

第九章　田野工作中的方法运用……………………………………………150
　　一、观察与参与观察……………………………………………………150
　　二、访谈与深度访谈……………………………………………………156
　　三、社区与案例研究……………………………………………………164

四、谱系与定点跟踪调查 173
　　五、文物文献搜集与网络调查 175
　　六、本章小结 177
　　参考文献 179
第十章　田野工作后的方法反思 180
　　一、"法无定法"：方法需要灵活而非刻板 180
　　二、"法无边界"：方法实乃工具，多多益善 187
　　三、"法有法度"：方法需要规范而不能随意 188
　　四、本章小结 189
　　参考文献 191

实　践　篇

第十一章　庙村简史简志初编——一个广西村落的田野民族志 195
　　一、村名来历 195
　　二、地理环境 196
　　三、村庄聚落 197
　　四、宗族人口 199
　　五、建制沿革 199
　　六、公共设施 199
　　七、经济生产 202
　　八、医疗卫生 203
　　九、风俗习惯 204
　　十、故事传说 217
　　本章附录 223
第十二章　访谈信息一览表（样表）及访谈内容引证分析示例 224
　　一、访谈信息一览表（样表） 224
　　二、访谈内容引证分析示例 225
第十三章　宗族、祠堂与城中村的社区治理变迁——以广州长㴇村
　　　　　为考察中心 227
　　一、广州长㴇村的宗族和祠堂 228
　　二、外来人口与广州长㴇村社区治理的变迁 240
　　三、结论 245
　　参考文献 246
第十四章　广州城中村的老年人生活状况调查——以海珠区龙潭村为中心 247
　　一、调研背景 247

二、调研意义 …………………………………………………… 248
三、概念界定、指标测量和研究假设 …………………………… 251
四、结果分析 …………………………………………………… 252
五、改善龙潭村老年人生活现状的主要对策和建议 ………………… 263
六、结论与进一步讨论 …………………………………………… 267
参考文献 ………………………………………………………… 268
本章附录 ………………………………………………………… 270

后记 ……………………………………………………………… 280

导论篇

第一章 导　　论

田野工作是什么？田野工作有什么意义？田野工作的性质和目标又是什么？田野工作中的情感和伦理等问题应该如何处理？这些问题是困扰田野工作者但又必须回答的基本问题。

一、田野工作的含义

田野工作是人类学的核心概念之一。它是 field work 的直译，也可以称为"实地工作"或"实地调查""实地考察""现场调查"等。

简单来说，田野工作就是研究者离开书斋到实地或现场中去，通过观察、访问等方式搜集和分析第一手资料，在此基础上对研究对象生活于其中的社会文化进行详尽的描述，以求准确理解或解读研究对象的人文世界的一种社会研究方式。

田野工作是现代人类学区别于古典人类学的重要标志之一。古典人类学或传统的人类学研究，主要是"书斋"式的文献资料的收集、整理和分析。因此，古典人类学家往往被称为"摇椅上的人类学家"。例如，弗雷泽编著的《金枝——巫术与宗教之研究》，就是利用世界各地奇风异俗的文献资料汇编起来的。早期的西方人类学家大多足不出户，他们依据文献资料或传教士收集的各地文化习俗资料来研究文化。

第一次世界大战前后，英国人类学家马林诺夫斯基（Malinowski）、拉德克利夫-布朗（Radcliffe-Brown）等人离开欧洲，分别乘坐轮船到达遥远的大洋洲，以及印度洋上的一些岛国并进行调查，开创了以实地调查为基础的现代人类学，实现了古典人类学向现代人类学研究范式的转变。

20 世纪初期的西方人类学研究范式的转变逐步形成了现代人类学的传统：一是延续文化特别是异文化研究的传统；二是确立了文化的整体观（或全貌式观察、全景式描述）、相对观和比较观（延续了古典人类学传统）；三是参与观察法（或局内调查法、主位研究）成为人类学研究的最主要方法，也是现代人类学区别于古典人类学的一个重要标志；四是文化"深描"、"地方性知识"与"写实"民族志成为现代人类学的显著标志。

人类学家 M. 福斯特（M. Foster）和 V. 肯珀（V. Kemper）认为，20 世纪六

七十年代以前的人类学大致上经历了三个重要的发展阶段：

第一阶段（19世纪中期至20世纪初期）：主要研究无文字记载的原始民族或简单社会。

第二阶段（20世纪20年代至20世纪40年代）：转入研究有文字记载的乡民社会。例如，林德夫妇（Robert Lynd and Helen Lynd）的中镇调查（1920年）、葛学溥（D. H. Kulp）的广东凤凰村调查（1925年）和费孝通先生的江村调查（1936年）等。

第三阶段（从20世纪50年代开始）：英国人类学家对非洲城镇的调查，开创了人类学研究现代都市社会的新局面。

总体上看，这三个阶段基本上是遵循"初民社会"—"乡民社会"—"市民社会"的"文明"标准来划分的，但其背后的动因则是西方国家社会政治、经济局势的变化。早期的人类学研究很大程度上是为西方资本主义国家的殖民统治服务的。两次世界大战的爆发及殖民体系的瓦解和新兴民族国家的独立与崛起，迫使西方人类学家回归本土社会研究，并反思那些从非西方社会诞生和发展起来的人类学理论与方法能否运用于西方国家本土社会或本国边疆及边缘社会的研究。其结果，是促进了反思人类学的产生和人类学新理论格局的形成。[1]

无论人类学研究的场域怎样转换，也不管人类学的理论、方法如何发展，文化与异文化、观察与参与观察、访谈与深度访谈、民族志研究以及整体观、比较观和相对观等核心概念，共同形塑着田野工作的本质内涵。

二、田野工作的意义

田野工作对于人类学研究的意义十分重要。可以说，没有开展田野工作，就不能称为现代意义上的人类学研究。另外，随着田野工作方法的发展和日趋成熟，它也越来越多地应用于其他社会科学或人文学科的质性研究。

（一）田野工作是现代人类学的一个重要标志

古典人类学一般没有实地调查，即便有一些走马观花式的考察，也没有现代人类学田野工作所强调的全面、细致和深入。虽然古典人类学家埋首书斋里的资料收集、整理和分析类似于现代人类学的"文献中的田野"，但古典人类学依然是客位的、他观的或"局外人"的研究，而现代人类学则强调主位的、自观的或"局内人"的研究；二者研究的方法论原则也不相同，前者缺乏整体观、相对观，只强调比较观，后者则强调整体观、相对观和比较观的有机统一。

（二）田野工作是获取质性研究资料的基本途径

田野工作是现代人类学研究的最主要和最基本的方法。它是"现代人类学的基石"[2]，是民族志（ethnography）作品的构架源泉。"大约在20世纪初期，人类学家开始意识到，如果想要创造出任何有价值的研究成果，就必须像其他科学家研究他们的对象那样来研究自己的对象，即要系统地进行观察。为了更准确地对文化进行描述，他们便开始同所研究的民族生活在一起。他们观察，甚至参与那些社会的某些重要事务，并向土著详细询问他们的习俗。换句话说，人类学家开始了田野工作。"[3]只有深入研究对象所在的社区，通过参与观察、深度访谈和谱系调查、住居体验等方式，才能全面、细致、系统、深入地收集第一手资料，才能了解当地人头脑当中的"文化地图"，才能正确地获得"地方性知识"，最大限度地避免"文化误读"，进而为民族志研究的"文化深描"奠定厚实的资料基础。

（三）田野工作是质性研究方法的重要来源

田野工作虽然来源于人类学研究，但它不仅仅局限于人类学学科，而是越来越广泛地应用于其他学科。例如，美国社会学家贝利（Bailey）在其《社会研究的方法》第十一章"人种学方法论"中，认为"人种学方法论收集资料的重要手段是观察"。[4]这里的"人种学方法"主要是指人类学的田野工作。[5]

实际上，在质性研究方法中，观察与参与观察、访谈与深度访谈、个案或案例研究、制度分析乃至扎根理论研究，都不同程度地需要开展田野工作，才能全面、准确、科学、规范地收集到第一手资料，并通过"主位＋客位"的研究立场以及主位—客位—"主位＋客位"—客位的研究者角色转换，获得对研究资料的深度理解。在此基础上，才能正确解读研究对象的社会文化，理解其社会制度、社会行为或社会实践，进而有针对性地解决问题。

需要说明的是，田野工作中的观察与参与观察、访谈与深度访谈本身，又构成了个案或案例研究、制度分析乃至扎根理论研究方法中的资料收集方法。从这个意义上说，田野工作构成了质性研究方法的方法来源。

三、田野工作的性质

当今世界的跨国文化交流与合作、科技的发展、人口的流动，已经大大缩短了田野工作者与研究对象之间的距离。这些事实推翻了来自西方的传统与变迁对立、习俗与理性对立的观念。事实上，在田野工作中，人类学家和研究对象都是平等的，他们都是文化的表述者。

田野工作是人类学的核心，也是人类学学科的鲜明特征。它本质上是一种通过实地调查而获得文化理解的方法及其研究技术与工具的手段。当然，它也包含着一种文化实践的认识论和方法论。

作为认识论和方法论的田野工作，它强调研究对象的社会文化有着自身的发展逻辑，但它的归纳、演绎与推理并非像自然科学那样呈线性的，更多是非线性的；它的哲学基础是人文主义的，而非实证主义的。尽管它在现代人类学产生初期曾试图像自然科学那样做全面的、百科全书式的"科学研究"，但它依然无法摆脱人文主义的传统，以至于它后来逐渐从"自然科学"向"社会科学"以及"人文学科"转变。这种转变使其学科定位和学科边界趋于模糊。如今，人类学的人文主义倾向和阐释学味道越来越浓，其研究范式从写实民族志向实验民族志转变、从单一民族志向多点民族志和全球民族志转变、从现实民族志向虚拟民族志转变。人类学在其长期的发展过程中形成了"在地研究＋全球视野"的研究范式，强调人类学研究虽然是在某个"地方"上展开，但其研究视域则是超越地域社会的。正是这种超越地域社会的人类学研究，赋予了人类学不同于其他学科的学科特色，即微观世界里的宏观思考与分析。

作为文化理解方法的田野工作，它强调主位研究与客位研究的有机结合。特别是运用主位研究方法收集资料，用主位研究方法＋客位研究方法分析资料，以寻找到研究对象头脑当中的"文化地图"，并借由该"文化地图"而获得对研究对象社会文化的深度理解和文化解释。在此基础上，以"讲故事"的方式呈现出研究对象的人文世界。当然，"讲故事"只是田野工作者对研究对象的一种"文化深描"，它只是人类学研究的一部分工作，而非它的全部。人类学的民族志研究不仅需要讲好田野工作中的"故事"，还需要在"讲故事"的过程中讲好"道理"，并将"讲故事"与"讲道理"完美地结合起来。"讲故事"主要运用的是主位研究方法，"讲道理"则主要运用客位研究方法，强调"文化是制度之母"，重视文化的解释，或文化的解释的解释或再解释。

作为研究技术和工具方法的田野工作，它强调通过观察与参与观察、访谈与深度访谈、谱系调查、自传调查、定点追踪和文物文献搜集等方法来获取研究资料。在这个过程中，田野工作强调"文化互为主体性"，重视从主位和客位的双重视角去获取或分析同一则资料。

综上所述，田野工作不仅是一种文化实践的认识论和方法论，更是一种通过实地调查而获得文化理解的方法、研究技术及工具。

四、田野工作的目标

人类学研究的核心内容是文化。在20世纪五六十年代西方人类学回归欧美资本主义社会本土之前，他们研究的核心内容不仅是文化，而且是异文化。当然，人类学所说的"文化"是广义上的文化，而不是狭义上的精神层面的文化。

广义上的文化可以划分为不同的类型，文化的"二分法"将其分为物质文化和精神文化，"三分法"将文化划分为物质文化、行为文化和精神文化，"四分法"将文化划分为物质文化、行为文化、制度文化和精神文化。文化的"四分法"相对清晰地区分了文化的各个组成部分，有利于人们从总体上去把握文化的有机构成。从人类学的整体观上看，文化的物质、精神、制度、行为各个方面是有机联系在一起的。人们之所以对文化进行区分，不是说文化本身是这样，而只是人们为了方便表述而对文化进行二分、三分或四分。如果我们对文化进行横截面剖析，我们不难发现：文化是一个有机联系的整体，文化的横截面会呈现出一个圈层结构。以"四分法"观之，这个圈层结构由外而内依次是物质文化—行为文化—制度文化—精神文化。田野工作的主要目的，不仅是要寻找和"发现"当地人（调查对象）头脑当中的"文化地图"，而且还应该从整体观、相对观、比较观（或多元文化并置观）去解读和分析当地人（调查对象）文化的结构。

人是社会文化的重要载体。不同时间、空间系统和社会中的人的文化存在差异性。田野工作的目的，是尽可能全面、系统地收集或获取质性研究所需要的第一手资料，以便科学、准确地理解他者的文化和社会。但是，由于人的复杂性，对其文化的解释也较为复杂，而且往往会因研究者而异。早期的人类学，是以科学性为目标的，但是越到后来，人类学者越发现人类社会文化的复杂性和多元性，因此，除了追求科学性（即文化通则）之外，人类学者也从个体的立场出发来理解具有丰富感情的研究对象（即强调人文性）。作为现代人类学奠基者之一的马林诺夫斯基曾在大洋洲做过较长时间的实地调查，其调查日记公布后，人们对田野调查的科学性表示怀疑。以美国人类学家格尔茨为代表的意在追求人文性的阐释人类学应运而生。

学术与应用之争是人文社会科学领域的一个长期存在的实际情况。英国人类学家埃德蒙·利奇（Edmund Leach）和我国著名社会学家、人类学家费孝通先生在学术与应用之争上执不同的观点。利奇注重理论建设，他反对学术与应用的结合，认为人类学的使命就在于揭示或探求族群（种族/民族）优越感。他认为通过深入而细致的地方性研究获得的知识，对于任何人类社会的调查都是适用的。费孝通则主张二者相结合，并倡导立足于实践的人类学类型，对利奇的纯学术研究执批评态度，他"志在富民"，被誉为"迈向人民的人类学家"。

田野工作是对文化表述者的文化表述。以某一具体范围为立足点同时兼顾向外、向内、水平、垂直等不同维度的田野工作路径或许是中国乡村社会研究的常见路径。在确保传统田野工作深度的同时，最大限度把握当下中国乡村的流动性与疏离性等新趋势，并将其差异性与历史性纳入视野之中，已成为当下乡村研究者开展田野工作的基本要求。[6]

田野工作的主要目标是通过跨文化的文化比较研究开展文化对话和文化批评，因而有《作为文化批评的人类学：一个人文学科的实验时代》[7]著作问世；田野工作的根本目标则在于通过扎实有效的田野工作，逐步实现人类学的学科目标：在人类社会的广泛差异当中寻求内在的合理性、秩序性和普同性，以为人类社会的最终和解和人自身的自我解放铺平道路。

五、田野工作的情感

田野工作是以人作为研究的工具与知识的载体的一种知识实践，在追寻新知与累积经验的过程中，研究者与被研究者不仅是主体与客体的关系，而且可能会因为主客体之间的互动而融入人类的情感因素。通过接触与合作，研究者与对话对象商量谈判出或共创出某些知识，这种知识及其脉络都是透过田野实践，在社会关系与情绪流动中建构出来。这是人类学田野的另一个重要的特性，在各种关系与情绪中工作，生产出难以被化约的动态知识。[8]

在田野工作中，"研究者与被研究者的情感互动是获得田野材料和理解地方社会文化的重要渠道，被研究者的情绪或情感表达与田野中获得的文字、影像或访谈资料一样，都是重要的研究材料的一部分。研究者要在田野中获得真情实感，需要回归到人类学长期的田野工作中，并在深入细致的参与观察中投入情感"[9]。"田野的真实与客观只是基本功，在田野工作的基础上给人类营造一种和谐、完美、自然、纯净的意境，才是人类学学科追求的最高境界。人类学的田野工作者不仅是照相机和笔记本，而且更应是人类社会未来的设计者和创造者；不仅不能排斥情感，而且必须正视情感，融情感于田野之中，去除田野调查者对调查对象的漠不关心的态度，或单纯的文本解读、理论验证，以使田野由单纯的科学调查升华到对人性的关注与社会的责任。"[10]从某种意义上说，"共情"或者说情感共鸣是理解他者文化的重要途径。

身处异文化的"田野中的人类学家通常会为了情感上的不适应而挣扎，例如孤独、感觉永远都是个局外人、在新的文化背景下身份极其尴尬，以及不得不夜以继日地保持警惕，因为任何正在发生或被说出的话对他们的研究来说都可能是非常重要的"[11]。人是社会中的人。人的社会属性决定了人类学家的田野工作不可能完全脱离人的情感。"人类学的田野是社会的、相互的，需要关系、行动、利益乃至身份建构方面的互动。"[12]例如，云昌耀（Chang-Yau Hoon）在印度尼西亚雅加达华人社会的田野工作经历表明，他的性别、阶级、族裔、教育背景等社会身份影响了他的田野工作。[13]

人类学的田野工作有着强烈的个人色彩。研究者的性格、爱好等个人特质以及对田野工作的投入感都会影响田野关系的建立和情感互动。[9]"在田野当中，人类学家不光是有可能获得持久的友谊，还有可能获得关于人类状况的知识和洞见。"[11]这种知识和洞见当然是以真实的、符合田野工作点的居民实际状况的田野资料为基础，而这个基础又依赖于人类学者与被调查者的情感互动和社会关系的融洽程度。

即便是在田野工作结束后，人类学者坐在书房或办公室里解读和分析田野资料时，也会不由自主地勾连起田野工作中的"往事"或田野"故事"的点点滴滴，并逐步从田野情感中抽离出来，完成"参与观察者"到观察者的角色转换。只有这样田野工作结束后的知识洞见才有可能在民族志文本中得以显现。

田野中研究者和被研究者情感关系的建立，需要彼此不断反复的沟通和共同的维持。我们在田野中情感投入的多寡，都会体现在我们和被研究者之间的关系中，它帮助我们理解地方社会的人并反映在我们所获得的地方性知识上。田野中被研究者的情绪或情感表达与田野中获得的文字、影像或访谈资料一样，都是理解我们所研究的人群或社会的重要研究材料的一部分。要在田野中获得这些真情实感，研究者需要回归到人类学长期的田野工作中，并在深入细致的参与观察中投入情感。

——潘艳勤. 田野关系与情感互动：文莱华人社会的田野工作与思考[J]. 民族艺术，2021（2）：5-12.

六、田野工作的伦理

人类学的田野工作伦理，并不会随着一次田野工作的结束而终止。人类学的田野工作要求研究者与研究社群保持长期的关系，双方所承担的责任与义务，往往就会伴随着时间的延长及人们交往的逐渐深刻来演进。因此，这是一种以开放性主体为基础，随脉络而变化的伦理关系，也是人类学非常清楚地与大部分的社会科学与自然科学研究不同的地方。[8]

田野工作前应该查阅相关资料，熟悉田野工作点的基本状况、习俗道德、伦理禁忌等，做到心中有数，以免在田野工作中犯忌。如果田野工作点已经发表或出版了相关的民族志作品，还应该仔细阅读那些民族志作品，并通过那些民族志作品了解当地社会和文化，这样会有助于田野工作的开展。

田野工作"不仅是一门有关学术研究的艺术，更是一种心灵的修炼。在这个由经验和情感累积的过程中，行动者既有仰望星空时人与自然之间的会心交流，也有人与人之间相互依存的温暖与力量"[14]。在田野工作中，人类学者首先需要解决社区进入问题。一般有两种方式：一是官方介入，通常是调查者带着官方介绍信或由当地政府工作人员陪同前往或电话告知；二是田野工作点居民或其亲戚朋友等熟人引入。前者"官方"色彩较浓，当地人可能会觉得有些"生硬"；后者有"熟人"因素，更便于当地人特别是传统村落社区的居民所接受。有时也有一些既无"官方介入"，又无"熟人引入"的自我前往的田野工作者，他们往往需要更长时间才能被当地人接受，或不被接受进入社区。当然，那些自行前往的田野工作者在陌生人较多的城市社区里仍然是可以开展田野工作的，而且其"陌生人"的身份似乎更有助于其进入陌生的城市社区。

> 职业人类学的早期历史特点是一方面参与殖民统治（提供对本土社会和政治组织的见解）和参与后殖民经济统治（帮助克服感知到的"发展的文化障碍"之间的长期矛盾心理）；另一方面，发挥西方大国的文化"良心"作用（揭露和谴责社会不公正和对异国情调的粗俗歪曲）。从20世纪70年代开始，人类学的批判角色逐渐在学术实践者中占据主导地位。因此，在研究伦理话语和协议制度化之前的几年，人类学学科内就出现了一种反思性的、批判性的田野研究方法。资助机构和大学开始引入主要源自20世纪80年代与医学研究相关的法规制定的正式伦理协议，专业人类学家首先以讽刺和抵制作为回应。这不仅是因为人类学多年来投入了大量精力来质疑和重新评估研究人员的立场及其行为的后果，而且还因为伦理协议的一般期望不适合长期沉浸式的学科实地研究。人类学系、职业和学术是在数十年专业参与实地研究的基础上建立起来的，并基于跨越区域、文化和社会鸿沟的长期传统工作，制定了独特但非正式的协议。我们认为，人类学的任何伦理学的最佳基础在于继续反思人类学研究中伦理困境的案例研究，并且应特别注意数据所有权的保护、同意以及偶然发现的处理。①
>
> ——Brightman M, Grotti V. The Ethics of Anthropology[A]//Iphofen R. Handbook of Research Ethics and Scientific Integrity. Cham：Springer Nature，2020：817-834.

---

① 本书编著者翻译。

同时，人类学者在田野工作中还面临着文化适应问题。"田野工作要求研究者走出他们的文化舒适区，进入到一个完全陌生甚至会感觉不安的世界。在这类田野中的人类学家很可能会面对一系列挑战——身体的、社会的、精神的、政治的和伦理的等。他们通常必须尽快处理好由食物、气候和卫生条件等带来的身体不适。"[15]不仅如此，田野工作中的被调查者"可能会把人类学家当成间谍。此外还有一些伦理上的困境：如果面对类似于女性割礼这样令人不安的文化实践，人类学家该怎么做？人类学家如何处理当地人对食品或药品供应的需求？通过欺骗来获取重要信息是否可以接受？总的来说，这些多重挑战都可能会逐渐地转变成为文化震撼——可能会导致某个人抑郁的迷茫和焦虑感，这又会促使人类学家放弃他们的田野工作而回家疗养"[11]。可以说，环境适应和伦理困境是人类学者必须迈过的难关。

在田野工作中，保护被调查者的隐私和尊严是田野工作者必须正视的事情。"人类学家意识到他们对三类人负有责任和义务：他们研究的对象、资助他们进行研究的人，以及在行业中依靠发表了的研究发现来增进我们集体知识的人。由于田野工作需要研究者与他们所研究社区之间的信任关系，所以他们的首要责任显然是对那些与他们分享了故事及他们所在社区的人。研究者必须采取一切可能措施来保护他们身体上、社会上和心理上的安宁，并且尊重他们的尊严和隐私。这个看似简单的任务其实非常复杂。例如，选择一个人的故事讲出来，既可能会为想帮助他们的救援机构提供了信息，同时也可能会为那些想要利用他们的人提供了信息。"[16]应用人类学家应该遵循的基本伦理道德原则应该是："如果一份工作中雇主要求雇员违反职业的伦理道德，正在工作的人类学家有义务去改变那些措施，或者如果措施不能被改变，就得从该项工作中退出来。"[17]显然，保护被调查者的尊严、隐私和避免他们因为人类学者的田野工作和民族志研究而可能受到伤害，是人类学者应该坚守的伦理准则。

在当代社会中，蹲点密集观察的田野工作策略，或许已经不足以掌握当代复杂流动的现象，但透过人类学田野实践所培养出来的那种特殊的知识敏锐性、批判性与反身性，以及强调与被研究者相处的伦理关系与情绪沟通，将继续伴随人类学的研究，前往未曾到过的领域探索。[8]值得注意的是，"新兴技术隐含的伦理问题可能会影响到人类学的调查。对特定基因进行排序和赋予专利权的能力，引发了关于谁真正持有专利权的争论——是被提取了特定基因的那些个体？还是研究基因的那些研究者？同样地，远古遗存究竟是属于科学家还是居住在科学调查区域内的人们？又或者是属于那些偶然占有它们的人？全球市场促使这些遗存成为昂贵的收藏品，于是这又导致了对考古和化学遗址的系统化劫掠"[16]。不言而喻，这些新兴的伦理问题也需要人类学者引起足够的重视。

> 田野中的新闻报道帮助文莱华人了解研究团队的田野工作，并由此产生对我们的信任，这可能是一种非常特殊的田野关系的建立方式。我们最初也曾因为能够"上报纸"而感到兴奋，但随着田野的深入以及田野活动的频繁报道，笔者开始陷入困境。那就是田野工作中受访者的个人信息是否应该公诸于众，这涉及研究者与被研究者之间的隐私以及研究者如何保护他们的研究对象等问题。另外，田野中的新闻报道是否会引起华人社团内部或个人之间的矛盾或竞争，因为"谁上了报纸""谁没有上报纸"或者"为什么我的访问没有见报"等问题可能都会在当事人之间引起猜测和怀疑，甚至会引起研究对象的误会而产生隔阂，影响田野中的关系和工作进展。如何理解地方社会，了解田野中不同群体或个人的意愿、想法甚至需求，仍需要在未来长期的田野工作中不断地观察、发现和理解。
>
> ——潘艳勤. 田野关系与情感互动：文莱华人社会的田野工作与思考[J]. 民族艺术, 2021（2）：5-12.

田野工作结束后，民族志作品的发表或出版也需要遵循相关伦理要求。"作为一种职业，人类学要接受有关责任的一些原则。尤其是，人类学家的首要责任就是对那些研究对象负责；要做好每件事情确保被调查者的福利和尊严不被破坏。人类学家同时还要对那些阅读他们报告的人负责；研究成果要公开、实事求是地报道出来。但是因为应用人类学多用于处理一些群体的改变计划和实施，伦理责任会变得很复杂。可能最重要的伦理问题是：那些改变真的有益于被影响的人群吗？"[17]"保持自身的文化是国际公认的基本人权，而与外界的联系则可能会暴露以致危及被研究社区文化的完整性。为了克服其中的一些伦理挑战，人类学家通常会选择与他们的研究对象进行合作以及对他们所在的社区做出贡献，并且还会邀请一些被研究对象谈谈他们的故事是否可以说出去，或者以何种方式说出去等。"[16]显然，伦理挑战应该在确保被调查者免受伤害的情况下去积极应对或解决，并尽可能在互利共赢中妥善处理。

20世纪60年代，随着殖民主义走向终结，人类学家为了应对在暴力冲突地区或附近进行调查研究带来的争议而制定了相关的理论规范，以确保他们的研究不会伤害到调查对象及其所在的群体。例如，1971年制定、1997年修订、2009年再次修订的美国人类学协会（American Anthropological Association，AAA）研究伦理规范的核心原则包括："人类学研究者必须尽一切力量来确保他们的研究不会损害他们研究对象的安全、尊严和隐私。这些研究对象包括他们做田野工作所相处过的人、他们研究可能会提及的对象，以及他们执行其他职业活动可能会涉及的人。"[16]"人类学家所处理的是一些私密的和敏感的事情，包括那些个人不愿意让别人知道的信息。"[18]脱敏、私密、尊严和安全显然应该成为田野工作的核心伦理要求。

> 美国人类学协会在1997年修改了《伦理法案》，提出人类学家必须遵守以下的伦理道德：人类学家必须公开诚实地对待研究课题将会产生影响的各个方面，必须将研究性质、过程、目的、潜在影响和经费来源告知有关各方。研究者不得为了开展研究而在人类学职业道德层面违背伦理。在工作中，人类学家还应当处理好与调查对象之间的关系，避免对事件表达自己的立场。另外，人类学家还对调查对象负有补偿的义务，应该以适当的方式对他们进行回报。
> ——《人类学概论》编写组.人类学概论[M].北京：高等教育出版社，2019：73.

2010年和2020年，北京大学社会学系的高丙中教授等人先后草拟了两个版本的《关于中国人类学的基本陈述》（以下简称《陈述》），其中2010年的《陈述》为1.0版本，2020年的《陈述》为2.0版本。这两个《陈述》都涉及田野工作及其相关伦理问题。现摘录如下：

2010年《陈述》（1.0版本）[19]	一、新的世界正在形成中，新的世界人类学也在形成中，中国人类学应在其中扮演一个积极的角色，既为人类学也为人类福祉作出应有的贡献。 二、世界人类学是全世界相应知识群体的专业积累，其中，中国学人的百年贡献应该得到充分的认知。中国人类学是世界人类学群的一个宝贵的部分，充分认识到这一点，对世界人类学当前的活力和发展前景至关重要。 三、中国人类学是中华民族的现代化事业的有机部分，也是中国历史与文化的内在部分。自1997年以来，它被认知到是中华民族文化自觉的一种知识生产方式。为此，中国人类学本身需要经历学术自觉的过程。 四、知识生产对于它所处的社群应该具有必要的公共价值，人类学的知识生产涉及多种利益不尽相同的社群，因此，我们在人类学知识的生产与传播过程中应该尽可能地兼顾不同社群的公共价值之间的平衡。 五、我们尊重个体生命和社群文化的尊严。人类学是认识和理解人的学术，帮助个人理解自己的社群及文化，尊重多元文化，传播平等理念，反对各种文化的或种族的歧视，在社群之间扮演沟通者的角色。中国人类学将同时在国内和国际社会发挥这种作用。 六、人类学从业者必须遵守相应的学术伦理。人类学学者深入他人的社会与日常生活之中从事学术活动，必然影响他人的生活。为此，人类学学者必须自我约束，人类学界必须共同坚守自己的职业伦理。 人类学学者在田野作业中收集资料时，（1）尊重相关人士的人格、隐私；（2）尊重相关人士的知识产权；（3）不以自己工作的所谓积极的价值为借口伤害作为研究对象的个人、社群；（4）不利用自己的信息优势或社会关系优势损害自己的调查研究所涉的个人、社群；（5）慎重对待不可替代、不可复制的实物资料；（6）不破坏同行后续调查研究的条件。 七、人类学学者的调查研究过程和方法的使用要经得住检验，并且值得人们尊重。为此，作为学术活动者，人类学学者（尤其是攻读人类学博士学位的民族志研究者）要： （1）尽可能地学习被研究对象的语言；（2）尽可能地与作为被研究对象的人群友好相处，并尽可能入乡随俗地生活在其间；（3）尽可能地在当地生活足够长的时间，最起码生活一个从当地角度来看的完整周期；（4）尽可能地全面搜集资料，并有义务在研究成果中使用这些资料时避免断章取义，恰当处理不支持自己观点的资料。

2020年《陈述》 （2.0版本）[20]	一、人类学是一门现代学科，通过参与观察的田野作业、社区民族志和文化比较，追求对个人、社会和人类文明的完整性理解。 人类学是全球社会形成过程的伴生体，它感应这一过程的需要，提供与异文化、多元文化相处的观念和思想方法，发挥了这一过程的助推者、反思者的历史作用。 人类学尊重个体生命和社群文化的多样性，同时也珍视社会团结的价值，呵护人类共同体理念，生产普遍性知识；在个体与社会之间、不同社群之间搭建互动桥梁，构造交流平台，增进平等、理解与尊重。 二、人类学兴起于西方社会，而非西方国家人类学的崛起创生了复数的世界人类学。中国人类学者的百年努力和贡献使得中国人类学成为世界人类学的一个重要部分。 三、中国人类学参与中国社会的现代化发展，帮助建立现代国家的文化主体性，现在也越来越主动地在世界范围开展专业活动，谋求人类共同的福祉。 中国人类学从自己的文化传统获得灵感和养料，吸收全人类的文明成果和各国人类学的学术成就。中国人类学是中华民族追求文化自觉的学术工具，为中国文化与世界各国文化的交流互鉴提供专业服务。 四、中国人类学致力于建设完整的人类学，在继承聚焦乡土社会、民族地区的研究传统的同时，回应新的时势，开拓移民社区、海外社会和网络世界等的调查研究；不只偏重社会文化人类学，鼓励发展各分支学科和专门领域，鼓励各个层次的贯通与整合。 五、中国人类学的世界社会研究需要跨学科的交流与合作。区域国别研究在中国的兴起正在重塑以世界为对象的中国社会科学，人类学的社区研究和整体观念将在其中发挥关键作用，促使人类学成为新生的中国社会科学的独立学科。 六、作为一个学术共同体，中国人类学者在人才培养和学术实践中应遵守相应的学术规范： 1）尽可能地学习研究对象的语言和文化； 2）尽可能地与作为研究对象的人群友好相处，并尽可能入乡随俗地生活在其间； 3）尽可能地在当地生活足够长的时间，最起码生活一个从当地角度来看的完整周期； 4）尽可能地全面搜集资料，并有义务在使用资料时避免断章取义，恰当处理不支持自己观点的材料。 七、中国人类学从业人员充分认识到自己对研究对象、相关群体以及社会担负的责任，遵守相应的职业伦理： 1）尊重相关人士的文化、人格和隐私； 2）尊重相关人士的知识产权； 3）不以自己工作的所谓积极的价值为借口伤害作为研究对象的个人、社群； 4）不利用自己的信息优势或社会关系优势损害调查研究涉及的个人、社群； 5）慎重对待不可替代、不可复制的实物资料； 6）不破坏同行后续调查研究的条件。 八、中国人类学承担国民教育的责任，积极参与生产现代国家的公民常识，为个人能够善意处理自然的、社会的、文化的多样性提供知识和经验，利用正式教育渠道让公民常识进课本、课堂，利用大众媒体和博物馆、图书馆等公共资源传播公民常识。
田野工作伦理	1.0版本第四、五、六、七条，2.0版本第一条第3款和第六、七条都明确陈述了人类学及其研究者的伦理要求（平等、尊重、理解、平衡价值、学术规范、职业伦理等）。另外，2.0版本第三、四、八条还暗含着福祉、回应时势、教育责任、传播常识等相关伦理要求。

当然，无论是1.0版本还是2.0版本的《陈述》，都引起了国内一些中青年人类学者的关注、评论或批评。至于那些评论或批评是否公允，相信读者自有评判。

毋庸置疑，平等和尊重应该在田野工作中得到充分的体现。"这种态度不仅是书面上的承诺，还包括眼神、言语和肢体动作上的平等，最为重要的是发自内心的尊重和平等。"[21]由于田野工作难免要占用被调查者的工作或休息时间，研究者在确保被调查者不受有形或无形伤害的基础上，应该给予被调查者误工费或小礼物等物质方面的收益。当然，与被调查者进行情感交流，倾听其心声，或助其排解心中的焦虑或不满等情绪，也是田野工作中研究者与被调查者在精神方面彼此尊重和平等的重要体现。

田野伦理涉及田野工作中研究者与调查对象的相互关系。虽然田野作业具体的方式方法尚有争议，但田野伦理的一些基本原则，如保证调查对象的知情权，调查对象自愿参与学者的科研项目，保护调查对象的隐私，避免研究结果公之于世后对调查对象造成可能的伤害，学界已有某种程度的共识。[22]

总之，田野工作的前、中、后期都需要遵循基本的伦理要求。这既是对他者的保护，也是研究者自身素养的彰显，更是包括人类学者在内的科学工作者的伦理道德底线。

七、本章小结

本章介绍了田野工作的含义、意义、性质、目标、情感、伦理等内容，这有助于我们从总体上了解和认识田野工作。

思考题

1. 何谓田野工作？
2. 田野工作的意义有哪些？
3. 如何理解田野工作的性质？
4. 田野工作的目标有哪些？
5. 田野工作有哪些伦理要求？

建议进一步阅读的参考书目

1. [法]迪迪埃·法桑，[法]阿尔邦·班萨. 田野调查策略：民族志实践检验[M]. 刘文玲译. 北京：商务印书馆，2020.
2. [美]哈里·F. 沃尔科特. 田野工作的艺术[M]. 马近远译. 重庆：重庆大学出版社，2011.
3. [美]拉比诺. 摩洛哥田野作业反思[M]. 高丙中，康敏译. 北京：商务印书馆，2008.
4. 阮云星，韩敏. 政治人类学：亚洲田野与书写[M]. 杭州：浙江大学出版社，2011.
5. 汪宁生. 正确认识社会的方法——文化人类学调查[M]. 北京：学苑出版社，2015.

6. 英国皇家人类学会. 田野调查技术手册（修订版）[M]. 何国强译. 上海：复旦大学出版社，2020.

7. Watson C W. *Being There: Fieldwork in Anthropology*[M]. London: Pluto Press，1999.

参 考 文 献

[1] 廖杨. 人类学与现代生活[M]. 北京：现代教育出版社，2012：4-5.
[2] 基辛. 当代文化人类学[M]. 于嘉云，张恭启，译. 台北：巨流图书公司，1981：98.
[3] 恩伯·C，恩伯·M. 文化的变异[M]. 沈阳：辽宁人民出版社，1988：97-98.
[4] 余炳辉，等. 社会研究的方法[M]. 杭州：浙江人民出版社，1986：139.
[5] 庄孔韶. 人类学通论[M]. 北京：中国人民大学出版社，2016：161.
[6] 李晓斐. 田野中的乡村与乡村田野工作的新挑战[J]. 北京社会科学，2018（5）：77-84.
[7] 马尔库斯[①]，费彻尔. 作为文化批评的人类学：一个人文学科的实验时代[M]. 王铭铭，蓝达居，译. 北京：生活·读书·新知三联书店，1998.
[8] 林开世. 什么是"人类学的田野工作"？知识情境与伦理立场的反省[J]. 台湾大学考古人类学刊，2016（84）：77-110.
[9] 潘艳勤. 田野关系与情感互动：文莱华人社会的田野工作与思考[J]. 民族艺术，2021（2）：5-12.
[10] 周大鸣，秦红增. 田野工作的情感：兼论毛泽东早期调查的田野价值[J]. 思想战线，2002（4）：59-63，105.
[11] 哈维兰，普林斯，沃尔拉斯，等. 人类学：人类的挑战[M]. 14版. 周云水，陈祥，雷蕾，等，译. 北京：电子工业出版社，2018：19.
[12] Akhil G, Ferguson J. Anthropological Locations: Boundaries and Grounds of a Field Science: [M]. Oakland: University of California Press, 1997: 35-37.
[13] Hoon C Y. Defining（multiple）selves: reflections on fieldwork in Jakarta[J]. Life Writing 3, 2006, 3（1）：79-100.
[14] 孙庆忠. 田野工作的信念与真情[J]. 民俗研究，2017（5）：5-14，158.
[15] 同[11]：18-19.
[16] 同[11]：23.
[17] 卡罗尔·恩贝尔，梅卡文·恩贝尔. 人类文化与现代生活：文化人类学精要[M]. 3版. 周云水，杨菁华，陈靖云，译. 北京：电子工业出版社，2016：423.
[18] 同[11]：21.
[19] 高丙中，等. 关于中国人类学的基本陈述[J]. 西北民族研究，2013（2）：79-87.
[20] 高丙中，郭金华，龚浩群. 关于中国人类学的基本陈述（2.0版）[J]. 西北民族研究，2020（2）：151-165.
[21] 《人类学概论》编写组. 人类学概论[M]. 北京：高等教育出版社，2019：73.
[22] 刘倩. 诚与真：田野情感和学术伦理[J]. 民族文学研究，2019，37（1）：50-55.

---

① 又译为马库斯。

理 论 篇

第二章 田野工作的理论视野

田野工作是现代人类学区别于古典人类学的重要标志之一。从第一次世界大战前后现代人类学开创的实地调查研究至今，现代人类学已经走过 100 多年的发展历程，其理论和方法也日益丰富和发展。

一、西方田野工作的理论流变

田野工作和民族志是现代人类学的重要基石。"作为人类学专业的民族志与作为社会科学方法的民族志有很大的差别。人类学民族志有很多而且比较严格的规范，但是作为社会科学方法的民族志要有弹性得多。社会科学的特定学科（如教育学、政治学）在课题研究中有明确的目的、有特定的方式收集信息，有足够的信息完成课题的研究就足够了。人类学民族志的研究则一定要达致理解，不是搜集特定课题的资料而已，所以调查中功利性不能太强。也就是说人类学研究要体现整体观，一定要达到对调查对象的完整理解。可能民族志文本呈现的是一个有限的内容，但是你写出来的东西只是你获得的一部分东西，甚至是很少的一部分东西。这两个方面会有很大差别。人类学者做的田野可能成为一辈子的财富，无用之用是专业民族志者终身受益的心态。"[1]尽管田野工作和民族志写作存在时间上的先后和任务、要求等方面的差异，但其目的基本相同，或者说其目标基本一致，都是为了全面、完整而准确地理解调查对象的社会及其文化，透过他者反思自我，以达致理解及和解不同的人文世界。从这个意义上说，我们可以通过考察民族志研究范式的转变来分析田野工作的理论流变。①

（一）写实民族志

所谓写实民族志，就是人类学者基于自己亲自开展的田野工作所获得的各种资料（包括实地调查中的所见所闻），忠实地记录，并按当地社会文化的基本结构（物质、行为、制度、精神等）铺排而成的完整调查报告，类似于当地社会文化的"百科全书"，面面俱到，事无巨细，有闻必录，有资必写。这种民族志一般又被称为现代人类学的传统民族志。

---

① 可参考廖杨发表在《广东技术师范大学学报》2023 年第 44 卷第 4 期的《人类学的田野工作与民族志研究范式的转变探析》中的相关内容。

自从英国文化功能主义人类学家马林诺夫斯基开创现实主义的写实民族志以来，人类学对于人类文化的书写一直被认为是客观的、科学的文化描述。

马林诺夫斯基的学术起源地是南太平洋的特罗布里恩德群岛（Trobriand Islands）。他以该群岛的实地调查为基础，撰写和发表了《西太平洋的航海者》《原始社会的犯罪与习俗》《野蛮人的性生活》《珊瑚园及其巫术：特罗布里恩德群岛耕作法和农业仪式研究》等一系列写实民族志名著。与马林诺夫斯基同一时代的英国结构功能主义人类学家拉德克利夫-布朗的田野工作点主要是在印度洋的安达曼群岛和澳大利亚西部，《安达曼岛人》是其写实民族志代表作品。

> 马林诺夫斯基1884年4月7日出生于波兰克拉科夫。1902年，18岁的马林诺夫斯基考入了杰格隆尼大学，开始时主修物理学和数学，后来他的兴趣转向了哲学。1908年，马林诺夫斯基完成了博士论文。……1910年，26岁的马林诺夫斯基到了英国，在伦敦经济学院开始了人类学研究生涯。
>
> 　　1915年，马林诺夫斯基来到了西太平洋的一片岛屿，这片岛屿叫做特罗布里恩德群岛。在这块宁静的地方，居住着特罗布里恩德的岛民，他们有的耕种田园，有的出海打鱼。这是一个近乎原始的社会，但这里的人们有着自己的社会和经济活动，以及宗教的信仰。马林诺夫斯基先后在这里生活了两年，并根据他在特罗布里恩德群岛的经历写下了人类学史上的经典之作《西太平洋的航海者》。后来，人们把马林诺夫斯基的作品称为现实主义民族志。
>
> 　　——庄孔韶. 人类学经典导读[M]. 北京：中国人民大学出版社，2008：537.

从第一次世界大战前后现代人类学产生至第二次世界大战结束，西方人类学者的研究主要集中在远离欧洲和现代工业社会的非洲、美洲和南太平洋及印度洋岛屿地区的"野蛮""落后"的族群或社会之中，写实民族志是其研究的基本范式。即便是20世纪30年代费孝通先生完成的《江村经济——中国农民的生活》（*Peasant Life in China: A Field Study of Country Life in the Yangtze Valley*），也是写实民族志的产物。

（二）实验民族志

第二次世界大战结束后，雅尔塔体系瓦解，世界政治、经济、社会和文化发生了变化，原来被西方资本主义国家殖民的非西方国家纷纷独立或建立了自己的国家，西方发达国家的人类学者难以或无法前往原先的"殖民地"开展实地调查，他们纷纷转向本国或本土社会的边疆或乡村文化研究，或者转向有国家和文字记载的文明社会，以检验那些基于非西方的、无国家和无文字记载的"原始""野蛮""落后"社会发展起来的田野工作理论与方法能否适用于西方非工业社会或其他国家的文明社会。例如，继马林诺夫斯基和拉德克利夫-布朗之后的英国著名人类学家埃文斯-普理查德将他在非洲尼罗河地区对努尔人进行的田野调查写成的写实民族志《努尔人：对尼罗河畔一个人群的生活方式和政治制度的描述》中提出的宗族裂变理论运用于缅甸高地的政治体系研究，以检验其宗族裂变理论在文明社会中是否成立，弗里德曼（Freedman）则进一步考察了埃文斯-普理查德的宗族裂变理论能否适用于中国和东南亚的华人社会。弗里德曼的《中国东南的宗族组织》通过考察广东、福建的农村宗族社会，提出了宗族聚合理论，回应和批评了埃文斯-普理查德的宗族裂变理论。这些人类学理论检验本身即带有鲜明的"实验"特征。

西方人类学的实验民族志范式从20世纪60年代持续到20世纪八九十年代。20世纪60年代后期，"虽然仍有不少美国印第安人的研究，但值得注意的是这些研究往往不再只是研究某一个印第安部落的社会文化，而是关注他们的文化与主流文化的互动的问题"[2]。20世纪70年代之后，欧美人类学界对亲属制度的研究热度有所下降。他们从原来关注"原始""野蛮""无文字""无国家"族群的亲属制度以及稍后对非文明社会亲属制度的研究，转向研究欧美国家本土社会亲属制度；从原来关注某个社会文化亲属称谓制度在维系社会秩序的作用，转到关注日常生活经验中的亲属制度实践、理解以及它在社会性别、权力和社会文化差异上的意义，并在研究中更加注重其历史变迁。[3]

20世纪80年代中期，实验民族志范式的讨论在美国人类学家乔治·E. 马库斯和米开尔·M. J. 费彻尔合著的《作为文化批评的人类学：一个人文学科的实验时代》[4]与詹姆斯·克利福德和乔治·E. 马库斯编的《写文化：民族志的诗学与政治学》[5]中表现得尤为明显。"20世纪80年代后期的'写文化'之争，使民族志写作方式进入后现代和实验民族志时代，学者们批判和反思了传统民族志书写的表述危机，提倡一种批判性的写作方式。"[6]

> 《写文化》的内容博大精深，其中各位作者的观点也不尽相同。我们在此不可能陈述其所有的理论和观点。《写文化》关于文本撰写的主要观点是：民族志从来就是文化的创作（cultural invention），而不是文化的表述；阐释学告诉我们，最简单的文化表述都是有意识的创作；民族志文本的撰写总是卷入了"自我塑造"的过程；人类学在本质上是文学的，而非传统上所以为的科学；人类学尤其是民族志的"文学性"，影响了文化的表述方式。除了真实之外，一部作品还应唤起读者的共鸣，具有艺术的结构；所有的真实都是被建构的。最好的民族志文本（严肃的、真实的虚构）是一

系列经过选择的真实组成。而民族志的真实从来就是不完全的、部分的，因为不存在完全的知识。后现代民族志崇尚"话语"而不是"文本"，提倡对话而不是独白。没有观察者，只有相互的对话，民族志就是合作撰写的故事（cooperative story making）。多音道体现了整体间的各个部分，有助于消弭主客位之间的权利问题；民族志应当描写不同族性融为一体的世界，而不是描写不同的文化和传统。文化不是静止的，人类学不再以当然的权威口吻讲述他者；民族志是由故事构成，其内容和形式都具有比喻的意味。在谈到文化描述时我们不再说"它表述了什么，它象征了什么"，而是说"这是一个关于什么的故事"。

——庄孔韶.人类学经典导读[M].北京：中国人民大学出版社，2008：554.

20世纪90年代前后，欧美人类学家出现了把科学研究视为人类的重要文化实践而把它纳入人类学研究范围的趋势。[7]此外，一些美国人类学者还利用实验室或信息科学技术开展科学文化方面的研究，其代表作有埃斯科瓦尔（Escobar）的《欢迎到电子计算机（世界）：电子计算机文化人类学笔记》（Welcome to Cyberia: Notes on the Anthropology of Cyberculture，1994年出版）以及拉图尔（Latour）和伍尔加（Woolgar）合著的《实验室生活：科学事实的建构过程》（Laboratory Life: the Construction of Scientific Facts，1986年出版）等。

需要说明的是，"无论是萨林斯还是其他西方人类学家，他们的论述所依据的对社会科学的理解是一致的，即我们的研究必须是经验性、解释性、批评性和知识性的综合，从而必须在注重事实的同时，不以肤浅的观察作为事实根据来反对学术解释和学术批评。也就是说，无论21世纪人类学的走向如何，我们所能做的工作，依然是通过对于文化动态的各种撰述来表达学者自己对于社会、国家及世界的看法。从这个意义上说，对于21世纪的文化问题，可以有不同的理解。但是，人类学对于这些问题的研究，却依然类似于20世纪作为'文化科学'的人类学，以表述而非定性为目的"[8]。实验民族志的出现和发展，是世界政治、经济格局变动和后现代主义思潮影响的产物。它预示着传统写实民族志出现了表述危机。

（三）多点民族志

多点民族志（multi-sited ethnography）又称为多场域民族志，它最早见于美国人类学家乔治·E.马库斯1995年发表的一篇关于"多点民族志"的论文。[9]

多点民族志指的是将同一个研究主题放置到多个田野工作点进行考察，是对实验民族志的继续和深化。马库斯的多点民族志来源于他对汤加人的研究。马库斯在田野工作中发现,处于波利尼西亚西部的汤加王国的社会移民现象十分普遍,这引发了他对跨区域、多点田野研究的思考。他认为,为了更好地了解汤加移民问题和移民特点,不仅要考察其在现住地的特点,还要对他们的原籍地进行考察。

根据马库斯的观点,"多点民族志是对与某一专题或事件较为紧密相关的多个观察点进行分析,不再局限于具体的某一个社区,而要让调查和分析跟着研究所要聚焦的人、物、话语、象征、生活史、纠纷、故事的线索或寓意走,以在复杂的社会环境中将研究对象的特征衬托性地描述出来,并加以理论概括"[10]。换言之,马库斯的"多点民族志"是一种建立关系和研究关系的民族志,根据研究目的选择一些不同但彼此关联的田野工作点是其关键所在。

多点民族志几乎是指"从城市或组织机构、网络系统分布到国际移民社区等一系列不同的、不局限于某地的研究"[11]。它的出现,是人类学研究在全球化和后现代主义影响下的产物。西方发达国家在20世纪70年代开始进入后现代时期,但全球化的浪潮却一直在持续。全球化时代下的人与人、人与物、物与物之间的联系日益密切。科技的发展、网络的普及,使天涯比邻成为现实,人类学研究也日益被卷入全球化的发展潮流。"市场被看作是晚期资本主义、后现代主义、政治经济全球化进程中地方权力格局的重新协调,而有时也被当成反殖民斗争和多元现代性的发展来讨论。费彻尔和马库斯认为,从民族志的角度对这种广泛的结构与这些结构的经验基础之间的关系作一番探讨,将会很有意义,因为对于人类学而言,'所有这些理论都邀约我们去探索当代世界中由地方条件的塑造及其影响而出现的理论立场上的差异'。"[12]全球化不仅刺激了新的合法田野的出现,更促进了文化的扩散与传播。文化跨区域、跨时空的传播方式引发了人类学对文化研究方式的思考,多点民族志的田野工作应运而生。

在全球化的场景下,"一种跨越性方法将被提出来,既不是'在国内',也不是'在国外',它突破了简单社会研究和复杂社会研究的分类限制,也不再是以往研究土著的人类学"[13]。"人类学家个人也是多元文化和多点归属的结合体,因此也不能用本质化的眼光看待他们。实际上,他们促成了一种跨国的或世界主义的人类学,或者说,是包容了当代不同世界的人类学。未来的人类学似乎是要超越国家传统、超越欧美中心主义而迈向真正的国际共同体。"[14]全球化思维意味着对研究对象的复杂关系的全面考量,包括对研究对象的选择以及对研究对象所在地域的选择。多点民族志的研究范式,将有助于全球化时代国际人类学共同体的形成。

多点民族志研究范式的特点包括:①田野工作点的动态流转;②摆脱田野时空的束缚;③强化比较研究的应用;④研究者角色多元化;⑤强调与研究对象合作。当然,多点民族志范式也存在一些问题:①民族志文本写作不够客观;②流动性的田野工作点操作性不强；③多点田野的可检验性差；④民族志研究质量评价较为困难。为此，多点民族志应该朝着田野点同质、民族志客观和身本人类学的方向发展。[15]

后现代主义试图将概念、理论、方法、写作方式与当代世界的变化形势联系起来，并将田野工作和被调查者从二元对立的空间法则（农村/城市、田野工作点/本地、固定/不定等）中解脱出来。后现代民族志认为主体是流动不定的、多点的、场景性的和变化无常的。从 20 世纪 90 年代开始，许多学者将身体纳入人类学研究。但是，身本人类学（anthropology from the body）不是简单地研究身体的社会文化特性，而是对身体人类学（anthropology of the body）的补充和整合。

身本人类学借鉴了后现代理论的某些方面，同时又超越它们。它关注的是研究者在田野工作中的切身体验，以实践和表现为基础的参与来超越人类学过往的语言和文化中心主义，并反对文本分析和反对将经验及意义简化为语言和写作。"身本人类学重新定义民族志主体和调查实践，重新思考民族志由'参与观察'向'对参与的观察'的转变，扩展了对民族志境遇的经验性理解。它强调，观察者在观察过程中的重要性不仅仅在于他的理论立场（前理解、思考方式和制度性角色），更在于他的物质性在场。它视参与性互动为意义协商的条件，强调认知过程与关系互动之间的相互作用。"[16]这正是人类学研究不可或缺的独特性和魅力所在。

今天，许多区域性和流动性的问题都可以用"多点民族志"的方法进行研究。例如，跨地区的大型公共工程的建设，包括水电站、公路、铁路等，以及伴随而来的大规模人口迁移所彰显出的错综复杂的关系，包含着族群认同、文化变迁、疾病传播、阶层冲突等多重现象，都是应用"多点民族志"方法进行研究的领域。

——《人类学概论》编写组. 人类学概论[M]. 北京：高等教育出版社，2019：75.

马库斯 20 世纪 90 年代中期提出的多点民族志，对我国当前的社会研究或许有所启发。当代社会中的人和物的流动广度和深度前所未有。中国与世界密不可分，社会学、人类学已被纳入到一个全球的体系，研究对象变得全球化。对于这些人群的研究，多点民族志或许是比较适合的方法。[17]

当然，作为人类学研究范式的创新和实验，"多点民族志"的实践规范和质量评价标准尚未形成共识。这有赖于人类学者在田野工作中共同探索、共同实践和不断总结。

（四）网络民族志

网络民族志又称"虚拟民族志"（virtual ethnography）、"赛博民族志"（cyber ethnography）、"在线民族志"（online ethnography）、"数字民族志"（digital ethnography）等，它是以网络环境作为主要的研究背景和环境，利用网络媒体平台和互动工具来收集数据资料，以探究和阐释互联网及相关社会文化现象的一种方法。[18, 19]库兹奈特定义它为"一种专门的民族志方法，应用于当前以计算机为中介（computer-mediated）的社会世界中可能发生的一切事情"[20]。"网络民族志是基于线上田野工作的参与观察"[21]，它是采用民族志方法研究互联网产生的虚拟社区和文化的一种在线研究方法，它最初起源于研究者在互联网上使用民族志方法对消费者做的市场调查。[22]

> 21世纪以来，网络民族志大量涌现，其影响越来越大。这一演变趋势将使人类学发生如下变化：民族志之变、田野地点之变、社会之变、个人之变以及文化之变等，所有这些改变都是无法避开的。相关改变前后连贯，续写出人类学民族志书写的三部曲，即从书房人类学到田野人类学，再到网络人类学，隐含着当下世界人类学书写的文化转型，影响着人类学惯常使用的民族志书写和传播的旧有模式。网络虚拟现实的存在也使得既有的人类学文化研究区域限界被消除或抹平，大家同时共在一个虚拟的互联网平台之上，传统的时空观念受到了挑战。由此人类学的民族志书写进入到一个超文本时代，所有人类学家都需要对此有所准备并随时做出应答。
> ——赵旭东. 网络民族志的涌现：当下世界人类学书写的文化转型[J]. 广西民族大学学报，2021，43（5）：33-45.

网络民族志是一种质化的、解释性的研究方法，它以在线现场研究为主，基本沿用和改编自民族志的特定研究过程和标准。在网络文化和社区的在线民族志研究中，研究者可以采用潜水的方式对某个网络社区和文化进行非参与式观察，也可以加入到某个在线社区成为其会员从而进行参与式观察，与该在线社区成员进行长期接触和深度沉浸，对网络文化和社区生活进行深度描述，后者更能够体现网络民族志研究的特点。[22]作为一种质性研究方法，网络民族志着重于诠释由互联网技术塑造的一种全新的社会文化形态。[23]它的研究步骤通常为获准进入某个网络社区和文化、搜集资料然后分析资料，在研究过程中还需要考虑研究伦理问题。相对而言，网络民族志还是一种比较新的研究方法，有待进一步完善和发展。

人类学研究当中对互联网的研究主要关注人类对互联网的使用、互联网交际中所产生的中介性、互联网中介带来的交往个体化、虚拟社区、科学技术大众化和网络亚文化等问题。近十多年来，人类学中关于互联网的议题更加多元化，如新技术与社会文化的研究、网络政治、数码科技与人们日常生活和互联网时代中的移民研究等。

网络民族志研究中的田野点从实体空间转向了网络空间，使得田野工作呈现脱"实"向"虚"的场域转变。首先，"非实体化"的互联网逐渐成为研究者进行观察、开展研究的基本空间和情景。其次，研究者角色发生转变，即"深度参与"。研究者和研究对象的互动大大增加；研究者参与进网络空间的构建成为被研究群体的一员；过去研究者和研究群体的关系是既有参与也游离其外，但在网络民族志研究中观察者是"深度"卷入其中的。最后，就是研究方法的转向。"在线"本身是一个让研究者积累线上经验、感受"他者"生活的复杂过程。线下的生活对于田野点来讲应该被视为一种情景，它与网络空间存在交叉、多层次且相互关联的关系。因此，在实际的田野工作中，线上和线下的调查应该相向而行。[24]

网络民族志的田野主要包括论坛、聊天室、游戏空间、虚拟世界的网站、列表、链接环、博客、音频视频网站、直播平台等。"在20世纪末以至21世纪，应当把田野工作看成是一个复杂的互动网：在这个互动网中，人类学者和置身于各种反差环境中的报道人合作，探寻网络、变异、文化力量和社会压力之间的关系。"[25]互联网和物联网时代的网民们利用因特网、电子邮件、聊天室、音视频直播等信息媒介，创造了独特的赛博文化。"对数码人类学来说，重要的挑战在于，如何找到新的研究途径，更好地理解人们的媒介实践与个人、社区及群体生活之间的关系。"[26]网络空间是一个新的文化场域，它是研究者展开网络民族志研究的起点和基础，对这个空间本身的理解和把握，以及对该空间中活动的人及其实践的探寻，是网络民族志方法讨论及运用的前提条件。

网络民族志的核心方法是参与观察，即研究者沉浸在研究田野中，与研究对象互动、对话；网络民族志者进行多点研究以弥补单一情景导致的片面问题，要求从单一网站、游戏、社区、论坛等跳脱出来，以构连更为广阔的社会文化背景。"在网络民族志中，资料搜集意味着与一个文化或社区的成员进行交流。这种交流可以有多种形式。但是不管用哪一种形式，它都需要与社区成员有相应的卷入、参与、联系、互动、分享、关系、合作和连接——不是与网站、服务器或键盘交流，而是与另一端的人交流。"[27]虚拟社区、媒介技术和网络化生存及其文化分别构成了网络民族志的田野工作点、研究手段和研究旨趣。

第二章 田野工作的理论视野

> 随着网络社会的到来，基于网络而存在的虚拟社区逐步纳入人类学田野调查的视野。传统的民族志研究方法面临挑战，网络民族志应运而生并日渐凸显其重要性。研究者如何融入所研究的虚拟社区及进行参与观察成为值得探索和思考的问题。研究者可能回归"摇椅"进行田野工作，以虚拟身体实现到场，但为了确保融入虚拟社区，应满足"浸染"的规范性要求，即长时间持续专注虚拟社区中的互动。研究者可以通过"非参与式"浸染的方式成就民族志，但"参与式"浸染即"参与观察"依然是居于主导的方法和要求。"浸染"及在此基础上进行的"参与"是网络民族志的关键所在。
>
> ——卜玉梅. 网络民族志的田野工作析论及反思[J]. 民族研究，2020（2）：69-85，143.

总的来说，网络空间或虚拟社区是网络民族志研究的起点和基础，这个空间将研究者与研究对象的线上和线下生活连接起来。同时，网络民族志的研究不仅关注被研究者的行动、意义，也注意到研究者完成网络民族志的过程实则是研究者"触网"的文化实践。"编织"与"讲述"是网络民族志研究者完成研究实践的两个步骤。研究者在网络空间中完成研究的过程，也关乎其在网络民族志研究中保有的基本立场和角色定位，更指涉了研究中具体展开的方法。网络民族志不仅是方法，而且还是一种书写的文本和表述的方式。文本叙述中的整体观和参与性等，应是研究者考量的基本内容。[24]

伴随着互联网的普及，网络民族志研究有着无限的发展空间。但是，网络民族志并非对既往民族志的彻底颠覆，它仅仅是面对新的对象产生的一种"新方法"，或者说是学者们对方法的一种再命名。[28]作为观察和理解人们如何在网络上进行社会交往和意义建构的民族志研究方法，不管网络民族志未来如何发展，"网络民族志的任务既要成为这一激动人心的新文化领域的探险家和绘图者，同时也是人类学家，谦恭地和全面地研究在这些新的线上世界中迅速栖居和克隆的人类"[29]。互联网的特性对网络民族志的参与观察、田野建构、研究伦理等提出更高要求，同时也让民族志研究者节约时间和精力，能够接触更为边缘的文化社群以及与更为多元的读者进行积极的对话。因此，网络民族志学者应该根据不同的情况采取不同的研究策略。

（五）小结

现代人类学产生以来，西方人类学的田野工作大致经历了写实民族志、实验民族志、多点民族志和网络民族志的理论流变和研究范式转移，它们之间的更新迭代并非线性，而是存在多线并存或共存。有的学者则将西方人类学的民族志划分为业余民族志、科学民族志和反思民族志三个演进时代。[30]

> 民族志研究方法发展经历了早期的业余民族志和专业民族志两个阶段。民族志研究主要有两个特点：一是整体性，二是以小见大；其类型主要有科学型民族志、解释型民族志、小说体民族志、传记体民族志等4种。建构具有中国特色的民族志研究方法应该从如下几方面进行：一是主位研究与客位研究相结合，二是精英文化与民间文化相结合，三是科学研究范式和人文学研究范式相结合，四是历时性研究范式、共时性研究范式和互动性研究范式相结合，形成新的研究范式。
> ——何星亮，郭宏珍. 略论人类学民族志方法的创新[J]. 思想战线，2014，40（5）：7-11.

大体说来，写实民族志存续于第一、二次世界大战期间，它关注的是远离欧美主流社会的非洲、大洋洲和美洲"无文字""无国家"的"野蛮""落后"的初民社会；实验民族志主要存在于第二次世界大战之后至20世纪80年代，它的研究场域由非西方转向西方本土社会的乡民社会和市民社会，人类学理论与方法的批判性和反思性随着后现代主义思潮的兴起而出现；多点民族志孕育于实验民族志的中后期，并随着全球化的加剧而产生，主要存续于20世纪70年代中后期至20世纪90年代初期；网络民族志肇兴于20世纪80年代，20世纪90年代较为兴盛，至今仍然流行。

> 科学是在一定时期内的假设。任何范式都不可能长期被世人使用，科学没有不朽的范式。人类学的研究范式也一样，是不断发展和转换的。不过，先后形成的研究范式各有其特色，均有其长处和不足。较晚形成的范式不一定优于较早形成的范式，较早形成的研究范式也不一定过时。对于西方的各种研究范式，只有深入研究并理解的情况下才能采用或借鉴，生搬硬套不是科学应取的态度。西方社会基础上形成的研究范式，未必适用于中国社会的研究。研究者要根据自己的研究内容与目标选择和借鉴西方的研究范式。人类学研究的中国化，关键在于形成与西方不同的研究范式。了解和熟悉西方不同研究范式，有利于我国人类学研究范式的形成和发展。
> ——何星亮. 人类学研究范式的特征、类型及其转换[J]. 世界民族，2014（5）：38-45.

如果将田野工作的研究范式与人类学的研究对象所处社会进行关联，那么，它们大体如此：写实民族志（初民社会）—实验民族志（乡民社会为主、市民社会为辅）—多点民族志（乡民社会为辅、市民社会为主）—网络民族志（信息社会）。当然，这样的划分是相对的，不是绝对的。毕竟，这些范式之间存在交叉或重叠。其源头，似乎可以追溯到现代人类学的奠基著作之一的《西太平洋的航海者》。①

二、中国田野工作的理论探索

（一）中华人民共和国成立之前的田野工作

中华人民共和国成立以前的中国田野工作主要是中华民国国民政府时期的科研院所和相关高校的学者开展的田野调查。根据田野工作的理论渊源和学术关注点不同，20世纪20—40年代的中国民族学人类学大体上可以分为南北两派，南派注重对民族地区的实地调查，对其文化史较为感兴趣；北派注重社区研究，较为关注文化功能。实际上，南派还可以细分出中央研究院历史语言研究所民族学组的民族志学派、中山大学和厦门大学民族学派以及西南地区的边政学派（有的学者称该学派为"华西学派"）。当然，后来中华民国国民政府迁都重庆，高校和科研院所学者云集西南，为南北两派的"合流"提供了契机。1938年，吴文藻在云南大学任社会学系主任，1939年，建立了燕京大学和云南大学合作的实地调查站。

总体上看，中华民国国民政府时期的中国田野工作理论建树不多，相关学者主要是运用西方民族学、人类学的理论和方法开展田野工作，写作和出版或发表相关民族志作品。例如，南派学者的作品有凌纯声的《松花江下游的赫哲族》、凌纯声和芮逸夫的《湘西苗族调查报告》、林惠祥的《台湾番族之原始文化》、杨成志的《广东北江瑶族调查报告》《海南岛苗黎调查》《广西苗瑶侗壮访问记》、李安宅的《边疆社会工作》、任乃强的《泸定考察记》和《任乃强藏学文集》等；北派学者费孝通和王同惠的《花篮瑶社会组织》、费孝通的《江村经济——中国农民的生活》和《禄村农田》、林耀华的《金翼——中国家族制度的社会学研究》和《凉山彝家》、田汝康的《芒市边民的摆》、张之毅的《易村手工业》和史国衡的《昆厂劳工》等。无论是南派学者还是北派学者，都深受欧美写实民族志研究范式的影响，他们将田野工作视为"科学"研究。

值得注意的是，凌纯声的《松花江下游的赫哲族》所做的调查，是在中华民

---

① 可参考廖杨发表在《广东技术师范大学学报》2023年第44卷第4期的《人类学的田野工作与民族志研究范式的转变探析》中的相关内容。

国时期中央研究院院长蔡元培先生1926年发表《说民族学》一文之后开展的中国民族学人类学的实地调查，因此被视为中国第一次正式的科学民族田野调查。已故的台湾著名人类学家李亦园先生曾认为这一次的调查行动"开创了中研院民族学、文化人类学实地调查研究的传统"，而《松花江下游的赫哲族》是第一本"科学"的民族志，凌先生是中国"科学民族志"的开创者。20世纪三四十年代，中国民族学者从事西南、西北边疆民族之调查，无不以此书为范本。[31]可见，凌纯声先生的田野工作方法及著作，不但引领着当时的中国人类学研究的走向，也是当时中央研究院民族学学术研究的代表。

后来，凌纯声先生移居台湾，他所带去的研究范式对台湾地区的人类学民族志研究产生了深远的影响。"部分到台湾的学者以在大陆的研究经验领导了50年代开始的台湾的民族学工作，将他们在大陆的传统带到了台湾，建立了台湾大学考古人类学系，培养出了台湾本土的第一代人类学家，继而开展了田野调查。"[32]不过，这后来也引来台湾现代人类学者的反思和批评。黄应贵认为《松花江下游的赫哲族》一书虽强调"文化是人类应付生活环境而创造的文物和制度"，但全书物质、精神、家庭、社会四方面的描述，却无法让人明确知道文化是在适应怎么样的生活环境下创造出来的；凌纯声先生只关注如何利用赫哲族数据解决中国上古史的宗教起源问题，这是一"礼失求诸野"的态度与做法，将人类学、民族学所研究的"原始民族"，视为上古社会文化的"遗存"，成为印证及了解上古不解之谜的证据，而这种"溯源研究"及其背后的传播或演化论的学术典范，就从大陆一直带到台湾，影响了有关中国西南民族史的研究，使得描述他族的目的，往往是界定中原华夏民族自身的认同，而充满了汉人中心主义的观点。[33]

凌纯声先生以及当时的南派人类学者多以研究者所认定的"客观标准"来确立民族，而与被研究者的主观看法毫无关系，这使得在20世纪80年代以前，台湾学者关于少数民族的研究在此"客观科学观"的限制之下，几乎没有任何改变的余地。但是，黄应贵先生也强调凌纯声先生的研究仍有后辈所不及的优点，他充分利用已有的历史文献资料，这是许多人类学家从事中国研究所忽略的，而凌先生早在1934年便做得非常杰出。[33]如果考虑到凌纯声等当时南派或北派人类学者所接受的学术训练、任职机构的学术旨趣和当时欧美主流的民族志研究范式，那么，对中华人民共和国成立之前的中国田野工作的学术评价可能会更公允一些。

（二）中华人民共和国成立初期至改革开放前后的田野工作

1. 内地（大陆）的民族研究与田野工作

1949年中华人民共和国成立后，全国高等院校调整，人类学学科于1952年被取消，一大批民族学者、人类学者根据国家发展的需要转向民族研究、民族史学和历史学等领域,特别是开展了中国少数民族社会历史、中国少数民族概况、中国少数民族自治地方概况和中国少数民族语言简志等大规模的田野调查工作。

20世纪50年代初期至20世纪60年代初,我国进行了大规模的少数民族社会历史调查和语言调查。学术界普遍认为,从1950年的民族识别工作,经1953年全国人口普查到1954年第一届全国人民代表大会第一次会议的召开为民族识别的第一阶段,从1954年到1964年的第二次全国人口普查为第二阶段,从1964年起经1982年第三次全国人口普查持续到20世纪80年代为第三阶段。[34]1956年至1958年中央政府在组织开展少数民族语言调查时,又组织了全国范围的少数民族社会历史大调查。在这些民族识别和民族语言及社会历史调查中,共整理出1000多万字的调查资料,完成了300余种调查报告,1959年起又在这些调查报告的基础上编写了"中国少数民族简史丛书""中国少数民族语言简志丛书""中国少数民族自治地方概况丛书"等三套丛书。1979年1月,国家民族事务委员会重新规划,在编写"中国少数民族简史丛书""中国少数民族简志丛书""中国少数民族自治地方概况丛书"的基础上,发展为"中国少数民族""中国少数民族简史丛书""中国少数民族语言简志丛书""中国少数民族自治地方概况丛书""中国少数民族社会历史调查资料丛刊"等"民族问题五种丛书",总300多册,近5000万字,于20世纪80年代中期基本出齐。此外,1984年在20世纪五六十年代民族大调查的基础上,马寅主编出版的《中国少数民族常识》也是这个时期重要的民族志作品,对中国55个少数民族的历史、文化、社会、经济等状况分别做了介绍。[35]

2. 港台地区人类学的建设与田野工作

1950年,香港迎来了第一位人类学家——华德英(Barbara Ward)女士。当时她刚从伦敦政治经济学院(LSE)获得人类学硕士学位,开始居留香港,她的研究兴趣在香港那些以渔业为生的水上居民——"疍民"身上。后来,又有不少人类学家如普拉特(Pratt)、奥斯古德(Osgood)、波特(Potter)、弗里德曼等陆续来到香港做田野工作。弗里德曼与他的朋友施坚雅(Skinner)联合组织了"伦敦-康奈尔计划"(London-Cornell Project),意在输送有潜力的年轻人到东南亚和中国做田野。当然,当时他们的"中国田野"仅指香港和台湾地区的田野工作。1963年才来到香港的格罗夫斯(Groves)与贝克(Baker)便是其中的人选。从20世纪60年代开始,人类学家以及其他类型的田野工作者便陆续不停地来到香港,驻足于这片中国的土地。[36]

香港中文大学自1973年设立人类学组,乔健任主任,到1975年秋,国际知名人类学家许烺光博士到校担任讲座教授,选修同学很多,对人类学很重视。从1977年秋开始,人类学成为副修学科,并积极增加师资、图书、筹备建系,于1980年秋正式成立人类学系,乔健教授任首任系主任,并一直担任到1991年。他们的研究项目有：民间文化、族群特色及相互关系、考古学、中国少数民族、海外华人、协助解决社会问题（工商管理、社会福利、政府施政、社区设计及教育等）。讲授课程有：人类学理论、社会人类学、应用人类学、传播人类学、人类学导读、人类学研究方法、人类学田野研究、人类学专题、人类与文化、宗教与文化、中国文化与社会、亚洲文化与民族、香港民间文化，以及考古学、民族学、语言学基础。

1956年，香港大学考古队成立，1967年改组为香港考古学会。经过20世纪70年代针对南丫岛深湾遗址的五次发掘，香港的古代文化层序初步建立了新石器时代、青铜时代和历史时代三个时代层序，香港考古学会为此于1978年出版了一本三百多页的专刊。此外，由香港中文大学新亚书院出版的《新亚书院学术年刊》（*Academic Annual*）每年出版1期，自1959年第1期，至1977年出版了19期，其内容主要关涉中国哲学、艺术、文学等的研究，也包括有关香港的一些研究。这些出版物配合20世纪70年代以来高等教育中的人类学专业建设，学会与刊物为学术产品提供了一个平台，并将人类学的香港研究以及以香港为平台而展开的诸多非香港研究呈现给学术界。[36]

台湾地区的民族学研究与田野工作，可参考王建民、张海洋和胡鸿保合著的《中国民族学史：下卷（1950—1997）》的相关内容。[37]

（三）20世纪80年代至2000年前后的田野工作

1. 内地（大陆）的田野工作概况

20世纪80年代，中国民族学、社会学、人类学开始恢复重建，译介和出版国外民族学、人类学论著是其中的一项重要内容。据不完全统计，当时全国有30余家出版社出版有人类学方面的译著，如拉德克利夫-布朗的《社会人类学方法》、莫里斯·布洛克的《马克思主义与人类学》、马文·哈里斯的《文化唯物主义》、列维-斯特劳斯的《广阔的视野》、F.普洛格和D.G.贝茨的《文化演进与人类行为》、基辛的《文化·社会·个人》、本尼迪克特的《文化模式》和米德的《萨摩亚人的成年——为西方文明所作的原始人类的青年心理研究》等。这些译著的出版为当时中国的"文化热"提供了一个"异域文化"的参照物，也为20世纪90年代中国人类学的本土化提供了反光"镜子"。

在翻译出版国外民族学、人类学论著的同时，北京大学等高校还开办了社会人类学高级研讨班，交流研讨西方人类学进展和中国人类学的本土实践，即费孝通先生所说的人类学"补课"。这一时期，费孝通等老一辈民族学家、人类学家身体力行，开展了大量的实地调查，出版了《小城镇四记》[38]《论小城镇及其他》[39]《沿海六行》[40]《边区开发与社会调查》[41]《行行重行行（乡镇发展论述）》[42]等，从小城镇建设到边区开发，从"两南兴藏"到岭南民族走廊乃至"全国一盘棋",费孝通先生以其"青春作伴好还乡"的愿力、"从事求知"的态度和"志在富民"的精神开展田野工作,践履其"迈向人民的人类学"誓言。

这一时期,除费孝通先生等老一辈的民族学家、人类学家重访江村和金秀大瑶山外,一批中青年人类学者也开始了人类学学术名区的追踪回访式的田野调查工作。例如,中华人民共和国成立后本土培养的第一位民族学(人类学)博士庄孔韶先生在1986—1989年先后5次访问其导师林耀华先生《金翼——中国家族制度的社会学研究》一书描写的黄村及相关市县镇村,追踪访谈"金翼"之家的后裔和书中的尚存者400余人,撰写并出版了《银翅——中国的地方社会与文化变迁》[43]一书。徐平先生师从费孝通先生,曾带领学生前往金秀大瑶山开展追踪调查,出版了《大瑶山七十年变迁》[44]一书。1994—1997年,中山大学人类学博士周大鸣先生对20世纪20年代美国学者葛学溥《华南的乡村生活——广东凤凰村的家族主义社会学研究》①一书记录的粤东地区凤凰村进行追踪调查,出版了《凤凰村的变迁:〈华南的乡村生活〉追踪研究》[45]全方位记录和分析了凤凰村的人口、经济、政治、教育、婚姻和家庭、宗教信仰和社会控制等方面的历史变迁与发展现状,也回应了自葛学溥以来学者提出的华南汉人社会研究中的诸如宗族、民间信仰、国家与村落社区关系等一些关键问题。另外,广西民族大学的一些学者对胡起望、范宏贵先生的《盘村瑶族——从游耕到定居的研究》[46]一书记录的金秀大瑶山瑶族进行了追踪回访,出版了《盘村变迁》[47]一书。

由中国科学院民族研究所(2002年更名为中国社会科学院民族学与人类学研究所)组织实施的、国家哲学社会科学"九五"规划的国家级重大项目"中国少数民族现状与发展调查"的首批研究成果"中国少数民族现状与发展调查研究丛书"于2000年前后出版了蒙古族、壮族、苗族、彝族、藏族、回族、维吾尔族、哈萨克族、朝鲜族和畲族等卷本,其内容涉及民族地区的文化传统、经济建设、教育状况、生态环境、人口素质、资源开发和市场发育等一系列可持续发展问题。"'中国少数民族现状与发展调查',是继50年代大规模开展的中国少数民族社会历史调查之后,又一次适度规模的民族调查。从某种意义上说,这次民族调查也可以说是50年代民族调查的延续。"[48]该丛书以行政区划和族别为书名,各卷统一体例,附有调查点的行政区划地图和若干照片,内容上分"综合篇""典型篇""专题篇"。其中,"综合篇"主要反映调查点的自然地理、历史沿革、民族结构、人口状况、政治、经济、文化教育、民族关系、宗教信仰和社会生活等方面的情况;"典型篇"主要是对各个调查点最有代表性的实例进行实证调查研究;"专题篇"主要是对调查点现状中存在的促进发展或制约发展的因素进行理论分析和研究。

---

① 美国学者葛学溥《华南的乡村生活——广东凤凰村的家族主义社会学研究》由美国哥伦比亚大学教育学院出版社1925年出版,中译本由周大鸣译,知识产权出版社2006年出版。

此外，这一时期还出现了个人或课题组形式的民族志研究成果。例如，翁乃群先生等人对于20世纪90年代南昆铁路建设引发的沿线乡村社会变迁开展了较为深入的田野调查，出版了《南昆八村：南昆铁路建设与沿线村落社会文化变迁》（广西卷、贵州卷、云南卷）[49]。1991年6月由中央民族学院（现中央民族大学）48位教学科研人员共同撰写的《中华民族》由华夏出版社出版发行，这是中华人民共和国成立以来对中华民族进行综合研究的一本民族志作品。[50]王铭铭的《社区的历程：溪村汉人家族的个案研究》[51]、《村落视野中的文化与权力：闽台三村五论》[52]和《溪村家族——社区史、仪式与地方政治》[53]等系列民族志作品，描写了新的历史时期家族变迁、社会文化变迁的乡村图景；毛丹的《一个村落共同体的变迁——关于尖山下村的单位化的观察与阐释》[54]，描述了一个沿海乡村在城市化过程中的组织变迁；还有黄树民的"林村"[55]、刘晓春的"富东村"[56]、于建嵘的"岳村"[57]、吴毅的"川东双村"[58]等，都是这一时期的民族志作品。项飚的《跨越边界的社区：北京"浙江村"的生活史》[59]则通过6年时间里对生活在北京城乡接合部的"浙江村"的实地调查，深入"浙江村人"的日常生活，细致呈现了"浙江村"这一流动群体的落地、发展和变化中的诸多细节。张鹂的《城市里的陌生人：中国流动人口的空间、权力与社会网络的重构》[60]则展现了外地人聚集的北京丰台"温州人"所在的"浙江村"的发展、繁荣、拆除和重建，讨论了经济急速发展、人口流动和价值多元等新情况下政府对基层社会治理的多种问题和社会关系的重构。随着我国改革开放的不断深入和城市化进程加快，大量的农民开始离开传统村落来到城镇或城市，形成了不同的移民空间，市镇田野工作研究成为民族志书写提供了广阔天地。从农村到城镇，再到城市，中国内地（大陆）的田野工作和民族志的书写视野转换到更大的范围。这些田野工作的场域转换，与20世纪六七十年代西方人类学的研究转型有一定的相似之处。

值得注意的是，这一时期境外的人类学者也深入到中国内地（大陆）开展田野工作。例如，美国加州大学洛杉矶分校中国研究中心主任、文化人类学教授阎云翔先生曾先后在1989年和1991年两次回到他以前生活过7年的黑龙江省下岬村进行实地调查，出版了《礼物的流动：一个中国村庄中的互惠原则与社会网络》[61]一书。美国人类学者斯蒂文·郝瑞教授结合自己在中国西南地区的田野工作经历，出版了《田野中的族群关系与民族认同——中国西南彝族社区考察研究》[62]一书。任职于台湾"中研院"民族学研究所的何翠萍研究员在其攻读弗吉尼亚大学人类学博士期间就开始在大陆西南的景颇族地区开展田野调查，后来一直延续到20世纪90年代。同样供职于台湾"中研院"的王明珂先生则在大陆西南的羌族地区开展实地调查。台湾清华大学人类学硕士陈玫妏于1999—2001年在广西田林县田野调查，完成其学位论文并修订出版了《从命名谈广西田林盘古瑶人的构成与生命的来源》[63]。

1990年8月，经国家教育委员会（教育部的前身）批准，由日本一桥大学社会学部三谷孝教授与南开大学历史系魏宏运教授共同牵头组成的"华北农村调查项目"正式展开，至1995年9月结束，调查活动长达五年之久。该调查团队的中日学者先后赴北京市房山县（现房山区）吴店村和顺义县（现顺义区）沙井村、天津市静海县（现静海区）冯家村、河北省石家庄市栾城区寺北柴村及山东省平原县夏家寨村考察访问，与传统的文本研究不同，他们访谈了近百位村民，积累了大量的口述与文字资料，构建了20世纪中国北方农村社会变迁与民众生活、心理变化的实态。

2. 港台地区的田野工作概况

20世纪80年代前后，台湾地区的田野工作进入了科际综合和多元化发展时期。①20世纪70年代后期至90年代，有关高山族社会文化变迁和适应的研究不断增多。20世纪90年代以后，台湾地区的物质文化研究有了新发展。一方面，以新的理论和方法分析各族群的物质文化，提高研究水平；另一方面，台湾当局支持台湾各族群的物质文化研究。[64]20世纪90年代以后，在黄应贵先生主持下，台湾地区的民族学、人类学界举行了多次关于"基本文化分类系统概念"的学术讨论会，先后出版了由他主编的三部论文集，即《人观、意义与社会》[65]、《空间、力与社会》[66]、《时间、历史与记忆》[67]。此外，台湾的族群关系研究较多的是南岛语系族群与汉族的关系。

香港中文大学早期的人类学是一个台湾体系的延伸，创系系主任以及多位教员如谢剑、王崧兴等均来自台湾，他们在台湾完成学士乃至硕士学业，之后留学美国接受人类学博士训练，在香港中文大学执教，短则六七年，长则十几年。他们接受过美国人类学的系统训练，在理论、方法论上紧跟国际人类学的思潮，同时，各有所长，研究领域多元，如乔健研究过中国台湾地区卑南人、美国印第安人，王崧兴研究中国台湾地区汉族社会。他们来到香港之后，凭借香港这一平台，均拓展了自己的研究视野。作为拥有从学士、硕士到博士全程系统训练的学系，香港中文大学人类学系的初期成长延续于20世纪七八十年代，90年代学系趋于完整。可以说，参与香港中文大学人类学组与人类学系建设的前辈见证了20世纪七八十年代的香港人类学，而香港的人类学学科建设也与香港中文大学人类学系的成立相互关联。[68]

20世纪七八十年代，香港人类学研究所处的是一个范式争鸣的时代。这一个时段，也是香港本地人类学学科建设与发展的初期。此外，香港也成为一些学者

---

① 中国台湾学术界将台湾地区的民族学、人类学分期划分为1949—1965年的民族志调查研究时期、1965—1987年的科际综合时期和1987年后的多元化发展时期等三个时期。

开展香港民俗研究和内地少数民族研究的平台，譬如乔健对瑶族、畲族等的研究以及对香港的"打小人""石祭"与渔民之信仰的研究。

1987年，香港中文大学人类学系开设了硕士研究课程（MPhil program），1992年全面设立博士班课程（PhD program）。此外，1998年增设硕士（授课式修读）课程（M.A. program），以满足社会人士对文化研究的兴趣和系统训练的需求。

1987年，香港人类学会开始推出和发行定期年刊《香港人类公报》（Hong Kong Anthropology Bulletin，简称 HKABulletin）。1987—1990年，HKABulletin 共出版四期，所载的文章多为本地教员、海外博士研究生以及研究亚洲（其田野主要在香港或台湾）的海外人类学家所撰。其出版语言包含中英文两种，按照规定每文一般不超过3000字。其内容主要包括人类学理论与方法论的探讨、中国台湾研究、中国香港研究、中国大陆（内地）研究、日本研究等，其中主要呈现了这些人类学家的个人关注、研究议题以及相关研究综述，如乔健的瑶族研究、科大卫的研究方法探讨、米雪（Meacham）对20世纪80年代香港考古学成绩的介绍、乔健对香港人类学之发展的回溯等。[69]

1991年，HKABulletin 停刊一次。1992年接续发行，期刊名称更改为 The Hong Kong Anthropologist，最初对应的中文刊名为《香港人类学家》。1995年第8期出版时，中文刊名则改为《香港人类学》。《香港人类学》是香港人类学会名下的网络年刊，其所刊内容为与香港文化和社会有关的民族志，其目的是提高香港本地的人类学意识，并为年轻学者提供机会，发表他们的研究成果。年轻人虽然大多关注香港作为一个国际化城市的文化与社会，但其探讨的主题仍是多元的，如香港的教育、移民、旅行、体育竞赛、脸书（Facebook）现象、集市与超级市场、咏春拳与师徒制度等。可以说，在线出版的这份《香港人类学》成为择优出版年轻研究生研究作品的平台。

从20世纪90年代开始，香港考古学会在一些重要的考古田野中聘请了全职工作人员，出版了《香港考古学会会刊》（Journal of the Hong Kong Archaeological Society），主要刊登发掘报告、研究论文等。

华琛（Waston）夫妇对香港人类学研究与学科建设也颇有影响。华琛对香港新界新田村文氏家族的研究挑战了弗里德曼的宗族范式，他指出宗族结构维持的其他路径，拓展了人们理解香港地方社区的视野。[68]

随着世界和地区性局势的变化，20世纪八九十年代的香港人类学界适应发展需要，研究活动也日趋活跃。例如，香港科技大学的人类学部1995年召开了国际性的"经营文化：中国社会单元之组织与营运"学术研讨会，有学者拟对中国大西南交通大动脉及两翼文化关系开展研究。香港中文大学人类学系的研究计划更为具体和广泛。例如，他们的课题有"中国文化认同的社教化：中国、泰国、新加坡、美国等地的比较""转变中的饮食文化：中国内地（大陆）、中国香港、中国台湾及东南亚""上海里弄人际关系的商业化""香港过渡期之移民、婚姻和家庭""客家宗教系统及其意义""广东瑶族及汉族的互动行为""华南文化圈的天后妈祖庙""中国香港和日本的文化旅游业""东南亚华人的民间信仰"等。[69]

香港人类学者对华南、西南、华东的汉族和少数民族有着广泛的研究。他们的主要著述有乔健、陈国强、周立方主编《惠东人研究》，谢剑著《昆明东郊的撒梅族》，吴燕和主编《华人儿童社会化》，马建钊、乔健、杜瑞乐主编《华南婚姻制度与妇女地位》，谭少薇著《规划与资源：蛇口女工的抉择》，以及乔健、谢剑、胡起望编《瑶族研究论文集》等。所有这些研究与其说是局部的带地方特点的成果，毋宁说是具有典型意义和方法论意义的研究。由于各种原因，过去西方人类学者一度把港台地区作为中国研究的田野工作点。香港人类学者则直接开展对内地南方民族的社会研究。无疑，他们起到了中国人类学者与国外人类学界之间的桥梁对话作用。综观这一时期香港人类学的研究成果，对香港地区文化研究的分量尤为突出，海外华人社区的各种文化现象是他们研究的重点，如节日文化、宗教社会、华人姓氏、婚姻家庭等。近年来，香港人类学家研究当地妇女文化的力量异军突起，而且田野工作扎实，研究成果较为丰富，如谭少薇、黄世忻等学者的《沙田女性及男性居民之社区需要》《沙田妇女参与社区事务研究报告》《东涌的性别分工和妇女地位》等。妇女文化研究的地域延伸到深圳、广东乃至整个华南地区，从汉族妇女扩大到瑶族等少数民族妇女。[69]

（四）进入 21 世纪以来的中国田野工作

进入 21 世纪以来，中国人类学的田野工作基本上是朝着三个方向发展：一是延续 20 世纪的写实民族志和多点民族志的研究范式，并在 20 世纪 90 年代中国人类学本土化的基础上，努力构建具有中国特色、中国风格和中国气派的人类学；二是开展"海外民族志"实地调查，参与世界人类学对话，并努力在国际人类学对话中体现和彰显中国人类学者的声音；三是根据中国的移动互联网络和抖音、快手等音视频直播平台的发展状况，开展微信民族志田野工作和研究。

2000—2002 年国家民族事务委员会（简称"国家民委"）组织了对全国 22 个 10 万人口以下民族的调查。这是继 20 世纪五六十年代的两次调查后规模最大的一次民族调查，加上这些调查的新资料，由杨圣敏主编的《中国民族志》对中国各民族的历史和现状做了一次新的总结和介绍，至今仍是国内高校民族学专业的重要教材和参考资料。[50]除了传统的民族调查之外，20 世纪后期的中国人类学田野工作场域已开始从传统乡村转入城镇和城市。例如，周大鸣先生等学者关注珠三角地区的移民群体和社区构建，关注农民、散工、拾荒者等移民群体，聚焦城市化过程中的生活方式、思想观念、社会交往、经济结构等方面的变迁。[70]李培林以2003年在广州城中村的调查为基础，对一个由血缘、地缘、民间信仰和乡规民约等深层社会网络联结而成的村落乡土社会在城市化进程中终结的复杂社会过程进行了书写。[71]

长期以来，中国的人类学民族志主要是一种家乡研究，一种对于本乡本土、本族本国的调查报告。"海外"是中国人类学的民族志所缺少的一个要素。21世纪初，中国的人类学研究有组织地把田野作业推进到海外。

21世纪以来，中国的人类学者已经在泰国、马来西亚、印度、美国、法国、以色列、坦桑尼亚、埃塞俄比亚等国家和地区完成了相应的民族志研究。人类学区域社会文化研究的地理空间范畴不断扩展，在亚洲地区、非洲与拉丁美洲地区、欧美发达社会乃至极地地区都有学者的成果呈现。[72]此外，涉足"海外民族志"研究的还有云南大学、中央民族大学、厦门大学、中山大学、广西民族大学等高校的民族学和人类学师生。这些具有民族学、人类学专业的国内高校正陆续把优秀学生送到海外开展田野作业。

目前，北京大学出版社出版了"走进世界·海外民族志大系"系列民族志作品，包括《信徒与公民：泰国曲乡的政治民族志》[73]、《"习以为常"之蔽：一个马来村庄日常生活的民族志》[74]、《社群、组织与大众民主：印度喀拉拉邦社会政治的民族志》[75]、《公民与社会：法国地方社会的田野民族志》[76]、《美国的社会与个人：加州悠然城社会生活的民族志》[77]、《"俄罗斯心灵"的历程：俄罗斯黑土区社会生活的民族志》[78]、《共生之道：斐济村庄社会生活的民族志》[79]等。

"海外民族志"研究内生于中国人类学的传统，近年来似乎成为中国社会科学研究的新潮流。中国学人偶尔有在海外做实地调查研究的例子，但是作为学术事业的"海外民族志"是在21世纪初期从北京大学开始推动的，而后逐渐有高校和研究机构参与其中，形成一个全国性的、多学科的学术创新领域。早先的研究尝试在周边国家进行，后来扩展到世界各地。中国"海外民族志"研究现已经呈现出以微观社区实体为对象的蹲点研究、由多点构成代表性的区域国别研究和以世界社会为对象的研究等三个层次。[80]

> 一种以中国意识为基础的文化转型的人类学在当下中国呼之欲出，它成为了新一轮"人类学的中国时代"的主基调。主要体现在如下几方面的特征：其一，今日中国亟须人类学的理论构建；其二，人类学学科分支的不断拓展；其三，人类学人才队伍的培养在最近二十年蓬勃发展，与人类学缺少恰当学科地位形成对照；其四，既有研究范式在日益发生着转变；

> 其五，中国人类学在"走进"和"走出"之间不断地进行着自我的超越。
> ——赵旭东. 迈向人类学的中国时代[J]. 中国社会科学，2015（4）：74-85.

进入 21 世纪以来，随着网络技术的发展，自媒体的悄然登场深度影响着我们的日常生活。中国社会中自媒体通信方式的普及以及随之而有的一种文化书写的新形式——微信民族志的出现使原有文化秩序中时空意义发生转变的同时，也在重新塑造着以研究异文化为己任的人类学学科自身的成长、转型与发展。在此种情境之下，由中国人民大学人类学研究所、中国人民大学国家发展与战略研究院、中国人民大学社会学理论与方法研究中心、《探索与争鸣》杂志社共同主办的"二十一世纪人类学讲坛（第三届）：微信民族志、自媒体时代的知识生产与文化实践"学术研讨会也就应运而生。与会学者从微信民族志的概念、理论与方法，微信、网络、自媒体研究的新进展，"写文化"与微信民族志，自媒体传播中的热点话题与文化研究，自媒体与民族志传播方式的新变化，微信民族志线上与线下的互动，扶贫与自媒体发展，自媒体、微信民族志与田野工作等议题切入，探讨自媒体时代下的知识生产与文化实践以及人类学在此背景下的学科发展问题。该论文集《微信民族志：自媒体时代的知识生产与文化实践》[81]便是此次会议的成果之一。

此外，一些学者探讨了互联网时代的民族志。例如，吴妍基于贵州岜沙苗寨的田野考察，分析了社会传播网络与民族村寨文化的现代建构问题。[82]高莉莎则运用人类学田野调查与网络民族志相结合的研究方法，历时四年完成了国内较早关注的关于少数民族农民工群体智能手机使用现状的民族志作品。该书讲述了云南少数民族农民工群体独特的手机实践方式：他们通过智能手机建构网络族群空间、重构传统仪式、界定族群边界并由此重组社会结构。面对回不去的村寨、融不进的城市和"茧"化的网络，农民工群体通过独特的手机实践方式在充满悖论的空间进行即席书写。在此过程中，他们如同戴着枷锁的舞者，既在生活的困顿中挣扎，也在此中时常洋溢出生活的诗学。[83]王贵斌的《虚拟社区中的社会资本：基于网络民族志的考察》[84]对网络用户如何投入社会关系并追求回报进行了多址民族志研究，讨论了知识分享和人气获取中的社会资本等问题。

（五）小结

如果将民国时期凌纯声先生《松花江下游的赫哲族》所开展的实地调查视为现代人类学意义上的中国田野工作之肇始，那么，中国田野工作仅仅晚于西方现代人类学田野工作十余年。后因战争和国际国内诸多因素的影响,中国人类学的田野工作发展相对缓慢甚至一度被中断。20世纪70年代末至20世纪80年代初,改革开放之后的中国人类学恢复和重新建设,经过20世纪八九十年代的"补课"和本土化之后,中国人类学在20世纪末至21世纪初重回世界人类学舞台,在加强国际对话的同时努力建构具有中国特色、中国气派、中国风格的人类学田野工作范式。

三、当代田野工作的理论视域

(一)全球化时代的田野工作

经济全球化不仅加速着资本、资金、资源、信息、技术、产品、市场等经济要素的全球流动与配置,加速着人的跨国或跨洲际流动。在这个过程中,不同民族或族群、国家或地区的思想文化、价值理念、风俗习惯等不可避免地会发生矛盾或冲突,而且健康与疾病、卫生与防疫等全球风险也日益凸显。这预示着全球人类学的时代已经来临。

当前,我国人类学进入到一个新的时代。"以中国意识为核心的知识主体性话语的创造,要求人类学家必须从中国中心的角度去重新看待宏观的整个世界的构成。围绕中国而产生出来的地方社会、周边社会以及现代世界这三者可以用来构成人类学家审视自己田野资料的背景性构架。而以中国意识的构造为核心的多个世界图式的影响及其互动属是一种不变的内核中的最为坚硬的一部分。我们要去承认这种多元世界的现实,并洞察到这多元背后作为整体的文化存在的可能,以此来促进人类学的文化反思及创造出具有新的意义且有着知识主体性的田野工作。"[85]有的学者认为,"21世纪伊始,民族志书写出现新的转向,主要体现为田野调查从单点转向多点再转向全球化,合作方式由访谈转向共谋,表述方式从写实转向虚构。中国的民族志书写近年来也在为建构自己的民族志方法而努力,国内外的民族志实验性写作共同成为'写文化'之后21世纪人类学民族志的转向推力"[86]。所言不虚,亦不为谬。

有的学者基于中国西南地区地方文化抒写中出现的"现实"的历史、"流动"的区域、再现的"遗失"和"真实"的传说进行叙事,讨论了复杂性文化认知的"民族志撰写的第四个时代"问题。[87] "伴随着人类学及其所构成的这一社会的复杂性的日益增加,分化和分支乃是必然的趋势,而人类学对现代世界的关怀,必然使其不断地走进各个分支学科的研究领域,诸如政治、宗教、法律、教育、医疗等,人类学进入分支学科,即进入到了各个分支领域之中。今天的人类学家显然不只是对一个地方了如指掌的百科全书式的人物,而是被不断地分派到某个专门的领域之中，或研究政治、法律与社会组织，或研究宗教、仪式与节庆，或研究物品、消费与权力，总之都是被限定在了某一个狭窄的领域之中，并带动着那一个领域以田野民族志为手段的各种新范式的提出，如人类学走进历史学中去，并对于传统史学构成了一定的冲击和挑战，而在政治、法律和宗教诸领域亦是如此，这在中国近二十年人类学的发展中更能显现出来。"[88]

2015 年 7 月 1—2 日，南京大学社会学院举办了"全球化时代的田野工作与民族志国际学术工作坊"。其主题涉及全球化的视野、多点民族志、民族志工作者的身体和心灵、宗教研究以及人类学的职业道德等方面。学者们讨论了人类学者所面临的情境与问题，以寻找当代民族志的新的方向和方法，认为在全球化时代的人类学田野工作方法亟待调整：人类学者既要根据社区出现的变化改变自己的工作方法，也要保留传统民族志的特征与优势。[89]

欧洲一些人类学者认为，田野工作是人类学学科最重要的特征之一，但它自 1967 年以来就一直深受批评。从人类学知识的定位和错位的角度分析了人类学田野工作的不同变体及其重要条件，特别关注非西欧人类学家在西欧田野工作的变体，并讨论了这种田野工作实践对人类学未来发展的影响。[90]

全球化时代的田野工作地点，也将变得模糊甚至流动不居。"有关全球流动的研究，尤其是在跨境流动方面，我们会发现将田野截然二分为'海外'和'本土'更为困难。例如对中缅边境人口流动的研究，研究地点是属于海外，还是国内？更何况，边境研究一直都在打破所谓的族群和国家边界，而海外民族志对'走出国门'的要求却正是建立在对国家边界的认识基础上的。"[91]

> 在全球化浪潮席卷下，边境领土的开发和利用逐渐迈入了新时期——传统的以"防御（守护）"功能为主的边境区域向新的"多功能"型国际性边境空间拓展。边境之"变"也引发了边境研究的变化，从以往侧重静态研究与边境的"区隔（管控）"性质，愈来愈转向重视动态研究与强调"跨境"和"流动性"等概念。与跨境、流动性、治理、发展等紧密相关的"跨境民族"研究，已成为多学科研究者高度关注的主题。当前，国际上跨境民族研究新趋势是：从"边界"向"跨界"视角的转向，从"边境"向"跨境"视角的转向，以及从"边民"向"跨境民族"视角的转向等，其中跨境民族概念较为切合当下的理论分析与现实需要。就研究方法而言，"宏观变量分析"与"边境民族志"两大研究范式颇具代表性。中国学者在进行跨境民族问题研究时，需"回归最重要的研究对象本身"，敏锐地认识到边境之"变"，提升对于跨境民族等关键概念的辨析水平，有取舍地吸纳国际上跨境民族研究范式前沿成果，加快探索建立具有"中国眼光""中国特色"的边境人类学，从而深化中国的跨境民族研究水平。

——施琳. 何以为邻？——"跨境民族"之关键概念辨析与研究范式深化[J]. 西亚非洲, 2019（3）: 37-57.

当然，全球化已深深地改变了人类学的田野条件，多场景的变换、多地点的联系构成全球化理论的现实基础。"马库斯不断地将反思和现代主义策略注入民族志的书写实验中，与其说他告别'写文化'，不如说他以新的方式探索被搁置的民族志方法论，重新审思民族志书写方法。格尔茨对'写文化'创建者的影响是深远的，马库斯从反叛到回归的曲折过程再次将文本审美和田野关系纳入人类学学科的核心议题。"[92]不仅如此，全球化时代的都市商业也存在着田野凝视焦点的变移。[93]

全球化时代的田野工作比过去任何时代都更加具有挑战性和不确定性。这种"不确定性"不仅表现在主体性和客体性的边界趋于模糊，而且也表现在文化整体性难于确定。在全球化场景中，趋于社会的文化整体常常又是全球社会变动散化的组成部分。但是，在这种变动和"不确定性"之中，又呈现出一定的确定性：全球化时代的田野工作总是在全球的某个地方或空间中展开，并使用着其中一种或多种混合的民族志研究范式。

（二）信息时代的田野工作

在当今的深度全球化影响下，人与人之间、人与物之间以及物与物之间的联系日益紧密，科技的发展和网络的普及已经将人类学的发展卷进全球化的浪潮中。从互联网到物联网乃至"元宇宙"，信息时代的田野工作早已突破实体田野点为唯一合法实地调查点的局限，而是要求民族志工作者在虚实之间、地方与全球之间、我者与他者"在一起"，共同建构田野工作场域，实现知识论转向到新本体论的回归[94]，形成信息时代民族志的研究范式。

随着2004年的博客、2007年的社会网络SNS、2009年的手机APP、2010年的微博、2012年的微信等的普及，研究对象可通过QQ、Facebook、电子邮件、智能手机视频通话、微信等，随时随地和被研究者进行双向联络，考察时间、地点不再受传统田野调查的时空限制；考察手段和记录工具的增加也是网络田野调查的重要特征。其中，手机、电脑、互联网信息技术是网络田野调查的重要工具，录音笔等专业的录音设备、专业的摄像设备、数码相机和智能手机等均为记录带来了一定的便利；网络信息平台的发展使得研究者获取信息的渠道更加多样，为研究者的信息来源提供了更加多元的可能；另外，通过互联网信息技术，有助于研究者获取新材料、也为获得研究对象的最新动态提供了便捷。[95]

信息时代的新媒体十分发达，因此又被称为融媒体或全媒体时代。年轻人通过智能手机等活跃于信息社会。一些年轻学者聚焦于新媒体时代乡村社会关系的发展与变迁。他们以 S 省一个脱离贫困的传统村落户部村为例，运用网络民族志的方法搜集数据、观察和研究群内村民的互动行为，并通过社会网络分析法搭建微信群中的村民社会关系网络。研究发现，以微信群为主要代表的新媒介重新形塑了乡村社会关系：微信社群的出现加速了村内公共事务传播、激活了乡村社会资源的互换共享，并在社会关系的动态缔结与发展过程中营造着更为紧密的村民共同体。与此同时，微信社群平台带动乡村社会交往向动机理性化、参与两极化、互动团体化发展。[96]

有的学者以微信民族志为研究方法，通过分析在新冠疫情期间社区组织参与社区防疫的过程，发现了社区组织参与防疫的三个行为特征：从网络环境过渡到现实环境、参与防疫事务逐渐增多、兴趣类组织参与防疫的数量和内容相比服务类和志愿类组织均较多。[97]

在中国的改革开放以来所构建起来的社会与文化场域中，正在出现的是一种快速转变或转型的社会现实。很显然，今天文化发生的场域有了一种根本性的改变，即在面临一个文化发生扭转的时代里，在我们踌躇满志要去乡村从事一种界限清晰的人类学田野工作之时，村里的人却可能会略带哀愁地告诉我们，这里大部分的人都跑去了城里讨生活，甚至整个村子都变成了一个"空心村"，他们也不再是原来意义上的农民，甚至很快被添加上一个只有外人才会这样称呼他们的称谓——留守农民，这些人的年龄不是老就是小，再加上妇女，而这就意味着，在这个乡村的故土，失去了真正有行动和创造能力的人，年轻人不得已而离开，却又不能轻易地返回故土，今日在许多人心中泛起的乡愁无疑是在这一离开与返回的困境纠结之中产生出来的。

还有，研究者去原来那些典型的少数民族地区，……贵州的苗寨、四川的凉山，或者金秀的瑶山，甚至其他任何曾经被人类学家描述为极为具有民族味道、少数民族文化浓厚的地方，人们都会告诉你，大部分的人都跑到城里去了，甚至于几年几年地不回家，人们都会去抱怨：曾经有的各种传统节日越来越不容易举办了，年轻人过节只是宅在家中玩手机，谈恋爱也不再唱山歌，还是靠手机发短信来约会。这些变化都在改变着当地人的文化观念及其表现形态，进而影响他们对于社会存在价值的理解。

——赵旭东. 迈向人类学的中国时代[J]. 中国社会科学, 2015（4）: 74-85.

当然，基于信息技术的网络人类学的发展前景，也有学者提出了不同的看法。

"赛博格人类学①看似提出了全新的研究领域，捕捉到时代的脉搏，但它的发展至少出现了两个失误：第一，科技并未像赛博格人类学者所预测的那样全面改变人的生活，新自由主义和全球化大大延缓了日常生活中的科技革新，并造成全球范围内的不平等；第二，赛博格人类学者很少坚持人类学民族志方法，过于沉浸在哲学反思中，而他们的反思并没有多少新意，甚至'后来居下'。因此，赛博格人类学在理论和方法上少有新意。"[98]尽管如此，信息时代的网络民族志不仅拓展了人类学的研究空间，而且形成了诸如微信民族志的研究范式。

（三）"和而不同"的文化与交流互鉴的文明未来

全球化不仅影响着传统的物理和地理空间，而且影响着信息时代虚实相间的网络空间。这个虚实相间的网络空间深度难以目测，但它们确实又真实"存在"。如何在全球化场景的传统空间和虚实相间的网络空间开展田野工作，描述"和而不同"的文化，促进世界和平，增进人类福祉，显然是全球人类学者关心和共同面对的重要课题。

卫生、健康与疾病预防是全球化时代人类需要共同面对的一大挑战。人类学者参与其中，并发挥了积极作用。

有的学者基于一个西双版纳傣族村寨的田野考察，收集西双版纳各级政府、防疫部门及普通民众应对新冠疫情威胁所采取的策略和措施，从中观察傣族民众对新冠疫情的相关认知、行为和心理反应，揭示抗击疫情实践中孕育焕发的集体生存意识以及地方性知识与现代流行病防控专业知识相结合所发挥的重要作用，并从人类学视角对边疆民族地区应对重大疫情危机的过程进行考察，提供了有价值的民族志文本。[99]

> 在中国民族学/人类学发展的百年历程中，我们从过去向西方学习到今天努力寻求本土的发展道路，民族学学科从引入到确立，从十年停滞发展到迅速起飞，理论不断深入，主题不断变化，方法不断创新，在各个阶段都留下了一些经典的民族志作品。在深度全球化背景下世界社会剧烈转变但又紧密联系，民族学/人类学已经不再是解开"远方文化的谜"去发现新的文化类型的冒险之旅，民族志作为学科的重要方法和学术成果本身，需要成为中国民族学/人类学自己知识生产的重要方式，需要符合现代人类学实践的世界需求，参与社会重大公共课题的讨论、服务国家战略和地方社会的发展，更需要贡献出中国民族学/人类学构建人类命运共同体的生动实践。

---

① 同"赛博人类学"。

第二章　田野工作的理论视野

——方婧，张继梅.中国民族志研究的世纪回顾与未来展望[J].大理大学学报，2021，6（7）：15-25.

全球化时代和信息时代的文化有趋同的一面，更有"和而不同"的一面。这些不同的文化面相，为当代人类学的田野工作和民族志范式研究提供了广阔的探索空间。

有的学者认为，合作民族志或许能够成为人类学民族志文化书写的突破口，在加强文明的交流与互鉴、紧扣社会需求和关注人类共同命运的基础上实现合作，并通过合作来跨越民族志局限的多方参与、多重书写的民族志"第四个时代"，是我国21世纪探索民族志写作新范式的重要实践。[100]近十多年来，中国宗教人类学的研究也强调目光向下、由内向外看世界的宗教民族志研究，既着眼于在地宗教，又不局限于在地宗教，是联结传统与现代、乡村与城市、地方与全球，以及日常与神圣的桥梁。[101]

有的学者没有局限于全球化时代的每个具体村寨，而是把全球化与地方化或在地化结合起来观照区域社会的文化变迁。例如，李伟华利用他2015年3月至2018年末在云南省芒市西山乡营盘村的所见所闻，重点描写当地景颇族人民生活，反映景颇文化与现代文化的冲击与交融，以及景颇视角下的全球与世界局势，以小见大地展现了景颇民族的社会变迁。他没有局限于一个景颇村寨的仪式与日常，而是把全世界景颇族发生的事都与他所在的村寨进行对接，关怀整个景颇族的命运，成为以景颇族为主位视角的跨越现存民族志文体局限的"新民族志"。这种通过自然而常态的村民日志，建立了研究对象与研究者之间的视域融合。[102]

有的学者以自我民族志的反思研究方法，从多元视角阐释了日益加剧的全球化背景下的语言是如何与语言学、教育、社会文化、政治、经济及意识形态上的诸多社会变量进行互动的，以及这些互动给世界语言和文化带来哪些正面和负面的影响。[103]《语言与全球化：自我民族志方法》的15位作者来自多语多文化背景，打破了以往全球化研究的欧洲中心模式，以自身经历为叙事主线，探讨了英语传播、身份认同、语言濒危等多个全球化背景下的热点语言问题，呈现出全球化对语言和语言使用者带来的冲击以及由此产生的个体反应。[104]

全球化和信息时代的人类学，不应只限于过去那样对习俗、习性及传统进行单纯的民族志描述，而应当去探究历史、社会和环境因素造成的差异的深层原因和使各种人群既相同又不相同的根本原因，而且其关注点也应随着社会和时代的变化而转移。[105]

21世纪以来的全球生态危机引起不同学科学者的共同关注，大家从各自学科理论思路和概念框架出发，作出了诸多探索和尝试。例如，2000年生态科学家提出了"人类纪"，马克思主义环境学家提出了"资本纪"，后现代女权主义学者则发展出"克苏鲁纪"（Chthulucene）。人类学家则提出与人类学本体论转型并行的多物种民族志的危机应对，它鲜明的学科特色再现了人类和其他物种之间跨界共生的状态，具有网络式铺陈、情景化联结和开放与希望并举三个显著的特征，成为21世纪以来人类学富有特色和发展潜力的学科前沿。[106]

（四）小结

全球化与信息时代的叠加，使得"和而不同"的文化观察与描述变得更加困难。当西方人类学民族志研究范式从实验性和反思性的"写文化"重返"写"文化之后，中国人类学者也从20世纪90年代的重新思考中国人类学本土化中走出来，开始了中国人类学的本土建构和向外发展。

基于这一思考，中国人类学者作出了《关于中国人类学的基本陈述》的1.0版本和2.0版本，开展"海外民族志"研究，实现了中国人类学"请进来"—"立起来"—"走出去"的发展转变。但是，从田野工作和民族志研究范式上看，中国人类学仍然存在写实民族志、实验民族志、多点民族志和网络民族志等多种范式并存或混合的发展过程。不过，这本身也是人类学全球化和本土化的一部分。

21世纪的人类社会面临诸如生态、气候、疾病等全球性治理问题。跨文化沟通交流和构建人类命运共同体显然还需要包括人类学家在内的大量专家学者扎实的田野工作和民族志研究。在正确理解和认识他者和反思自我及自我反思的基础上，才能真正实现人类文明的交流互鉴和"多种文化的星球"的"美美与共"。

四、本章小结

本章从西方田野工作的理论流变、中国田野工作的理论探索和当代田野工作的理论视域等方面，简要地讨论和分析了田野工作理论的发展演变。从人类学田野工作的范式转变历程来看，多元范式并存或混合发展是田野工作理论发展演变的主要特征。

思考题

1. 如何理解西方田野工作的理论流变？
2. 什么是写实民族志？什么是实验民族志？什么是多点民族志？什么是网络民族志？

3. 如何看待中国田野工作的发展历程？
4. 如何理解全球化时代的田野工作？
5. 如何理解信息时代的田野工作？
6. 如何理解当代田野工作的理论视域？

建议进一步阅读的参考书目

1. [英]丹尼尔·米勒，[澳]西瑟·霍斯特. 数码人类学[M]. 王心远译. 北京：人民出版社，2014.

2. [美]罗伯特·V. 库兹奈特. 如何研究网络人群和社区：网络民族志方法实践指导[M]. 叶韦明译. 重庆：重庆大学出版社，2016.

3. 杨国斌. 连线力：中国网民在行动[M]. 邓燕华译. 桂林：广西师范大学出版社，2013.

4. [荷]约斯·德·穆尔. 赛博空间的奥德赛：走向虚拟本体论与人类学[M]. 麦永雄译. 桂林：广西师范大学出版社，2007.

5. Herring S C. *Computer-mediated Communication*[M]. Amsterdam：John Benjamins，1996.

6. Poynter R. *The Handbook of Online and Social Media Research：Tools and Techniques for Market Researchers*[M]. Chichester：Wiley，2000.

7. Nardi，Bonnie A，Pearce C，et al. *Ethnography and Virtual Worlds：A Handbook of Method*[M]. Princeton：Princeton University Press，2012.

8. Boellstorff T. *Coming of Age in Second Life：An Anthropologist Explores the Virtually Human*[M]. Princeton：Princeton University Press，2008.

9. Coffey A. Doing Ethnography[M]. London：SAGE Publications，2018.

10. Mann C，Stewart F. *Internet Communication and Qualitative Research：A Handbook for Researching Online*[M]. London：SAGE Publications，2000.

参 考 文 献

[1] 高丙中. 海外民族志与世界性社会[J]. 世界民族，2014（1）：50-53.
[2] 纳日碧力戈等. 人类学理论的新格局[M]. 北京：社会科学文献出版社，2001：69.
[3] Peletz M G. Kinship studies in late twentieth-century anthropology[J]. Annual Review of Anthropology，1995，24：343-372.
[4] 马尔库斯[①]，费彻尔. 作为文化批评的人类学：一个人文学科的实验时代[M]. 王铭铭，蓝达居，译. 北京：生活·读书·新知三联书店，1998.

---

① 又译为马库斯。

[5] 克利福德，马库斯. 写文化：民族志的诗学与政治学[M]. 高丙中，吴晓黎，李霞，等，译. 北京：商务印书馆，2006.
[6] 《人类学概论》编写组. 人类学概论[M]. 北京：高等教育出版社，2019：70.
[7] Hess D J, Layne L L. The anthropology of science and technology[J]. Knowledge Sociology, 1992（9）：1-30.
[8] 同[2]：55.
[9] Marcus G E. Ethnography in/of the world system: the emergence of multi-sited ethnography[J]. Annual Review of Anthropology, 1995, 24（1）：95-117.
[10] 同[6]：74.
[11] 庄孔韶. 人类学经典导读[M]. 北京：中国人民大学出版社，2008：677.
[12] 同[2]：41.
[13] 马力罗. 民族学与人类学方法论研究[M]. 吴孝刚，译. 北京：社会科学文献出版社，2018：131.
[14] 同[13]：131-132.
[15] 耿亚平. 多点民族志的提出和发展[J]. 广西民族研究，2019（1）：100-106.
[16] 同[13]：133-134.
[17] 涂炯. 多点民族志：全球化时代的人类学研究方法[N]. 中国社会科学报，2015-12-02（006）.
[18] 卜玉梅. 虚拟民族志：田野、方法与伦理[J]. 社会学研究，2012（6）：217-236，246.
[19] 肖婉. 网络民族志："互联网+"时代教育研究的新路径[J]. 电化教育研究，2021，42（4）：23-28.
[20] 库兹奈特. 如何研究网络人群和社区：网络民族志方法实践指导[M]. 叶韦明，译. 重庆：重庆大学出版社，2016：2.
[21] 同[20]：73.
[22] Hine C. Virtual Ethnography[M]. Thousand Oaks：SAGE Publications, 2000.
[23] 陈纪，南日. 虚拟民族志：对象、范围、路径及其实践应用[J]. 世界民族，2017（4）：71-80.
[24] 孙信茹. 线上和线下：网络民族志的方法、实践及叙述[J]. 新闻与传播研究，2017，24（11）：34-48，127.
[25] 同[2]：35.
[26] 米勒，霍斯特. 数码人类学[M]. 王心远，译. 北京：人民出版社，2014：90.
[27] 同[20]：114.
[28] 郭建斌，张薇. "民族志"与"网络民族志"：变与不变[J]. 南京社会科学，2017（5）：95-102.
[29] 同[20]：215.
[30] 高丙中. 民族志发展的三个时代[J]. 广西民族学院学报（哲学社会科学版），2006，28（3）：58-63.
[31] 李亦园. 凌纯声先生对中国民族学之贡献[J]. "中研究"民族学研究所集刊，1970（总29）：2.
[32] 王建民. 中国民族学史：上册（1903—1949）[M]. 昆明：云南教育出版社，1997：322-323.
[33] 黄应贵. 光复后台湾地区人类学研究的发展[J]. "中研究"民族学研究所集刊，1983（总55）.

[34] 林耀华. 民族学通论[M]. 北京：中央民族大学出版社，1997：192.
[35] 方婧，张继梅. 中国民族志研究的世纪回顾与未来展望[J]. 大理大学学报，2021，6（7）：15-25.
[36] 苏敏. 香港人类学：学术研究与学科建设[J]. 西北民族研究，2012（3）：131-153.
[37] 王建民，张海洋，胡鸿保. 中国民族学史：下卷（1950—1997）[M]. 昆明：云南教育出版社，1998.
[38] 费孝通. 小城镇四记[M]. 北京：新华出版社，1985.
[39] 费孝通. 论小城镇及其他[M]. 天津：天津人民出版社，1986.
[40] 费孝通. 沿海六行[M]. 南京：江苏人民出版社，1987.
[41] 费孝通. 边区开发与社会调查[M]. 天津：天津人民出版社，1987.
[42] 费孝通. 行行重行行（乡镇发展论述）[M]. 银川：宁夏人民出版社，1989.
[43] 庄孔韶. 银翅：中国的地方社会与文化变迁[M]. 北京：生活·读书·新知三联书店，2000.
[44] 徐平等. 大瑶山七十年变迁[M]. 北京：中央民族大学出版社，2006.
[45] 周大鸣. 凤凰村的变迁：《华南的乡村生活》追踪研究[M]. 北京：社会科学文献出版社，2006.
[46] 胡起望，范宏贵. 盘村瑶族：从游耕到定居的研究[M]. 北京：民族出版社，1983.
[47] 郭维利，陆进强，潘怿晗，等. 盘村变迁[M]. 北京：民族出版社，2007.
[48] 满都尔图. 中国民族学研究的一大工程：写在《中国少数民族现状与发展调查研究丛书》出版之时[J]. 民族研究，1998（3）：107-108.
[49] 翁乃群. 南昆八村：南昆铁路建设与沿线村落社会文化变迁（广西卷、贵州卷、云南卷）[M]. 北京：民族出版社，2001.
[50] 方婧，张继梅. 中国民族志研究的世纪回顾与未来展望[J]. 大理大学学报，2021，6（7）：15-25.
[51] 王铭铭. 社区的历程：溪村汉人家族的个案研究[M]. 天津：天津人民出版社，1996.
[52] 王铭铭. 村落视野中的文化与权力：闽台三村五论[M]. 北京：生活·读书·新知三联书店，1997.
[53] 王铭铭. 溪村家族：社区史、仪式与地方政治[M]. 贵阳：贵州人民出版社，2004.
[54] 毛丹. 一个村落共同体的变迁：关于尖山下村的单位化的观察与阐释[M]. 上海：学林出版社，2000.
[55] 黄树民. 林村的故事：一九四九年后的中国农村变革[M]. 北京：生活·读书·新知三联书店，2002.
[56] 刘晓春. 仪式与象征的秩序：一个客家村落的历史、权力与记忆[M]. 北京：商务印书馆，2003.
[57] 于建嵘. 岳村政治：转型期中国乡村政治结构的变迁[M]. 北京：商务印书馆，2001.
[58] 吴毅. 村治变迁中的权威与秩序：20世纪川东双村的表达[M]. 北京：中国社会科学出版社，2002.
[59] 项飙. 跨越边界的社区：北京"浙江村"的生活史[M]. 北京：生活·读书·新知三联书店，2000.
[60] 张鹏. 城市里的陌生人：中国流动人口的空间、权力与社会网络的重构[M]. 袁长庚,译. 南京：江苏人民出版社，2014.

[61] 阎云翔. 礼物的流动：一个中国村庄中的互惠原则与社会网络[M]. 李放春，刘瑜，译. 上海：上海人民出版社，2000.

[62] 郝瑞. 田野中的族群关系与民族认同：中国西南彝族社区考察研究[M]. 巴莫阿依，曲木铁西，译. 南宁：广西人民出版社，2000.

[63] 陈玫妏. 从命名谈广西田林盘古瑶人的构成与生命的来源[M]. 台北：唐山出版社，2003.

[64] 何星亮. 20世纪下半叶台湾和香港的人类学和民族学研究概述[J]. 西藏民族学院学报（哲学社会科学版），2004，25（2）：66-72，140.

[65] 黄应贵. 人观、意义与社会[M]. 台北："中研院"民族学研究所，1993.

[66] 黄应贵. 空间、力与社会[M]. 台北："中研院"民族学研究所，1995.

[67] 黄应贵. 时间、历史与记忆[M]. 台北："中研院"民族学研究所，1999.

[68] 苏敏. 香港人类学：学术研究与学科建设[J]. 西北民族研究，2012（3）：131-153.

[69] 曾劲虹. 人类学在香港[J]. 文史杂志，1997（3）：26-27.

[70] 周大鸣，周建新，刘志军. "自由"的都市边缘人：中国东南沿海散工研究[M]. 广州：中山大学出版社，2007.

[71] 李培林. 村落的终结：羊城村的故事[M]. 北京：商务印书馆，2004.

[72] 赵萱，许智元. 理解当代：2020年海外民族志述略[J]. 中国图书评论，2021（1）：39-48.

[73] 龚浩群. 信徒与公民：泰国曲乡的政治民族志[M]. 北京：北京大学出版社，2009.

[74] 康敏. "习以为常"之蔽：一个马来村庄日常生活的民族志[M]. 北京：北京大学出版社，2009.

[75] 吴晓黎. 社群、组织与大众民主：印度喀拉拉邦社会政治的民族志[M]. 北京：北京大学出版社，2009.

[76] 张金岭. 公民与社会：法国地方社会的田野民族志[M]. 北京：北京大学出版社，2012.

[77] 李荣荣. 美国的社会与个人：加州悠然城社会生活的民族志[M]. 北京：北京大学出版社，2012.

[78] 马强. "俄罗斯心灵"的历程：俄罗斯黑土区社会生活的民族志[M]. 北京：北京大学出版社，2017.

[79] 和文臻. 共生之道：斐济村庄社会生活的民族志[M]. 北京：北京大学出版社，2021.

[80] 高丙中，熊志颖. 海外民族志的发展历程及其三个层次[J]. 广西民族大学学报（哲学社会科学版），2020，42（2）：2-9，1.

[81] 赵旭东，刘谦. 微信民族志：自媒体时代的知识生产与文化实践[M]. 北京：中国社会科学出版社，2017.

[82] 吴妍. 社会传播网络与民族村寨文化的现代建构研究：基于贵州岜沙苗寨的民族志阐释[M]. 武汉：武汉大学出版社，2021.

[83] 高莉莎. 日常生活与手机实践：云南红河哈尼族彝族农民工民族志研究[M]. 南京：南京大学出版社，2020.

[84] 王贵斌. 虚拟社区中的社会资本：基于网络民族志的考察[M]. 北京：中国传媒大学出版社，2020.

[85] 赵旭东. 中国意识与人类学研究的三个世界[J]. 开放时代，2012（11）：106-125.

[86] 刘朦. 写文化之后：21世纪人类学民族志新的转向研究[J]. 青海民族大学学报（社会科学版），2020，46（2）：93-99.

[87] 秦红增. 对文化复杂性的认知：基于中国西南地方文化抒写讨论[J]. 思想战线，2014，40（5）：51-56.
[88] 赵旭东. 迈向人类学的中国时代[J]. 中国社会科学，2015（4）：74-85.
[89] 翟思缘，虞杰丽. 全球化时代的田野工作与民族志：国际学术工作坊会议综述[J]. 广西民族大学学报（哲学社会科学版），2015，37（6）：108-111.
[90] Godina V V. Anthropological fieldwork at the beginning of the 21st century: crisis and location of knowledge[J]. Anthropos，2003，98（2）：473-487.
[91] 陈盈莹，赵萱. 2018年海外民族志述略：全球流动背景下的海外民族志研究[J]. 中国图书评论，2019（1）：36-44.
[92] 马丹丹，马库斯. 文本、民族志与在地化：关于写文化的整体理解：人类学学者访谈录之九十[J]. 广西民族大学学报（哲学社会科学版），2020，42（1）：31-40，1.
[93] 潘天舒. 全球化和地方转型时代的都市商业人类学：田野凝视焦点的变移和学科想象[J]. 华东师范大学学报（哲学社会科学版），2019，51（2）：103-109，186.
[94] 王铭铭. 当代民族志形态的形成：从知识论的转向到新本体论的回归[J]. 民族研究，2015（3）：25-38，123-124.
[95] 吴云. 浅谈互联网时代的音乐人类学田野调查方法[J]. 内蒙古艺术，2018（4）：33-37.
[96] 刘思诺，方静雯，吕奥等. 新媒介视阈下乡村社会关系的流变：基于新冠肺炎疫情期间对S省户部村微信群的考察[J]. 新媒体研究，2021，7（16）：83-87.
[97] 梁肖月. 公共理性：社区组织参与社区防疫的行动逻辑：基于北京大栅栏街道的案例研究[J]. 中国非营利评论，2020，26（2）：192-210.
[98] 梁永佳. 所谓"赛博格人类学"[J]. 西北民族研究，2021（4）：78-87.
[99] 段忠玉. 地方性知识与现代专业知识的结合：一个傣族村寨防控新冠肺炎疫情的经验[J]. 北方民族大学学报，2020（3）：95-102.
[100] 秦红增. 合作人类学与中国社会研究：从2019新型冠状病毒疫情防控谈起[J]. 广西民族大学学报（哲学社会科学版），2020，42（1）：54-57.
[101] 曹南来. 当代中国宗教研究中的民族志取向：近十年来的研究回顾与展望[A]//金泽，李华伟. 宗教社会学：第六辑. 北京：社会科学文献出版社，2020：303-322.
[102] 李伟华. 内部他者：芒市西山乡营盘村景颇族村民日志[M]. 北京：学苑出版社，2021.
[103] 杭亚静，赵蓉晖. "自下而上的全球化"新视角：《语言与全球化：自我民族志方法》述评[J]. 语言战略研究，2019，4（5）：92-96.
[104] Borjian M. Language and Globalization: An Autoethnographic Approach[M]. London；New York：Routledge，2017.
[105] 萧俊明，贺慧玲，杜鹃. 人文科学的全球意义与文化的复杂性：多学科进路[M]. 北京：中国书籍出版社，2019.
[106] 朱剑峰. 跨界与共生：全球生态危机时代下的人类学回应[J]. 中山大学学报（社会科学版），2019，59（4）：133-141.

第三章　田野工作的理论维度

田野工作理论涉及多个领域或方面，本书主要从进出田野场域、生产生活周期、台前幕后文化展示及文化描述与解释等方面进行分析。

一、进出田野场域理论

田野工作需要到实地进行调查，这首先需要回答如何进出田野工作点的问题。不少论著和教材介绍人类学研究方法时，都或多或少地涉及这个问题。但是，从场域理论的角度来考察田野工作点的进出问题尚不多见。

田野工作是一项双边或多边互动的实地调查，田野工作中的各种关系是建构性的，田野工作过程也具有场域性。无论是田野工作者的"在场"，还是国家、社会的"在场"，或者是调查者与被调查者"在一起"，都充满各种关系建构的场域力量。一旦这些"场域"被解构，田野工作要么是被中止，要么就已经结束了。

> 人类学家的田野工作，并不纯粹是收集资料的方法，而是训练人类学家视野与能力的过程，它具有认识论上的意义。也因此，随着人类学理论的发展，不同的理论对于田野工作定位、意义及至于收集资料的方向与内容等，都有所不同。故田野工作是与人类学理论知识不可分的。事实上，除了理论之外，个人的自我实践、民族志知识乃至于文化背景等，均会影响田野工作的成效与结果。但对它的理解，却也只能由长久而深入的田野工作本身的反省与实践中，才有可能有深一层的突破。
> ——黄应贵. 反景入深林：人类学的观照、理论与实践[M]. 北京：商务印书馆，2010：100-101.

人们习惯于将田野工作点的进出形象地概括为"进得去"和"出得来"，但是，在"进得去"和"出得来"之间还存在着"留得住"和"做得了"的问题。人类学者进入田野工作点的方式多种多样，常见的有"官方引入""熟人带入"和"私自进入"等方式。其中，"官方引入"包括人类学者带着官方介绍信或上级政府部门通过电话、通知或信函等方式告知被调查点负责人做好接待，官方色彩较为浓厚；"熟人带入"是以田野工作点某个人或家庭、社区的亲戚、朋友或同事等关系进入调查点,这种方式比较容易获得被调查者的信任和接受;"私自进入"相对困难,特别是在那些相对封闭和传统的社区,既无"官方引入",又无"熟人带入",只是调查者自行前往,在被调查者不清楚、不了解调查者的目的、诉求和行动等情况下,是比较难以进入田野工作点的。原因很简单,没有哪个被调查者愿意主动与"闯入"的外来陌生人接触或关联。不过,一旦调查者与被调查者熟悉和关系融洽之后,"私自进入"方式形成的场域效应要依次高于"熟人带入"和"官方引入"。这应该与田野工作点的被调查者对调查者的初始社会印象有关。毕竟,"私自进入"的调查者对当地社区居民来说都是公平的,没有任何私利色彩,因而比"官方引入"和"熟人带入"似乎更容易被当地人所能接受。

> 无论是报告还是成熟的民族志,成功与否都有赖于它与讲述者及田野中的伙伴的联系的真实程度。读者也许不同意研究者的解释和结论,但他们应该认同这些细节的描述是真实准确的。民族志学者的工作不单单是从主位的或局内人的视角收集信息,还要从客位的或外界的社会科学的视角出发来解释这些资料。民族志学者对整个系统的解释也许不同于田野中的和专业会议上的人们。然而,对事情和环境的基本描述应该和当地人或共事者所熟知的一样(除了说明异常行为或新发现的观念或思想的过程)。
> ——[美]大卫·费特曼. 民族志:步步深入[M]. 龚建华译. 重庆:重庆大学出版社,2007:9.

相对于"进入"田野点来说,"离开"或"退出"田野点似乎相对简单和容易一些。但是,离开田野点并不意味着田野工作马上结束。毕竟,人类学者离开田野点之后返回自己的办公室或家里,还需要认真整理和分析田野工作中收集的各种资料,并在"客位—主位—客位—主位—客位……"的身份和场域转换中完成民族志作品的写作。[1]因此,对于人类学者来说,田野工作往往难以终结,"离开"田野点仅仅是田野工作暂时告一段落,民族志作品的写作完成也并非终结田野工作,更多的是田野工作的暂时完成,若干年后可能还会重返田野点开展后续调查或追踪访问。

二、生产生活周期理论

过去,人类学的田野工作基本上是在传统的微型社区里开展的。因此,一年四季的生产生活周期自然就成为人类学者观察研究的重要时间节点。

写实民族志研究范式的人类学研究时限,就要求人类学者在田野点的驻点调查时间不能少于一年。其缘由,就是人们在一年四季里的生产和生活会因春夏秋冬季节的变化而有所不同，因此观察时间一般不少于一年，而且还需要花费半年时间学习当地人的语言，以便人类学者能够真正"读懂"当地人的象征符号及其文化意义，"发现"当地人头脑中的"文化地图"，进而能够准确地了解和把握当地人的人文世界。

实验民族志研究范式的人类学研究时限，也基本遵循写实民族志研究范式所要求的不少于一年的田野工作时间。但是，实验民族志更强调人类学者与当地人对当地生产、生活事项和文化的共同理解。

随着多点民族志的兴起，田野点趋于散化和多点化，人类学者虽然希望秉持每个田野点连续实地调查不少于一年的时间要求，但实际上却难以做到。毕竟，每个田野点都持续蹲上一年，多个田野点就需要多年，第一个田野点与最后一个田野点相隔数年。将这间隔数年的几个田野点的文化视为"静止"并把它们放到同一时间序列当中进行解释的作法，已遭到越来越多学者的批评。因此，为避免多个田野点持续调查的时间差异，一些学者采取一年四季穿插往返于多个不同的田野点，进行间断而非连续的田野工作，以避免某个田野点蹲点过长而忽略其他田野点所导致的多点调查时差。但是，这一切都建立在交通和通信便利的基础上。因此，多点民族志研究虽然田野点分散，田野调查时间也呈"碎片化"状态，但它几乎可以在同一时段穿插于几个田野点，有助于在春、夏、秋、冬四个不同季节中的同一季节对不同田野点进行交叉调查，进而形成"多元并置"的文化整体理解和认知。

> 按照人类学的研究惯例，田野作业一般要经历一年时间以完成一个生产周期，全面认识研究对象在不同季节的不同的社会文化活动、体验等。对于这一年时间，要周密安排，对某一事项的调查，何时开始，经历多久，何时结束，调查访谈地点在哪里，访谈对象是谁，都要一一列出，并且尽量按照时间安排行事，以保证调查研究工作按时完成。
> ——王积超. 人类学研究方法[M]. 北京：中国人民大学出版社，2014：67-68.

借助于互联网和即时交互通信工具，网络民族志研究不再像写实民族志、实验民族志和多点民族志研究那样要求人类学者必须置身于某个田野点的特定时空，去参与观察和深度访谈田野点居民的生产生活状况，而是超时空地、间断性地观察和参与观察、访谈和深度访谈被调查者置身其中的人文世界。换言之，写实民族志、实验民族志研究范式所要求的不少于一年田野工作时间和多点民族志研究范式所主张的同一季节穿插往返多个不同田野点的"碎片化"累计近一年的田野工作时间要求，已不复存在于网络民族志的研究范式当中。但是，田野点的生产、生活的整体观察、理解和文化解释，仍然是网络民族志研究范式关注的重要内容。

总之，不少于一年生产生活周期的田野工作时间，是现代人类学建立后因交通不够便利和世界交往交流匮乏时代的产物，那时的田野点基本上是一个与"异文化"相对隔绝的封闭社区，学习当地语言就可能长达半年之久，之后才能了解和理解"他者"的文化。到了实验民族志阶段，一年生产生活周期理论仍然流行，只不过，它已从写实民族志研究范式的"单向度"理解"他者"的文化，转向人类学者与当地人的"双向度"文化理解，共同建构和诠释着当地文化。多点民族志研究范式"碎片化"了一年的生产生活周期，基本上按照春夏秋冬不同季节穿梭于不同的田野点，即同一季节穿插往返于几个不同的田野点，整个田野工作累计时间虽然可能不足一年，但至少也有半年。网络民族志彻底打破了田野工作不少于一年的时间"魔咒"和空间束缚，而是超时空地"游走"。但是，生产和生活的相关事项或内容及其文化的多向度理解和解释，仍然是网络民族志研究范式整体关注的核心。

三、台前幕后文化展示理论

人类学研究的核心是文化。文化展示是旅游人类学关注的重要内容，也是田野工作不可回避的一项内容。

旅游人类学将文化展示看作是文化的"舞台展演"。"舞台"区分为台前和幕后，台前是展演者展现给观众观看或欣赏的部分，幕后是展演者不想和不给观众观看的部分。台前是可以"观察"的，也是当地人主动提供给观众观赏的文化；后台是"不可观察"的、隐蔽的，也是当地人不愿和不会提供给观众观赏的文化。这类似于中国台湾地区已故的著名人类学家李亦园先生所说的"文化的文法"。

> 所谓文化的文法是在儿童时代就开始灌输，甚至于在母亲的怀胎里就开始"谱入"的文化法则，所以是下意识存在的，但却无时无刻不再统合支配人的行为，使他的行为成为有意义而可以为同一群体内的人所了解的。例如中国传统文化之中一向认为人自出生后在宇宙间就是"命定"的，这一"命定"的观念是中国人整个宇宙认知体系的一部分，也是中国文化不可观察的文化法则的重要部分。
> ——李亦园. 人类的视野[M]. 上海：上海文艺出版社，1996：103-104.

写实民族志、实验民族志、多点民族志等研究范式均主张通过"可以观察"的文化去探寻"不可观察"的文化，即"发现当地人头脑当中的'文化地图'"，把握当地"文化的文法"。只不过,写实民族志更重视"可以观察的文化",而实验民族志和多点民族志则更侧重于"不可观察的文化"。

> 白人已不再将那些亚洲民族风格的旅游观光目标视为某种威胁,甚或低劣。而是已经将它们视为具有异域风味的、文化上令人着迷的、拥有丰富而且极具吸引力的文化。有关文化的这种争论是在不同地域的文化共处的过程中发生的,也正是通过这种方式,各种不同的文化才被"主题化""拍照"以及在全世界得以展示。
> ——[英]Urry J. 游客凝视[M]. 杨慧,赵玉中,王庆玲等译. 桂林:广西师范大学出版社,2009:191.

网络民族志虽然对"可以观察"和"不可观察"的文化都极为重视,却又觉得二者的观察都极为困难。原因在于,网络的观察和参与观察本身都极具难度和挑战,而且网络中所展示的文化的真实性也难以判断。[2]

四、文化描述与解释理论

文化的描述与解释是民族志研究的重要内容,也是人类学者离开田野点后的主要工作。但是,这并不意味着人类学者在田野点时不需要考虑文化的描述与解释问题。

实际上,人类学者在田野工作过程中既要充分运用观察和参与观察、访谈与深度访谈等方法来收集资料,更要科学规范地运用主位、客位和主位+客位或客位+主位等研究方法来分析资料,甚至是一边收集资料,一边分析资料。[3]这样,才能对当地文化进行"深度描述"(简称"文化深描"),也才能做好当地文化的解释或对"文化解释"的解释,甚至是对文化解释的解释的再解释……。因此,如何描述和解释文化,便是田野工作的主要目的和基本目标。

写实民族志研究范式主张的文化描述类似于"有闻必录"和"百科全书"的"忠实记录"方式,即人类学者在田野工作中的所见所闻、所思所想等所获得的一切资料均按照一定的结构和顺序铺陈到民族志文本当中,让读者犹如身临其境,在娓娓道来的"故事"讲述中了解当地人及其生活于其中的社会与文化。因此,写实民族志的文化解释形式上是主位研究的,本质上却是客位研究的。

> 环顾台湾的学术界与人文界,在田野工作早已成为一种时髦与滥用的情形下,有些少数人类学家从事田野工作有如观光访问,往往只有在节日庆典时才现身,使得前述优势者/劣势者之类的不平等关系更加恶化。再加

上少数原住民精英及人类学家,在不理解当地人的需要下,任意要求人类学家的回报,而使人类学家却步。这情形不只对田野工作及当地人不利,更妨碍人类学本身的发展。为避免以及缓和人类学家与被研究者之间不平等关系的恶化,当务之急恐怕只有鼓励回归到长期而深入的田野工作,做出有深刻理解的研究成果,进而寻求解决之道。自然,这样的田野工作更需要足够的人类学理论与民族志知识为其基础。

——黄应贵. 反景入深林:人类学的观照、理论与实践[M]. 北京:商务印书馆,2010:101.

实验民族志研究范式的文化描述与写实民族志有相同之处,都要求主位研究,但其文化解释却是"主位研究+客位研究",是主位研究与客位研究的某种程度的"混合"。多点民族志研究范式的文化描述虽然也强调主位研究,但因其田野点散化,多点比较与综合就不可避免夹杂了人类学者的客位研究,但其文化的解释则可能是"客位研究+主位研究"的"综合",或者说是客位研究基础上的主位研究。在网络民族志研究范式的文化描述中,"主位研究+客位研究"都有所重视,其文化解释也呈现出"主位研究+客位研究+主位研究"的特征。[3]

五、本章小结

田野工作和民族志研究是现代人类学方法的重要基石。不同民族志研究范式中的田野工作场域、生产生活周期、台前幕后文化展示及文化描述与解释的理论维度存在一定的差异。具体情况见表 3-1。

表 3-1　不同民族志研究范式的田野工作理论差异

范式	理论			
	进出田野场域	生产生活周期	台前幕后文化展示	文化描述与解释
写实民族志	官方引入,私自进入	不少于1年时间,单向度理解	可观察的文化	客位为主,主位为辅
实验民族志	官方引入,熟人带入	不少于1年时间,双向度理解	不可观察的文化	主位为主,客位为辅
多点民族志	官方引入,熟人带入	0.5—1年,碎片化	不可观察的文化	客位研究+主位研究
网络民族志	熟人带入,私自进入	时间不确定,多向度文化理解	可观察的文化+不可观察的文化	主位研究+客位研究+主位研究

思考题

1. 如何理解进出田野场域理论？
2. 如何理解生产生活周期理论？
3. 如何理解台前幕后文化展示理论？
4. 如何理解文化描述与解释理论？
5. 进出田野场域、生产生活周期、台前幕后文化展示和文化描述与解释如何有机地构成田野工作的理论维度？

建议进一步阅读的参考书目

1. 陈向明. 质性研究：反思与评论[M]. 重庆：重庆大学出版社，2008.
2. [美]大卫·费特曼. 民族志：步步深入[M]. 龚建华译. 重庆：重庆大学出版社，2007.
3. [美]马茨·艾尔维森，[美]卡伊·舍尔德贝里. 质性研究的理论视：一种反身性的方法论[M]. 陈仁仁译. 重庆：重庆大学出版社，2009.
4. [德]弗里克. 质性研究导引[M]. 孙进译. 重庆：重庆大学出版社，2011.
5. [美]莫妮卡·亨宁克，[荷]英格·哈特，[荷]阿杰·贝利. 质性研究方法[M]. 王丽娟，徐梦洁，胡豹译. 杭州：浙江大学出版社，2015.
6. [美]诺曼·K. 邓津，[美]伊冯娜·S. 林肯. 质性研究手册：方法论基础[M]. 朱志勇，王熙，阮琳燕等译. 重庆：重庆大学出版社，2019.
7. Brannen J. *Mixing Methods：Qualitative and Quantitative Research*[M]. London：Taylor & Francis Group，2017.
8. Salmons J. *Doing Qualitative Research Online*[M]. London：SAGE Publications，2015.

参 考 文 献

[1] 廖杨. 人类学的田野工作与民族志研究范式的转变探析[J]. 广东技术师范大学学报，2023，44（4）：60-67.
[2] 廖杨，蒙丽，周志荣. 微信朋友圈："互联网+"场域中的身份建构与文化表达[J]. 民族学刊，2017，8（5）：11-20，97-101.
[3] 廖杨. 田野工作的观察、观察参与和参与观察中的观察参与[J]. 广东技术师范大学学报，2024，45（2）：44-50.

第四章 田野工作的理论预设

自现代人类学建立以来，田野工作和民族志研究范式的转变成为人类学学科发展的重要的标志之一。新的民族志研究范式的产生和发展，是对原有民族志研究范式反思、消解和替代的结果。

一、看文化：民族志方法的运用与正误

（一）如何理解"看文化"？

人类学田野工作中的"看文化"，不仅可以理解为田野工作者如何"看待"文化，而且可以理解为田野工作者如何观察和分析"文化"。

人类学者认为，文化是一个有机联系的整体。文化的整体观或整体论要求人类学者观察和分析当地人的文化时不能孤立地看待各种文化现象，而要既见"树木"，更见"森林"。

> 人类学的整体论的应用始于 20 世纪 20 年代英国功能学派。这一学派的代表人物认为，应将所研究的对象置于整个文化有机体中进行剖析，既要探讨它与其他文化元素之间的关系，而且还要探讨它与自然环境和社会环境等外界条件之间的内在联系。现代人类学家在研究社会和文化时特别强调整体论，即强调一个社会文化中各种不同层面的因素之间的相互关联性。
>
> 整体观是现代人类学研究的一项基本原则。……人类学的整体观主要包括以下几个方面：
> 1. 研究部分必须熟悉整体……
> 2. 研究某种文化必须熟悉文化空间结构及各层次之间的关系……
> 3. 研究某种必须熟悉文化核心理念对其他文化的影响和渗透……
> 4. 研究某种文化必须熟悉传统思维结构对文化的影响……
> 5. 研究文化必须熟悉环境。
>
> ——何星亮. 文化人类学调查与研究方法[M]. 北京：中国社会科学出版社，2017：122-126.

人类学的整体观或整体论预设了世界各国、各地区、各民族的文化的物质层面、精神层面、制度层面和行为层面是有机联系在一起的。我们知道，人类文化是存在圈层结构的。如果对某个国家、某个地区的某个民族或族群做共时性的横截面剖析，我们就会发现：由外而内的文化圈层结构依次是物质文化—行为文化—制度文化—精神文化。[1]其中，物质文化和行为文化是"可观察的文化"，制度文化和精神文化是难以观察或"不可观察的文化"。人类学的整体观或整体论要求研究者"睹物思人""见异思迁"，即把"可以观察的文化"和"不可观察的文化"有机结合起来，以达成对当地文化的整体理解。

（二）如何实施"看文化"？

田野工作中的"看文化"，其实是"看人"。看"什么人"呢？谁去看"人"呢？肯定是人类学者去田野点看当地人及其建构的文化或者说是人文世界。用费孝通先生的话来说，就是"看人"—"我看人"—"我看人看人"—"我看人看我"[2]。通过"看"别人或别人的文化来反思研究者自我的文化，通过观察和分析别人如何"看人"和观察自己来反思研究者自我，通过推人及己和推我及人的双向视角来正确解读他者和自我的文化，以避免单向度的文化误读，促进文化和解及文化和谐。

> 应用人类学研究以田野调查为主要方法，在调查过程中应注重调查资料的信度和效度。一是必须实事求是，注重调查资料的真实性。二是反映问题的客观性和科学性，在调查过程中，当地公民表达民意，有些意见是合理的，有些是不合理的；有些只强调部门或地方利益，不考虑国家利益。因此，在调查过程中，必须系统、全面地了解民意。如果了解的民意是片面的、不合理的，就不可能准确地反映民意，也不可能提出积极有效的建议。比如宗教问题，各人的意见均不相同，甚至完全相反，如何使宗教朝着健康的方向发展，必须进行深入研究和科学分析。民族地区的双语教学也一样，大多数人支持，但也有少数人反对。
>
> 采用科学的方法，深入调查问题，准确把握问题的实质，科学分析问题或现象的发展趋势，提出合理的和可操作的建议和意见，是应用人类学研究的基本目的。
>
> ——何星亮. 文化人类学调查与研究方法[M]. 北京：中国社会科学出版社，2017：396.

写实民族志、多点民族志的研究范式一般遵循由表及里的"文化"观察方法，即从田野点的社区环境描述入手,从物质、行为等"有形文化"观察到制度、精神等"无形文化",然后化"有"为"无"或"无"中生"有",进而建构起"表里同构"的文化"同心圆"的圈层结构。实验民族志和网络民族志的研究范式不一定遵循由表及里的"文化"观察方法,有时可能采用由里及表的观察方法,或者不讲"章法",从当地人的"行为文化"入手,向内观察和分析其"制度文化"和"精神文化",向外考察其物质文化,然后再在看似杂乱无章的"文化"中梳理和建构起整体有序的文化圈层结构。

在民族志研究中,要避免"看文化"的错误运用导致民族志研究失败或有失公允。错误的"看文化"主要表现在:

第一,孤立地看待当地人的文化现象,未能把当地人的物质文化、行为文化、制度文化和精神文化有机地结构为一个文化整体,对文化的各个组成部分只作片面的理解和分析。

第二,以观察者的身份单向度地观察和分析当地文化,而不是从观察者、参与观察者和被观察者的角度,双向度或多向度地观察、思考和分析当地文化,从而导致文化"误读"。

第三,田野工作中的"看文化"只局限于一时一地,未能运用"超越地域社会的国际视野"来开展文化对话或"文化批评";仅仅为了"看文化"而田野工作,或者仅仅为了民族志文本写作而"看文化",忽略了人类学田野工作的本质在于通过扎实有效的田野工作完成高质量的民族志作品以开展文化对话或"文化批评"。

> 大致而言,人类学家习惯于将文化分为两个部分来看待:一个是可观察的部分,另一为不可观察的部分。就可观察的文化而言,人类学家又把它分为三个部分:物质文化(或称技术文化)、社群文化(或称伦理文化)与精神文化(或称表达文化)。在这三个分类中,物质文化,指的是一个民族适应自然环境的生计方式,可表现在该民族食、衣、住、行各方面,因而也是最为具体而可见的一部分。在民族学标本室中,有极大部分的标本可属于这一范畴。举凡民族的食用器皿、狩猎工具、衣物服饰等无不包摄在这一层次的文化中,亦无不强烈地标示出该民族为了适应自然环境而产生的一套独特的生计方式。因此,标本的收集与陈列,正足以显示人类学家对这一部分文化现象的关注与研究兴趣。至于社群文化与精神文化,亦有很多部分可以用标本表达。因此,就这一层的意义而言,标本室之存在,已不只是客观地表示出各民族的文化内容,更是在主观上表达出人类学家对文化现象的基本看法及其研究旨趣。对人类学家而言,标本不是看的,而是想的。
>
> ——李亦园. 人类的视野[M]. 上海:上海文艺出版社,1996:106-107.

（三）民族志方法运用中"看文化"的理论预设

人类学特别是现代人类学在其发展过程中形成的整体观、相对观、比较观和多元文化并置观的基本原则，以及主位、客位的研究角色转换，给民族志的"看文化"带来了理论预设。

首先，人类学的整体观要求民族志作者呈现"他者"文化时要把文化的各个组成部分有机地结构"在一起"。这就要求人们既要看到物质文化背后的行为文化、制度文化和精神文化，又要关注行为文化背后的制度文化、精神文化以及行为文化赖以存在的物质文化基础，还要看到制度文化是精神文化的外向投射和固化形式，它们共同作用于人类的行为文化，并受其物质文化所制约。人类学的整体观，预设了人类社会存在不同的人文类型，亦即不同的人文世界。因此，从人类学的整体观出发，"看文化"时不仅要看到区域社会的文化整体，而且还要看到人类社会不同的人文类型或人文世界。

其次，人类学的相对观要求民族志作者呈现"他者"文化时要克服民族志作者自己的"文化偏见"，秉持价值中立的立场正确看待"他者"的文化。这预设了承认"他者"文化的合理性，类似于我国已故的著名社会学家、人类学家费孝通先生所说的"各美其美"和"美人之美"。

再次，人类学的比较观要求民族志作者呈现"他者"文化时要开展文化的比较研究特别是跨文化的比较研究。这实际上预设了人类学本质上是文化批评，"作为文化批评的人类学"便是这一理论预设的生动概括。多元文化并置观是人类学比较观的一种研究方式，它也反映了人类的多元文化应该而且可以共存的理论预设。费孝通先生提出的"美美与共""和而不同"的著名论断，为人类学比较研究的理论预设提供了最好的诠释和精当的概括。

最后，人类学的主位、客位的研究角色转换也给民族志作者"看文化"带来了理论预设。主位研究要求民族志作者站在当地人的立场或观点去"看待"他们自己的文化，而客位研究则要求民族志作者从旁观者的立场去"科学地看待""他者"的文化。这两种研究方式看似矛盾，实际上并不矛盾，而是应该有机地结合在一起，共同"成就"人类学研究的理论预设。

> 可观察的文化是人类学家研究的重点，但是其目标却不仅于此，人类学家研究文化所真正追求的仍是第二个层次：不可观察的文化。在这个意义上，文化，不再是一些看得到摸得到的具体东西，而只是一个抽象的存在，一套意义与符号的系统。这一层次的文化才是人类学家所真正追求的。

> 从可观察的一面来看，文化是一套具体的东西，并可分属不同的领域，彼此并不相统属，交互相关。但在不可观察的层次中，文化是一套共有的意义象征系统，它存在于人们的脑中，指引着人们的行为，同时勾连着各个互异的文化领域，形成一套和谐的整体。同时，对于文化现象之了解，不应只是对其中可观察现象之解释；同时，更重要的，是对其后一套潜在之意义系统的掌握；而亦只有从这个立场来了解可观察文化的三个领域，才足以真正掌握其存在的意义。
> ——李亦园. 人类的视野[M]. 上海：上海文艺出版社，1996：107.

此外，在人类学民族志研究的各个阶段，人类学的理论预设要求有所不同。在田野资料收集阶段，要求人类学者运用整体观和主位研究去"看文化"，才能尽可能精确地收集到符合当地实际的各种"文化"资料；在资料整理阶段，需要人类学者运用整体观和"主位研究+客位研究"的方法去"看文化"，才能在理解当地文化的基础上整理好田野资料；在资料分析阶段，需要人类学者运用整体观、相对观和"客位研究+主位研究"的方法去"看文化"，才能避免对当地文化的"误读"；在民族志作品的写作阶段，需要人类学者运用整体观、相对观、比较观、多元文化并置观和"主位研究+客位研究+主位研究"的方法去"看文化"，才能最大限度地确保民族志作品的质量，即既忠实地记录或"还原"了当地的文化，又使民族志作品"超越地域社会"而带有"国际视野"的"文化批评"。换言之，在民族志研究的各个阶段，人类学研究的理论预设也是无时不在和无处不存的。

二、写文化：民族志"在场"与"现在时"

（一）何谓"写文化"？

顾名思义，"写文化"就是书写文化或文化书写。人类学意义上的"写文化"，有其特定的内涵。它是指民族志学者在田野调查的基础上，根据民族志研究范式的规范要求，将田野资料按照一定的方式编排成篇，组成一个完整而有意义的"田野故事"。这个"田野故事"既包括田野工作点的当地人的"故事"，又包括田野工作者在田野工作中的"故事"。写作民族志作品时，田野工作者需要精准把握田野"故事主线"，通过串联、并联或串并联等方式层层铺衍，将当地人各方面的文化有机地结构为一个整体，让读者有如身临其境之感。

> （《写文化：民族志的诗学与政治学》）该论文集提出了如下问题：为什么民族志的叙述失去了权威性？为什么民族志的叙述曾经是可信的？谁有权利挑战"客观"的文化描述？所有的民族志都是经过修辞润色来讲述一个给人留下深刻印象的故事吗？该论文集分析了哥特、凯特琳、马林诺夫斯基、埃文斯·普理查德的文化描述的实例，显示了比喻在民族志中的运用，并探讨了民族志写作的实验趋势。
> ——庄孔韶. 人类学经典导读[M]. 北京：中国人民大学出版社，2008：547-548.

"写文化"是民族志研究的主要内容。自《写文化：民族志的诗学与政治学》问世以来，人类学者对田野工作和民族志研究范式兴起了广泛、深入和持续的讨论。不过，无论是写实民族志、实验民族志、多点民族志还是网络民族志，基本上都或明或暗地表达了民族志作者的"在场"，并以现在时的时态进行书写。即便是好几年前甚至十多年前完成的田野工作，民族志现在时的书写方式也使得民族志作品所讲述的"故事"好像刚刚发生或正在发生一样，加上民族志作者的"在场"，让民族志读者有如身临其境，这就使得当地社会文化的时过境迁被忽略了。

（二）写文化中的民族志"在场"

20 世纪 60 年代以前，人类学家仍然相信民族志研究是客观的，还没有对人类学学科的"科学性目标"进行质疑，并强调应用参与观察和深度访谈等方法来解决民族志的客观性问题。20 世纪 70 年代以来，随着西方后现代思潮和实验民族志的兴起，人类学家对民族志的客观性提出了质疑，并逐步认识到民族志作者的"在场"对民族志主观性的影响，进而实现多点民族志和网络民族志一定程度的客观性回归。20 世纪末期以来的西方民族志书写更是出现了本土民族志、合作研究和"反思与对话"的写作风格。[3]

在"写文化"的过程当中，民族志往往强调民族志作者的"在场"。原因大概有三：一是对 20 世纪 60 年代以前人类学民族志"客观性"的反思；二是后现代主义思潮在人类学实验民族志研究中的影响；三是传统民族志"客观性"与现代实验民族志"主观性"的调和，以强调在"主观性"基础上实现一定程度的"科学"回归，使民族志作品兼容主观性与客观性。

> 民族志学者试着低调地进行研究以减少他们对自然状态的影响。他们的目的是在一种异文化自然运行的状态下去描述它。但是，民族志学者是

第四章 田野工作的理论预设

诚实的。他们认识到他们的在场是一个影响原有文化平衡的因素。因而，民族志学者不是人为地营造一种虚假的情况而是公开地描述他们在田野作业事件中的角色，民族志研究的描写告诉读者，民族志学者与当地人以及资料的联系有多么紧密。这项技巧可以为研究成果增加额外的可信度。这些对自我的描述同时被用于控制质量，记录民族志学者在研究中对人们的影响程度。

——[美]大卫·费特曼. 民族志：步步深入[M]. 龚建华译. 重庆：重庆大学出版社，2007：99.

民族志"在场"不是在民族志作品中直白地以第一人称或"我"的角度去书写，而是通过一系列事件或活动，巧妙地暗示民族志作者存在于当地社会的一系列事件或活动当中，甚至通过一些惊险或欢快的场景氛围凸显那些事件或活动发生时，民族志作者正身处其中，以此彰显民族志作者与当地人的社会交往关系，进而暗示民族志作品的"故事"及材料的真实性。

民族志学者不应该支配环境，也不应该在每一个字或每一页上留下个人痕迹。研究者不必每每插入自己的观点以显示自己在知识上的高明。描写文化时，写作的焦点应该集中在主题上。阿尔弗雷德·希区柯克在他的每一部影片中都会在屏幕上客串出现几秒钟——就是一个清楚地表示其在场的范例。而他的风格，尤其是摄影机角度的使用，则是一个隐含在场的范例。民族志学者在他们的作品中同时留下明显的和隐含的个人痕迹。有一些很微妙，而另一些则像凡高在《麦田里的乌鸦》中所运用的独特笔触。巧妙营造出来的"民族志在场"可以深层地传达民族志学者在田野中的经验。

——[美]大卫·费特曼. 民族志：步步深入[M]. 龚建华译. 重庆：重庆大学出版社，2007：99-100.

（三）写文化中的民族志"现在时"

以"现在时"的时态书写民族志作品，是西方人类学的一贯方式和传统。以"现在时"的时态书写民族志作品，使得民族志作品中的"故事"好像正在发生一样。

实际上，民族志学者的田野工作往往需要持续或间断持续一段较长的时间，即便是多点民族志的田野工作，也很难在同一时间完成所有田野工作点的田野工作。但是，运用"现在时"的时态书写可以避免田野工作时序断点带来的文化场景中断的尴尬，而像电影播放那样确保胶片影音持续流转，有助于民族志读者持续浸淫于民族志作品的"故事"和当地文化场景之中，加深对当地人社会文化的理解和认知。

> 马林诺夫斯基开创的所谓"民族志现在时"清晰地体现出共时性特点。这种写作方式用现在时态呈现文化，把它定格在调查的那一刻，正式地终止了历史意识，目的是要重建某个"传统"或"原始"社会的图景。这是在一个特定时空点进行的超验性观察，由此得来的知识被认为是该社会固定不变的本质。这些知识通常来自于当地年长者关于过去和传统的不可靠的回忆，目的是要展示与西方及人类学家接触之前，土著社会的自然、稳定、未受外界影响的文化特质。
> ——[意]马力罗. 民族学与人类学方法论研究[M]. 吴孝刚译. 北京：知识产权出版社，2018：63.

由于民族志"现在时"的运用，民族志学者花费数月或数年甚至数十年时间间断完成的田野工作所获得的田野调查资料，拼接整合为一个讲求同一空间而忽略不同时间的民族志文本。其好处是增强了民族志作品的现场感和即时性，其缺陷是造成了人类学田野工作忽视文化历时变迁的弊端。

> 民族志研究通常用民族志现在时来写。民族志现在时是生活的一个侧面——一个静态的形象。这种文学上的错觉表明，文化在时间中静止不动——甚至在民族志研究描写以后。民族志学者对社会文化体系中的变化非常敏感。他们常常关注一个程序、一种文化或是任何一个群体中发生的变化。田野作业可能会花掉几年的时间，但是民族志学者书写这些事件，好像它们正在发生一样。这种习惯一部分是由于语言的方便。但是，它也是一种保持描写一致和保持故事生动的方法。民族志学者使用现在时态主要是因为田野作业——可以无限地继续——必须以一些任意的点来结束。田野作业从来完成不了，它只是结束而已。时间和其他的资源总会耗尽，当地人也会厌倦被观察。民族志学者意识到，不论研究有多长，在田野工作结束的那一刻，文化依然会发生变化。民族志学者能做到的就是尽可能准确地描写直到离开那一刻之前的文化状态。理想状况是，民族志现在时忠实地反映了民族志学者在研究过程中所描绘的文化形象。

——[美]大卫·费特曼.民族志：步步深入[M].龚建华译.重庆：重庆大学出版社，2007：99.

（四）写文化中的民族志"在场"和民族志"现在时"的理论预设

民族志作者的"在场"和"现在时"的书写时态，预设了当地社会与文化的"静止感"和"现场感"，暗示了民族志作者与当地人"在一起"的田野工作基本特征。

实际上，无论人类学者去不去那里做田野工作，当地社会与文化每时每刻都在发生变迁。人类社会文化的"变化"是永恒的、绝对的，"不变"是相对的。将历时数年完成的田野工作资料按照现在时的时态讲述它"不变"的"故事"，实际上违背了人类学研究的相对观和比较观原则。

三、读文化：民族志作品的文化建构与解构

文化解释是民族志作品的一个重要特征。"读文化"就是要求人们从民族志作品的文化解释中读懂民族志作者是如何建构或解构文化的。

（一）民族志的文化建构

民族志作者将田野工作中收集到资料经过整理、分析后编入民族志作品的过程，实际上是民族志作者对田野工作点文化建构的过程。

对于田野工作点的当地人来说，他们的文化贯穿于他们日常的生产和生活之中，或者说，他们的生产生活都充满文化，文化贯穿于他们的日常，包括生产和生活。文化无处不在，文化无时不存。离开文化的人类社会是不存在的，相反，即便某个时间、某个空间的人类社会消失或不存在了，但其文化却仍然有可能遗留下来。因此，对于田野工作点的当地人来说，他们的文化主要不是建构的，而是延续传承下来的。

民族志学者一定会在多文化的荒野里徘徊，学者用各种人的眼光认识世界。民族志学者的旅行带领着研究朝未知的方向前进，克服那诱人的危险，穿过危险重重的沼泽地。若没有充足的准备，这趟旅行可能会变成一场噩梦。

民族志学者必须能够确定和选择合适的问题，必须学会使用理论、概念、方法、技术和在田野中使用适当的装备，之后他们开始在一个陌生的

> 文化中旅行。民族志学者必须学会分析他们的资料，并清楚而中肯切题地写下他们的所见和记录。另外，他们必须学会处理他们在每一个十字路口遇到的众多道德困境。
> ——[美]大卫·费特曼. 民族志：步步深入[M]. 龚建华译. 重庆：重庆大学出版社，2007：115.

对于民族志作者而言，民族志的文化建构主要是民族志作者基于扎实的田野工作，收集了全面细致的资料，并将这些资料按照一定的布局谋篇、理论框架和写作要求撮合成篇，娓娓地讲述一个"地方故事"。为了讲好这个"故事"，需要民族志作者全面、深入、细致地梳理田野工作地的"故事"梗概，掌握"故事线"，把握关键性事件。关键性事件是指"发生在每一个社会群体中的，田野作业者可以用来分析整体文化的事件"[4]。无论是"故事"梗概或"故事线"的梳理，还是关键性事件的把握，实际上都暗含着民族志作者对当地文化的解释或解读，并在此基础上进行的文化建构。换句话说，民族志的文化建构是民族志作者在认真解读当地文化基础上进行的文化建构。

> 在很多情况下，一个事件就是一种生活方式或是一个具体社会价值观的隐喻。关键事件为审视文化提供了一面镜子。
> ……
> 关键事件对分析极其有用。它们不仅帮助田野作业者理解一个社会群体，而且反过来，田野作业者可以用它们来向别人解释文化。这样，关键事件就变成了文化的隐喻。关键事件也解释了在田野作业中参与、观察和分析是如何复杂地联系在一起的。
> ——[美]大卫·费特曼. 民族志：步步深入[M]. 龚建华译. 重庆：重庆大学出版社，2007：79.

民族志作者在民族志作品中建构的文化，首先是田野工作点当地的文化，但又不仅仅是当地人的文化，还包含着民族志作者对当地文化的理解。因此，民族志作者的"读文化"，不仅是忠实地观察、记录和书写田野工作点当地人的文化，而且也体现出民族志工作者对当地文化的理解和"解读"。

如此看来，对于民族志作者来说，"读文化"不仅隐喻了民族志作者在民族志作品中对田野工作点当地文化的观察、记录和书写，也暗含了民族志作者自己对当地文化的理解和思考。在思考中"解读"，在"解读"中思考，是民族志文化建构的重要特征。

（二）民族志的文化解构

"读文化"的另外一个表现，就是民族志作品中的文化解构。这种文化解构主要表现两种方式：一是民族志作者的文化解构，二是民族志读者对民族志作品的文化解构。

民族志作者的文化解构，他/她所解构的不是田野工作点的文化，而是通过田野工作点的文化研究，去解构先前别人或自己所做的另外一个或几个田野工作点的文化。这种文化解构，实际上是运用后面的田野工作和民族志研究成果去检验、回应或批评先前的田野工作和民族志研究创建起来的理论或方法能否成立，或被推翻或被修正。因此，这种民族志的文化解构是民族志作者主动而为的结果，也是评判民族志研究质量高低的一个重要标准或依据。

> 1973年，格尔茨出版论文集《文化的阐释》。该书对当时的人类学家启迪非小，一些人早已厌倦以斯图尔德文化生态学、怀特进化论和哈里斯文化唯物论为代表的规律性概括，格尔茨则启发人们重新思考社会科学的基本前提，去反思认识论和方法论上的基本问题。社会科学模仿自然科学所建立的研究模式已危机重重，《文化的阐释》正是对这个危机做出的反应，它重新赋予意义研究和"当地人的观点"以中心地位。（Malighetti，2008）
> ——[意]马力罗. 民族学与人类学方法论研究[M]. 吴孝刚译. 北京：知识产权出版社，2018：90-91.

民族志读者对民族志作品的文化解构，实际上是民族志读者对民族志作者创作民族志作品时的"读文化"的解读。为什么呢？读者阅读民族志作品时，不仅阅读民族志作品所描述的田野工作点的文化，而且品读民族志作者自身。如果说民族志作者是正向建构田野工作点文化的话，那么，民族志读者则是逆向解构民族志作品所展现的文化。换言之，民族志作者是通过讲述田野"故事"而开展文化批评，民族志读者则是对民族志作者的文化批评展开批评。因此，民族志读者的文化解构应该是多方面的，批评的对象不仅仅局限于民族志作品本身，而且也包括民族志作者在内；批评的主要方式，是对民族志作者文化解释的解释或再解释，以及无穷尽地解释下去。

（三）民族志的文化建构和解构是一个文化批评过程

民族志的文化建构和文化解构过程，本质上是一个文化批评过程。一方面，基于扎实细致的田野工作，民族志作者在文化建构的过程中尝试超越该田野点而与先前自己或别人所做的田野工作进行比较，并在比较研究中解构基于田野工作建立起来的文化理论及其研究方法。另一方面，民族志的文化解构以民族志的文化建构为前提，并将产生新的文化建构。换言之，民族志学者通过扎实有效的田野工作建构着研究对象的文化，并在文化建构的过程中解构着自己或者别的民族志学者在当地或其他地方建构起来的"地方性知识"，而这又将为后来者所解构，进而形成民族志"文化建构—文化解构—文化建构……"循环往复的过程。

> 民族志一般都被人们作为了解当地"真实"情况的文本来进行阅读和研究。这些文本的真实与否，基于如下被悬之高阁的假定之上：即"结构对应关系存在于叙述的素材与'真实'的素材之间，也就是存在于人们的行为与行为者在被独撰出的素材中的行为之间，人们的经历与行为者的经历之间"；即叙述是人类的一种（对事件的）特有模仿行为，而且这样的模仿能够最大限度地还原事实本身。作为民族志，另外还有两个作为支撑的理论基点：一是受过专门训练的人类学学者使用科学、严谨的调查手段，在一个地方进行长时间的实地调查，并按照一定的学术规范写成了民族志，所以权威、可靠；一是部分能够表达整体的理论预设，即对于有文化代表性的某些社区的"抽样"调查，能够在一定程度上基本反映相关民族整个文化的主要特征。
> ——陈庆德．人类学的理论预设与建构[M]．北京：社会科学文献出版社，2006：336-337．

民族志的文化建构和文化解构的理论预设在于人类学的本质是文化批评。这种文化批评，既可以源自民族志作者，也可以来自民族志读者。只不过，民族志作者的文化建构与文化解构大多是双向度的，是基于文化建构的解构追求，以获得更为广度和深度的文化理解和文化解释；民族志读者的文化解构与文化建构大多是单向度或多向度的，而不是双向度的，其目的更多是为了批评而批评。

> 以往人类学田野调查的"真实"的问题，主要集中于文本形成之前的收集素材的方法和技巧，以及怎样有效地进入并融入到当地社区、如何保持心态、如何进行有效访谈、如何制作小查表等，更多的是对于保证收集原始资料"真实性"的方法的关注。这些关注大都仅仅局限在民族志作者调查方法本身的研究，局限在如何保证最大限度获取"现实对象"的问题，而没有意识到从现实对象到认识对象的转化问题。民族志的这种倾向，从

> 一开始就具有着深层的漏洞和缺陷，因为它遮蔽了自己赖以生存的"真实"的一个重要方面。
> ——陈庆德. 人类学的理论预设与建构[M]. 北京：社会科学文献出版社，2006：337.

民族志读者的文化批评，到底在批评什么？一是民族志作品是否讲好了田野"故事"；二是民族志作品是否忠实地描述或还原了田野点文化；三是民族志作者是否准确地理解了田野工作点当地的文化还是存在文化的"误读"。诸如此类，不一而足。

"读文化"意味着民族志文本至少存在"解读"和"阅读"或"审读"等理解方式。"解读"更多是民族志作者对研究对象或当地人的一种文化上的深度理解，进而进行转述和撰著，它本质上是作者与研究对象或当地人多维互动的产物；"阅读"或"审读"则是"读者"向度的，它是读者通过作者的文化理解、转述和撰著去了解、理解和认知他/她阅读的民族志文本所讲述的"故事"和"地方性知识"。这样，从当地人、"读者"和他者的角度去讲述田野"故事"和写作民族志文本，与从作者、他者的角度去阅读或审读民族志文本，便构成了"读文化"的双向甚至多向视角。这样，文化建构和文化解构的文化批评便寓于民族志作品之中。

> 文本和对话两种比喻模型是冥思性和抽象性理解理论的基础。文本模型把社会话语描绘成静态、有限的意义体系，它掩盖了实实在在的交流过程，而正是在这个过程中，人类学家对田野中生自协商的意义进行塑造。对话模型是一种语言中心主义，它赋予语言和再现以首要地位（Csordas, 1993），忽略了与他者交往的关键的、实际的场景，忽略了使田野成为调查时空的交互规则。（Ingold, 2000; Csordas, 1993; De Certau, 1980）两种模型在认知上都有乐观主义倾向，看不到他者的不透明性。语言被认为是实现完全理解的理想之地，客体在一个明显的、平整的空间中进行自我展示，人们可以用语言把它们组织在意义库中。它们只关注再现，全然不顾人类学家与报道人关系中存在的困难和误解。如此一来，他们一方面忽略了人类学工作中的多层次性和多重时间性（在田野中和"在家里"），另一方面高估了阐释者对自身经历进行科学理解的能力。（Kilani, 1994）
> ——[意]马力罗. 民族学与人类学方法论研究[M]. 吴孝刚译. 北京：知识产权出版社，2018：104-105.

四、本章小结

田野工作充满着理论预设。无论是"看文化""写文化"还是"读文化",理论预设在人类学的民族志研究中随处可见。

人类学本质上是文化批评。这一学科特质决定了人类学者在田野工作中必须正确运用民族志方法开展研究,特别是用民族志"在场"与"现在时"书写民族志作品,并在民族志作品中开展文化建构与文化解构,将文化建构寓于文化解构之中,如此才能正确开展文化批评,助推田野工作和民族志研究不断向前发展。

思考题

1. 如何理解和实施"看文化"?
2. 民族志方法运用中的"看文化"有哪些理论预设?
3. 如何理解写文化中的民族志"在场"和"现在时"?
4. 写文化中的"在场"和"现在时"的民族志有哪些理论预设?
5. 如何理解民族志的文化建构与解构?
6. 为什么说民族志的文化建构和解构是一个文化批评的过程?

建议进一步阅读的参考书目

1. 陈庆德. 人类学的理论预设与建构[M]. 北京:社会科学文献出版社,2006.
2. [意]马力罗. 民族学与人类学方法论研究[M]. 吴孝刚译. 北京:知识产权出版社,2018.
3. Davies C A. *Reflexive Ethnography*:*A Guide to Researching Selves and Others*(*As a Research Methods in Social Anthropology*)[M]. London;New York:Routledge,1999.
4. Marjorie O F. *Mindful Ethnography*:*Mind*,*Heart and Activity for Transformative Social Research*[M]. London:Taylor & Francis Group,2019.
5. Schensul J J,LeCompte M D. *Ethnography in Action*[M]. Lanham:AltaMira Press,2016.
6. Solberg M. *A Cognitive Ethnography of Knowledge and Material Culture*[M]. Cham:Springer Nature,2021.
7. Vannini P. *Doing Public Ethnography*:*How to Create and Disseminate Ethnographic and Qualitative Research to Wide Audiences*[M]. London:Taylor &

Francis Group，2018.

8. Wolcott H F. ***Ethnography：A Way of Seeing***[M]. Lanham：AltaMira Press，2008.

参 考 文 献

[1] Liao Y，Meng L. Cultural understanding of global governance：a perspective of religious culture[J]. Advances in Applied Sociology，2018，8（5）：359-365.

[2] 费孝通. 我看人看我[J]. 读书，1983（3）：99-103.

[3] Strong P T. Recent ethnographic research on North America indigenous peoples[J]. Annual Review of Anthropology，2005（34）：253-268.

[4] 费特曼. 民族志：步步深入[M]. 龚建华，译. 重庆：重庆大学出版社，2007：78.

第五章　田野工作的理论创新

从20世纪初期现代人类学产生以来，田野工作已经走过一百多年的发展历程。在这个过程中，无论民族志研究范式发生了怎样的转变，田野工作的本质并未改变。它依然强调研究者到实地去考察，并以质化为主、定量为辅的方式收集、整理和分析资料，在此基础上写作民族志文本。可以说，田野工作的定性研究特性并未发生根本性改变。但是，田野工作也应该与时俱进，其发展也面临着理论创新等问题。

一、"无招胜有招"：先入为辅还是先入为主？

（一）价值中立与田野工作的主客位研究

田野工作是一项有目的、有计划和有意识的科学研究活动。它要求研究者在田野工作中保持价值中立。但是，价值中立与田野工作的主位观、客位观并不矛盾。价值中立是科学的研究取向，它要求研究者在科学研究活动中保持中立的价值立场，不以自己的主观意识、个人情感和好恶褒贬去"发现""分析"和"解决"问题，而是客观地、实事求是地进行研究。

> 主位（emic）和客位（etic）这两个术语源于语音学的音位（phonemic）和音素（phonetic）。派克发现语音学中的音位（phonemic）和音素（phonetic）相互对立，于是去掉"phone"，发明了主位（emic）和客位（etic）这两个术语。
> ——何星亮. 文化人类学调查与研究方法[M]. 北京：中国社会科学出版社，2017：127.

田野工作中的主位观有助于通过尽可能"接近于"当地人的知、情、意、行去收集、整理和解读分析田野工作中收集到的第一手资料，而田野工作中的客位观则能够最大限度地帮助民族志学者从田野工作点和当地人的社会文化场域中暂时"抽身"出来，并使自己的思维行动从"当地人"置换为旁观者。这样既有助于正确地理解和解读当地人的社会文化，避免"文化误读"，又有助于确保民族志研究的科学性，进而推动民族志研究范式的完善和发展。

> 民族志中一些概念迫使研究者向新方向开掘，一些概念确保资料的有效性，另一些则只是防止玷污资料。价值无涉的取向在这三个方面对民族志学者都有所帮助。最重要的是，这一概念可防止民族志学者对他们观察对象做出不恰当的和不必要的价值判断。
> 　　价值无涉的取向要求民族志学者延缓对任何给定的文化实践做个人评价。保持价值无涉的取向类似于看电影、歌剧或阅读书籍时保留自己的怀疑态度——唯有读者接受不合逻辑的或难以置信的情境，作者才能任意挥洒出极其迷人的故事。
> 　　——[美]大卫·费特曼．民族志：步步深入[M]．龚建华译．重庆：重庆大学出版社，2007：18．

（二）田野工作的"先入"问题

田野工作究竟是要"先入为辅"还是"先入为主"？还是不需要任何"先入"的东西？这主要取决于"先入"什么。有的人主张不要带任何"先入"的东西去做田野工作，认为那样有悖于价值中立甚至带有成见或偏见；有的学者则认为，任何研究都不可能"空穴来风"或是"无源之水"，它肯定或多或少地受到已有研究发现的影响，带着问题去研究，总比毫无目的地"瞎逛"更有意义和价值。这两种观点均有一定的道理，应该把它们结合起来。

> 在人类学中，不仅它的分析范畴，而且它的论题，都无一不涉及一个假说，一个历史猜想。我们可以根据对某一范畴组成要素的不同预设而得出对这一范畴的不同解说，也可以根据对某一论题的情境预设和价值判断，来作出对某一论题的不同阐释。
> 　　——陈庆德．人类学的理论预设与建构[M]．北京：社会科学文献出版社，2006：34．

需要注意的是，田野工作"先入"的是"问题意识"，而不是观点或结论。那种未经调查研究却已有观点或结论（而且不是"预设"的观点或结论），再通过田野工作去寻找合适的材料来支撑的做法，不仅有悖于科学研究，而且也有可能对当地人造成某种程度的社会或文化"伤害"。这种"伤害"的根源在于研究者只是投机取巧地利用田野资料，而不是在正确收集、整理、分析田野资料的基础上去使用它们。

（三）田野工作"先入"问题的实质

先入"问题意识"的田野工作，本质上是科学研究的田野工作。它强调研究者通过扎实有效的田野工作建构起新的理论或方法，去回应自己或别人已在别的田野工作研究中建构的理论或方法，究竟是被证实、证伪还是无法证实或证伪，是否可以建构出新的理论或方法。换句话说，人类学的田野工作不是为了"田野"而"工作"，也不仅仅是为了研究"工作"而去"田野"。

> 民族志学者有一大堆可供选择的特殊理论。每种理论都可应用于特定主题，而应用不当时，理论将是无用且具误导性的。解释力薄弱的理论对大多数主题而言都是不合适的，另外曾被驳倒的理论也最好不用。大多数民族志学者都或明或暗地采用两种理论类型即理念论（ideational）和唯物论中的一种。理念论提出：根本性变化是精神活动即思想和观念的结果。唯物论则相信物质条件——生态资源、钱，以及各种产品是原初动力。没有哪种方法能够解答所有问题，不同的民族志学者选择两种方法中符合他们学术训练、个性、感兴趣的特殊需要或问题的那种。
> ——[美]大卫·费特曼. 民族志：步步深入[M]. 龚建华译. 重庆：重庆大学出版社，2007：5.

人类学的田野工作本质上是为了文化批评或文化反思，并在文化反思或文化批评中不断地进行田野工作和民族志研究。换言之，田野工作的主要目的是收集、整理和分析第一手资料，但它并不止步于此。研究者在写作民族志作品的过程中，需要回应本学科已有的理论和方法，积极开展文化对话和文化批评，进而实现其最根本的目的——理论创新。

> 学术思想是一个国家或民族文化的精髓，是最重要的精神财富之一。学术思想是否发达，是衡量一个国家或民族文化是否发达的标志。中国文化在历史上之所以如此发达，与繁荣的学术思想分不开。在世界四大文化古国中，每一种文化均有其发达的学术思想为之奠基，其中尤以中国的学术思想最为发达并绵延不断。建立21世纪中国人类学与民族学理论新体系，丰富和发展中国学术思想，不仅是学术界本身的事情，而且是关系到能否复兴中华文化的大事。
> ——何星亮. 文化人类学调查与研究方法[M]. 北京：中国社会科学出版社，2017：178.

总之，田野工作看似"有招"，又似"无招"，有时"无招"更胜"有招"。无论如何，田野工作都不可避免地带有一定程度的"先入"问题，只不过这个"先入"问题是研究者需要回应已有理论和方法有无问题及如何破解的"问题意识"。

二、"无声胜有声"：民族志作者"在场"还是"不在场"？

（一）何谓民族志作者"在场"或"不在场"？

民族志作者无疑是田野工作的高手。但是，如何处理民族志作品中的"在场"或"不在场"的问题显然不是一件容易的事情。

> 目前人类学界本体论与文化论观点冲突不断，以概念的阐释来表征和通约文化差异的知识论已经遭遇多重危机，人类学的本体论转向势所难免。在这样一个可以称作"当下"的时刻，民族志研究应该进一步生成新的问题空间，借助本体论的视角，进一步拓展其在课题设计、跨领域合作、概念组合等层面的多种可能性，以便在将来仍然保持其应有的作用和地位。"民族志在场"这一概念，将更多的问题意识在一个组合中予以呈现，将当下有关人的种种主题作为民族志探索的起点，并赋予各种新兴的思考和行动方式的集合以本体论的意义。如何在新的问题化空间内，组合概念化工具，拓展本体论的视角，进而重新刻画人的实践状态，将是当下和未来一段时期民族志研究的重要维度。
> ——刘珩. 重塑问题空间：人类学本体论转向与民族志在场[J]. 思想战线，2021，47（3）：19-34.

所谓民族志作者"在场"，正如第四章所述，是指民族志作者有意或无意地在民族志作品中暗示自己曾经在民族志作品所描述的"关键性事件"或"故事"的现场，并以现场参与者或亲历者的角度去演绎"故事"情节，以增强民族志作品"故事"的真实性或"画面感"。有的民族志作者甚至在民族志作品的开头部分（通常是在田野点选择或田野工作情况介绍部分）讲述自己与当地人的社会交往如何密切，甚至成为"无所不谈"的"闺蜜"或朋友，以暗示自己田野资料的真实性和可靠性。因此，应邀参加当地人各种原本只有亲戚好友才能参加的私人聚会或传统民俗庆祝活动，或与当地人一起喝酒喝得酩酊大醉，或与当地人"打成一片"，等等，几乎成了民族志作者暗示自己"在场"或田野工作十分成功的"经典"表述，甚至已经成为"陈词滥调"。或者说，民族志作者的"在场"或"不在场"，似乎已经成为写实民族志、实验民族志、多点民族志作品质量高低的显性评价标准。

> 民族志至少承认，只是不可避免地具有"有关某处"和"来自某处"的特性，知识者的特定方位（location）和生活经历在某种程度上对于知识的产生类型是重要的。然而，通过"田野"的人类学理念，这种方位感（location）常常被地点（locality）取代，方位（location）的转化被曲解为去"其他地方"观察"另一种社会"的观念。
>
> ——[美]古塔, [美]弗格森. 人类学定位：田野科学的界限与基础[M]. 骆建建, 袁同凯, 郭立新译. 北京：华夏出版社, 2005：43.

所谓民族志作者"不在场"，是指民族志作者并没有在民族志作品中刻意强调自己"在场"，而是通过田野工作点的文化深度描述（即"文化深描"）巧妙地暗示自己"在场"。否则，便无法进行"文化深描"。相对而言，这种没有明说自己"在场"的"不在场""文化深描"，更能增加读者对民族志作者的称赞和钦佩。毕竟，"不在场"的民族志作品的"在场"文化深描，更具功力和水平，却又不"显山露水"，颇有此处"无声胜有声"之意味。

（二）民族志作者何以"在场"或"不在场"？

民族志作者的"在场"或"不在场"看似简单，其实并不简单。为什么呢？因为这不仅取决于民族志作者的田野工作经验多寡，而且取决于民族志作者的写作风格和个人喜好。

一般来说，田野工作经验越丰富的民族志作者，他的民族志作品写作风格就越内敛，或者说是越不喜欢简单直白地表明自己"在场"，而是通过"文化深描"来暗示自己"在场"。当然，这不是说直接表明"在场"的民族志作品质量就一定欠佳。

> 20世纪80年代以来，人类学的研究方法与理论假设被重新审视，"民族志现实主义"的合理性从根本上受到质疑，"实验的民族志"成为人类学研究的新趋势：民族志既不是纯粹的关于"他者"文化的记录，也不是纯粹的关于民族志研究者的"个体"心理的呈现，而是一种关于"他者"的社会与文化现实的文本，"反思"已经成为"实验的民族志"的一个重要的构成要素。而反思"实验的民族志"使得民族志的书写更加开放，从而提供了更多交流的可能性。
>
> ——张连海. 感官民族志：理论、实践与表征[J]. 民族研究, 2015（2）：55-67, 124-125.

实际上，无论是民族志作者直接表明自己"在场"还是通过"不在场"的文化深描来暗示自己的"在场"，都不过是民族志作品评判的一个外在显性标准，真正决定民族志作品质量的终究还是民族志作者的"问题意识"和田野工作质量本身。因此，民族志作品形式上的"在场"或"不在场"并不重要，重要的是民族志作者"问题意识"和田野工作质量的"在场"。"田野本身是与特定空间工作的精神想象相关的。当一个人说他要去作田野调查时，他本身就在通过身体实践、以外部或内部人的身份在构建精神影像。"[1]

（三）民族志作者如何"在场"？

民族志作品的文化深描"暗示"着研究者"在场"。这是以"不在场"的形式反映民族志作者"在场"的实质。民族志作者究竟应该如何"在场"？

首先，民族志作者的"问题意识"要清晰明确。他/她要清楚自己究竟要回应或解决什么学术问题。这个"问题意识"一定是自己需要回应或解决的学术问题，而不是其他问题。

其次，民族志作者要在"问题意识"的指引下，扎实有效地开展田野工作，尽可能客观、全面、科学地收集、整理和分析田野资料。换句话说，田野工作绝对不是"走过场"，而是需要民族志作者"在场"不缺位，才能为民族志作品的文化深描奠定坚实的基础。

再次，民族志作者应该通过民族志作品中的关键性事件的文化深描来隐喻作者"在场"，而不是在民族志作品前面部分简单直白地声明自己"在场"。这样的"在场"比较富有内涵和深度，不显得过于肤浅。

最后，民族志作者的"在场"还应该显示出民族志作品是作者与当地人"合作"的结果，或者说"合作民族志"的产物。但是，民族志作者"在场"却不能"越位"或者"越俎代庖"。民族志作品是民族志作者"主位研究+客位研究"调和的创作结果，需要读者去评判民族志作者是否"在场"，或者其"在场"是否合适，是否必要，等等。惟其如此，方能推陈出新，推动田野工作和民族志研究向前发展。

> 随着知觉现象学的发展，人们日益感到，身体的"缺席在场"依然是一个切实存在的问题。在这种背景下，出现了具身体现研究，即身体研究由"身体观"转向"身体感"。感官民族志不仅涉及人文社会科学的一个新研究领域——身体感，而且是一个重要的新的方法论。以知觉现象学、人文地志学为理论基础的感官民族志，其实践与其被定义为参与、观察和言语互动的混合，毋宁为一个具身的、具地的、感官性的和移情性的学习过

程。感官民族志力求多媒体表征，意在寻求观众或读者的移情性参与，以此激发出他们的亲切感和"通感"，使他们获得充分的认同。

——张连海. 感官民族志：理论、实践与表征[J]. 民族研究，2015（2）：55-67，124-125.

三、"高处可胜寒"：文化解释、文化批评还是文化建设？

田野工作的任务不仅仅是收集、整理和分析资料，形成民族志作品，而更在于文化的解释、批评和建设。实际上，民族志研究中的文化解释、文化批评和文化建设是一个"三位一体"的纵深发展过程。

（一）文化解释是文化批评的基础和前提

文化解释和文化批评是现代人类学研究的重要任务，但在现代人类学的早期发展阶段，写实民族志的文化描述才是最主要的。到了写实民族志研究方式向实验民族志研究范式转变的时候，基于文化描述基础上的文化解释和文化批评越来越受到人们的关注。

文化解释离不开文化理解。研究者和被研究者对文化的理解大多数情况下是不一样的，即便同样是研究者或被研究者，他们对自身所处的社会及其文化的理解也往往不一样。理想的文化描述应该是研究者与被研究者的文化理解尽可能达到一致而展开描述。但文化理解的完全一致是不现实的，也是无法实现的。无论研究者如何参与观察和如何使自己成为"局内人"，但研究者毕竟不是"局内人"，即便是同为"局内人"的当地人之间，他们对自身社会文化的认识、认知和理解也是有差异的。因此，当地人的文化解释也存在差异。

相比之下，人类学家却自始至终坚持田野调查，认为通过他们与研究对象的互动可以加强他们的观察力度；如果他们的这种信念并不独特，那么，也许特别狂热。但是，对于人类学家方法论的批评性检视却远远没有考虑赋予人类学危险的政治地位，一种假定赋予研究对象成问题的道德趋向的地位，这同样困扰着其他人文科学工作者。

——[美]古塔，[美]弗格森. 人类学定位：田野科学的界限与基础[M]. 骆建建，袁同凯，郭立新译. 北京：华夏出版社，2005：64-65.

由于差异无法避免，文化的解释需要研究者尽可能缩小研究者与被研究者之间以及被研究者与被研究者之间的文化理解差异。其关键，在于通过当地社会的一些关键性事件去把握当地社会的集体无意识或者说是当地社会的文化模式。这样，才能透过看似杂乱或理解不一的文化事项描述去把握"结晶化"的当地社会文化结构。

文化解释围绕文化描述而展开，文化批评因文化解释存在差异而到来。这里的"文化批评"，既包括读者对民族志作品写作内容、方法和风格的批评，也包括研究者同行对民族志作者文化解释模式、民族志研究范式以及相关理论、方法回应的批评，或者对民族志作者所开展的文化批评的批评或再批评。

总之，田野工作是民族志作品文化描述的基础，文化描述是文化解释的基础，而文化解释又是文化批评的基础。文化解释和文化批评都离不开田野工作，文化批评有时又超越自己的田野工作，将自己的田野工作与别人的田野工作进行比较研究，甚至超越田野工作实践而上升到理论方法或研究范式的讨论层面。

（二）文化批评是文化解释的解释或升华

基于田野工作的文化批评更多的是对文化解释的解释，超越田野工作的文化批评则更关注田野工作理论和民族志研究范式等理论层面的问题。

实验民族志因不满足于现代人类学早期的写实民族志研究范式对文化进行百科全书式的记录和描述以及文化解释的不足而提出了批评，并建立了实验民族志研究范式和文化书写规则；多点民族志和网络民族志适应时代的发展，试图将写实民族志和实验民族志的研究范式调和起来，在写实与虚拟之间、定点与多点之间，以及文化描述、文化解释和文化批评之间寻求平衡，弥合纷争，是文化批评基于田野工作又超越田野工作的文化描述和文化解释的升华。

（三）文化建设是文化解释和批评的导向

有的学者认为，开展田野工作的目的主要是为了收集田野资料，开展文化描述、文化解释或文化批评，而与当地的文化建设并无关涉。有的学者则认为，研究者只关心田野工作本身对于学术研究的贡献是不够的，也是不道德的，他们还应该关心和尽力帮助当地经济社会文化的发展。

实际上，通过田野工作开展学术研究和帮助支持当地社会的发展并不矛盾。这其实是学术研究的两大维度和应有之义。严复、梁启超曾以知行关系来解释学术。严复认为："盖学与术异，学者考自然之理，立必然之例。术者据既知之理，求可成之功。学主知，术主行。"[2]梁启超认为"学者术之体，术者学之用""学也者,观察事物而发明其真理者也;术也者,取所发明之真理而致诸用者也。例如以石投水则沉,投以木则浮。观察此事实,以证明水之有浮力,此物理也。应用此真理以驾驶船舶,则航海术也。研究人体之组织,辨别各器官之机能,此生理学也。应用此真理以疗治疾病,则医术也。学与术之区分及其相关系,凡百皆准此"。[3]蔡元培先生认为,"学术"从语义上可以分为"学"和"术"两个字,"学"为学理,"术"为应用。"学必借术以应用,术必以学为基本,两者并进始可。"[4]基于学理的应用才会真的有用和能够真正运用,离开应用的学理只是空洞的理论。

人类学强调整体观、相对观、比较观的方法论原则,注重参与观察、深度访谈、主位研究和客位研究的田野工作,更有助于全面、准确地把握田野工作点的实际状况,有助于开展针对性的项目评估和文化建设等活动。近年来,人类学在世界银行贷款扶贫项目评估、跨国公司管理、国际争端谈判、乡村社区营造建设、公共卫生及疾病预防等领域已发挥着越来越大的积极作用。因此,文化建设不是田野工作可有可无的附属品,而是人类学文化解释和文化批评基础之上的应用导向。

四、本章小结

田野工作的理论创新既要建立在扎实的田野工作之上,又要适度超越已有的田野工作实践。"先入为辅还是先入为主""民族工作者'在场'还是'不在场'""文化解释、文化批评还是文化建设",是田野工作理论创新无法回避且需破解的重要难题。

人类学需要田野工作,田野工作更需要人类学。人类学的理论、方法和思维,赋予了田野工作更多、更活的生命力,鲜活的田野工作又为人类学的案例研究、定性研究和民族志研究范式的变革带来诸多惊喜。正是在一次又一次的田野工作实践和理论方法"突围"中,民族志研究才能长盛不衰,而不至于停滞不前,或在经典的人类学著作和民族志研究范式之间徘徊。

总的看来,田野工作的理论创新不仅需要人类学理论方法的累积与更新,而且需要写实民族志、实验民族志、多点民族志和网络民族志等不同类型民族志的研究范式的融合和超越,更需要中国学者的积极参与和贡献。

思考题

1. 如何看待田野工作的"先入"问题?
2. 如何理解民族志作者的"在场"或"不在场"?
3. 民族志作者如何"在场"?

4. 如何看待民族志作品的"文化解释"和"文化批评"？

5. 为什么说民族志研究中的文化解释、文化批评和文化建设是一个"三位一体"的纵深发展过程？

建议进一步阅读的参考书目

1. 陈庆德. 人类学的理论预设与建构[M]. 北京：社会科学文献出版社，2006.

2. 何星亮. 文化人类学调查与研究方法[M]. 北京：中国社会科学出版社，2017.

3. [美]大卫·费特曼. 民族志：步步深入[M]. 龚建华译. 重庆：重庆大学出版社，2007.

4. [美]古塔，[美]弗格森. 人类学定位：田野科学的界限与基础[M]. 骆建建，袁同凯，郭立新译. 北京：华夏出版社，2005.

5. Georges R A，Jones M O. ***People Studying People：The Human Element in Fieldwork***[M]. Oakland：University of California Press，2019.

参 考 文 献

[1] 古塔，弗格森. 人类学定位：田野科学的界限与基础[M]. 骆建建，袁同凯，郭立新，译. 北京：华夏出版社，2005：191.

[2] 严复. 严复集：第4册[M]. 王拭主编. 北京：中华书局，1986：885.

[3] 梁启超. 饮冰室合集：第三册，文集之二十五下[M]. 北京：中华书局，1989：12.

[4] 中国蔡元培研究会. 蔡元培全集：第4卷[M]. 杭州：浙江教育出版社，1998：339.

方法篇

第六章 田野工作的方法论原则

在田野工作的过程中，我们除了需要坚持人类学的整体观、相对观和比较观的方法论原则以外，还需要坚持文化多样性和价值中立等原则。

一、文化多样性：多维时空和文化场域变奏

（一）文化多样性

多样性是文化的重要特征。文化多样性是人类社会在漫长的历史过程和复杂环境下的产物。世界各地区各民族在其赖以生存的自然环境和社会环境的相互作用下形成不同的物质文化、行为文化、制度文化和精神文化。人类生态环境的多样性，造就了人类物质文化的多样性。物质文化的多样性，又影响了人类行为文化、制度文化和精神文化的多样性。

> 人们经常读到多样性，但很少真正懂得。在当代世界上，多样性不仅是一个事实，而且是一个必须掌握和正确评价的重要事实。这就需要从了解最影响世界各民族的思想和行为的文化多样性的根源着手。
> ——[美]欧文·拉兹洛. 联合国教科文组织国际专家研究报告：多种文化的星球[M]. 戴侃，辛未译. 北京：社会科学文献出版社，2004：3.

尽管苏联学者列文和切博克萨罗夫于 20 世纪 50 年代提出了经济文化类型的学术概念，强调居住在相似的生态环境之下，操持相同的生计方式的各民族有可能形成共同的经济和文化特点。但是，即便是在游猎经济文化类型、游耕经济文化类型、畜牧经济文化类型、农耕经济文化类型等同一类型内部，不同民族或族群的文化差异依然存在。文化多样性既是历史性的，也是现实性的，它是人类社会可持续发展不可或缺的动力来源之一。"文化多样性对人类犹如生物多样性对维持生物平衡一样必不可少。"[1]可以说，文化多样性是人类社会多维时空演进和文化场域变奏的结果。

> 在人类世界，再高的一个发展水平便是全球性的了。全球水平上的统

> 一性不需要削弱民族、亚民族和地区水平上的多样性。相反，民族、地方和地区的多样性是在全球水平上整合的一个持久的先决条件。
> ——[美]欧文·拉兹洛. 联合国教科文组织国际专家研究报告：多种文化的星球[M]. 戴侃, 辛未译. 北京：社会科学文献出版社, 2004：3.

人类文化的多样性有其历史逻辑、现实逻辑和实践逻辑。文化多样性的历史逻辑是由人类自然环境的发展演变和不同国家、不同地区历史上的人们作用于其赖以生存的自然环境和社会环境所决定的。人类社会的非线性发展（如原始社会向奴隶社会、封建社会、资本主义社会、社会主义社会等异步演进），均有其自身特点，并遵循其自身的历史发展演变逻辑。文化多样性的现实逻辑主要表现为世界各国、各地区、各民族的发展存在差异性和多元性。尽管全球化正在加速着世界范围内的一些文化外在或形式上的趋同，但各民族内在的文化差异本质上依然存在，有的地方和民族或族群甚至出现"逆全球化"的发展态势。文化多样性的实践逻辑强调文化是实践性的，人类社会的物质生产、社会生产、文化生产甚至人类自身的"生产"或再生产，都明显地受到自身文化的规制或影响。换句话说，文化是人类社会实践的产物，人类社会的实践充满文化意味，也呈现出多元多样性的文化特征。人类社会的多样性和人类文化的多样性均来源于人类社会实践的多元化，并遵循其多元化的实践逻辑。

（二）人类文化多样性面临全球化的挑战

世界历史的发展进程表明，新航路的开辟为早期资本主义的殖民扩张和全球市场的拓展奠定了基础。历经蒸汽时代、电气时代和现今信息时代的发展，全球化进程加速，影响日深，对人类文化多样性也提出了严峻的挑战。

> 世界的许多地方面临某种两难境地：是进一步向外国文化开放自己的社会，还是封闭自己的社会并用比较传统的生活方式和解决问题的方式应付。这种两难境地的消除在很大程度上取决于现代技术和传统文化之间的关系。
> ——[美]欧文·拉兹洛. 联合国教科文组织国际专家研究报告：多种文化的星球[M]. 戴侃, 辛未译. 北京：社会科学文献出版社, 2004：215.

肇源于西方的科学技术、市场体制和经济理性凭借其在经济、政治、军事、文化等领域的"优势"而不断向全球扩展，"西方"的经济、政治、军事、文化正在或已经改变了一些非西方国家、地区、民族或族群的文化生态，一些地域性或民族（族群）性的文化趋于消亡。可以说，人类社会已经遇到一个进退两难的尴尬境地。费孝通先生认为："现在的困难是，在一个统一的世界市场、一个统一的经济环境中，要求有一个共同的道德规范、共同的价值标准，因此，所有文化都面临一个转型的问题，它们都要无条件地交出自己的历史和传统，这在感情上是很难做到的，从客观规律上来看，也很难说是正确的。"[2]如何避免和化解以统一性为主导的全球化与以差异性为基础的文化多样性之间的矛盾和张力，是构建人类命运共同体和促进世界和平发展应该着力解决的问题。

> 文化是社会的决定性力量，文化决定社会系统进化的轨线和人民的命运，是"技术适应文化"而不是"文化适应技术"，当前世界各地区域性冲突的根源都在文化，还有贯穿全书的中心论题——在保持全球文化多样性的情况下实现整合。这些思想都很精彩，值得深思和做更深入的研究和讨论。
> ——[美]欧文·拉兹洛. 联合国教科文组织国际专家研究报告：多种文化的星球[M]. 戴侃，辛未译. 北京：社会科学文献出版社，2004：233.

当前，人类的文化多样性面临着前所未有的严峻挑战。世界各国、各地区、各民族甚至国际组织保护文化多样性的呼声日益高涨，并已付诸行动。联合国教科文组织于2002年11月通过了《世界文化多样性宣言》，2005年10月又通过了《保护和促进文化表现形式多样性公约》，要求各国从当代人和子孙后代的利益考虑承认和肯定文化多样性，以实际行动捍卫和保护与尊重人的尊严密切相关的人类文化多样性。

（三）坚持人类文化多样性的田野工作创新

如何创新田野工作理论和方法，开创田野工作新格局。这是当代民族志研究者关心、关注和共同面临的问题。

无论社会如何变迁，人类学研究的核心内容依然是文化。由于人类学的文化概念涵盖了物质文化、行为文化、制度文化和精神文化等层面，与文化相关的社会科学和人文科学自然也需要思考田野工作的创新发展问题。

> 在一个拥挤的星球上，所有的人都只有一种未来，或者任何人都没有未来。人类的共同未来不能多样化而没有协调，也不能统一而没有多样性。要建成这样一个世界是对当代人类的挑战，首先是对产生人们的世界观和影响他们的价值观念的文化的挑战。

>——[美]欧文·拉兹洛. 联合国教科文组织国际专家研究报告：多种文化的星球[M]. 戴侃，辛未译. 北京：社会科学文献出版社，2004：232.

文化自在、文化自觉、文化自主、文化自为应该是人类文化多样性发展的几个主要阶段。

顾名思义，文化自在就是文化发展的初始阶段，理想的文化自在是人类文化自由自在的发展。但是，随着人类文明社会的到来和人类社会交往、交流的增多，不同文明之间的文化矛盾、冲突和调适也日益增多，文化之间的相互影响也不可避免。因此，完全的文明社会中的文化自在几乎是不存在的，它只存在于人类社会的交往不多的初始发展阶段。

从文化自在发展到文化自觉，是人类社会文明进步的产物。文化自觉是作为文化载体的人意识到自己民族的文化不同于其他民族的文化，是一种民族文化的自我觉醒，并在觉醒之后意识到自我文化的价值并愿意为保护和传承本民族文化而付诸行动和努力。费孝通认为："文化自觉只是指生活在一定文化中的人对其文化有'自知之明'，明白它的来历，形成过程，所具有的特色和它发展的趋向……。自知之明是为了加强对文化转型的自主能力，取得决定适应新环境、新时代的文化选择的自主地位。"[3]费孝通先生所说的"文化自觉"实际上包含了"文化自主"的内容。

文化自觉是建立在文化认知和文化反思的基础之上的。离开文化认知和文化反思，根本无法文化自觉。只有认识并清楚地知晓"自我"与"他者"的文化差异，而且具有民族文化自豪感和保护传承民族文化责任感及使命感的人，才能开展文化自觉。

>文化自觉只是指生活在一定文化中的人对其文化有"自知之明"，明白它的来历，形成过程，所具的特色和它发展的趋向，不带任何"文化回归"的意思，不是要"复旧"，同时也不主张"全盘西化"或"全盘他化"。自知之明是为了加强对文化转型的自主能力，取得决定适应新环境、新时代文化选择的自主地位。
>
>文化自觉是一个艰巨的过程，首先要认识自己的文化，理解所接触到的多种文化，才有条件在这个已经在形成中的多元文化的世界里确立自己的位置，经过自主的适应，和其他文化一起，取长补短，共同建立一个有共同认可的基本秩序和一套各种文化能和平共处，各抒所长，联手发展的共处原则。
>
>——马戎，周星. 田野工作与文化自觉（上）[M]. 北京：群言出版社，1998：52-53.

文化自主是文化自觉之后的另一发展阶段。所谓"文化自主",就是自己的文化自己做主,或者说本民族的文化由本民族的人集体做主决定民族文化的发展。民族共同体的文化属性和社会属性,决定了民族文化的发展应该由该民族共同体的绝大多数人集体决定和做主,而不是仅仅由该民族共同体的少数人(如民族精英分子)决定和做主。这是民族文化自主的重要基础和关键所在。例如,在民族旅游工艺品开发和民族文化商品化的过程中,旅游工艺品承载着民族文化,它本质上是民族文化商品化。文化、技术与民族生境,构成了旅游工艺品开发与民族文化商品化的内在关联。[4]

文化自为是文化自主基础上的发展阶段,是文化自觉和文化自主之后的文化资源活化与利用,更是政治、经济、科学、技术等全面嵌入文化的新发展阶段。例如,在我国全面实施乡村振兴战略的过程中,通过乡村休闲产业与文旅融合,实现乡村文化产业赋能乡村振兴,为乡村振兴注入了新活力,提供了新动能。

总之,文化自在—文化自觉—文化自主—文化自为是人类文化多样性发展的主要阶段。坚持人类文化多样性的田野工作创新,就是要在这几个阶段中寻找出田野工作点的文化自在、自觉、自主或自为来,并解读出其特定的时空维度和文化场域。

二、"三观合一":整体观、相对观和比较观

(一)田野工作中的整体观

整体观是田野工作非常重要的一个原则。人类学的整体观强调研究者要从整体上去看待和分析文化的各个组成部分(如物质的、行为的、制度的、精神的部分或领域),不能片面地、孤立地考察文化的各个方面。例如,在中国南方乡村的实地调查中,我们很容易看到乡村聚落、房屋建筑、道路水渠以及相关的生产用具和生活用具。但是,我们不能孤立地观察这些物质设施或用具,还要把它们与当地人的行为文化、制度文化和精神文化有机地关联起来,了解和分析这些不同类型的文化究竟是如何有机地联系在一起的,亦即我们应该透过当地的物质文化去探讨它们背后的行为文化、制度文化和精神文化。例如,我们在田野工作中观察一个特定的文化时,不仅要关注与它密切相关的政治、经济、历史、宗教、习俗、艺术和亲属关系等方面的内容,而且还要将它的各个组成部分与它所处的自然环境和社会环境进行整合,把它当作一个文化系统来研究。只有这样,才能避免田野工作中"只见树木,不见森林"的缺陷,也才能全面深入地理解这种文化。

田野工作的整体观要求田野工作者必须"眼观六路，耳听八方"，把自己在田野工作中所见所闻与当地人的"所作所为""所思所想""言谈举止""神圣世俗"等结合起来详加考察，找到当地人头脑中的"文化地图"。循着他们的"文化地图"，从整体上探查他们的文化全貌，进而梳理出他们的"故事线"。因此，田野工作中的整体观一定要遵循人类学研究的整体观。

田野工作的整体观要求民族志工作者既要关注人类文化的历时性问题，又要关注人类文化的共时性问题。例如，民族志学者在研究一项民族手工艺文化时，不能仅仅记录手工艺的制作过程，还应该关注这种手工艺与当地民族或族群认同、象征符号、岁时民俗、历时记忆、神话传说、宇宙观、生态环境及社会变迁等文化的关联，亦即深入考察手工艺与其民族、文化及手工艺人生存环境的关系。

在田野工作的过程中，整体观既是方法论原则，又是田野工作者必须时时铭记在心的技术规范。离开整体观的田野工作，其工作质量和水平必将大打折扣，甚至是无效的田野工作，无论它多么扎实，也改变不了它效用降低甚至无效的事实。

（二）田野工作中的相对观

田野工作者在田野调查的过程中，会观察到田野点各种各样的文化状况。但是，如何看待这些文化现象就涉及主位研究和客位研究的立场及态度问题。主位研究与客位研究虽然主要表现为"内观"和"外观"的视角差异，但这种差异其实也是一个相对视角的问题。

田野工作中的相对观要求研究者摒弃绝对主义的立场，而代之以相对主义的观点去看待和分析被调查者的文化，而且承认当地文化存续于其社会的合理性，并尽可能"发现"其"长处"或"优点"来，而不是以研究者自身的"优秀"或"优越"文化俯瞰"他者"文化的落后性或拙劣性，亦即在"各美其美"的基础上"美人之美"。

无论是"各美其美"还是"美人之美"，都蕴含着人们对"美"的观赏和欣赏。"美"是一种心理观感和认知活动。由于文化背景、知识结构、心理认知和审美观念的影响，世界各国、各地区、各民族对"美"的感知、认知和行动实践是有差异的。田野工作的相对观可以帮助研究者克服自身的文化偏见而正视人类的文化差异，并承认文化差异存在的合理性。

正是由于研究者在田野工作中秉持文化相对观，承认"他者"文化差异是发展阶段上的差异，而非本质上优劣差异，研究者才能最大限度地克服和减少"我者"文化偏见给当地人可能带来负面的影响。因此，田野工作中的"相对观"，既是研究者与被研究者观察角度上的"相对"，又是文化认知、文化理解、文化实践方面的"相对"。此外,这种"相对"既是内部性的,也是外部性的,更是内部与外部"各美其美""美人之美"的"相对观"。

(三)田野工作中的比较观

比较观是人类学研究的一种基本方法,也是田野工作应该遵守的一个方法论原则。缺乏比较观指导的田野工作,往往难以从大量的资料数据或事实发现出当地文化的特质或模式来。

一般来说,开展文化比较研究的前提是承认文化的多样性、整体性和相对性。它是以田野工作为基础,通过收集和分析不同民族或族群的文化样本,进行比较研究和假设验证,分析不同文化之间的异同,以试图寻找出某种规律、通则或模式。

由于比较的目的、内容和规模等要素不同,文化的比较研究通常可以分为宏观比较与中观、微观比较,跨区域(国家或地区)比较与同区域不同文化的比较,不同民族欧族群之间的共时性比较与相同民族的历时性比较等不同的类型。这种比较研究,不仅可以在一定程度上弥补研究样本数量较少的不足,而且可以将人类社会进行封闭式试验研究。

在田野工作中秉持比较观的方法论原则,是作为文化批评的人类学的特性所决定的。民族志学者不仅要田野工作中以"主位研究+客位研究"的方法收集、整理和分析田野资料,而且需要研究者以比较的思维和眼光去看待那些资料,才能以"超越地域社会的国际视野"开展民族志作品写作,并将文化批评寓于其中。

(四)田野工作中的"三观合一"

整体观、相对观和比较观的"三观合一",既是田野工作的一个基本方法论原则,又是田野工作的灵魂所在。缺乏整体观、相对观和比较观这"三观",田野工作将陷入无穷无尽的资料收集和繁复无奇的文化细节分析与描述之中,根本无法开展"文化对话"和"文化批评",只能"自说自话"或"自娱自乐",失去田野工作及其民族志研究的应有效能。

以整体观、相对观和比较观的"三观合一"去指导田野工作,是田野工作者应该遵循的基本方法论原则。离开这些原则,田野工作将乏善可陈,其质量也令人担忧。换言之,缺乏"三观合一"的田野工作,社会科学的质性研究将成为"无源之水"和空中楼阁。

在田野工作的过程中,如何实现整体观、相对观和比较观的"三观合一"呢?一般来说,研究者首先应该以正在观察或参与观察的某种文化为中心,考察该文化与当地其他文化的内在关联，将该文化与当地其他文化有机地联系在一起，进行系统的观察、记录和分析。其次，在整体观察的基础上，将该文化与其他地区、别的民族或历史上该地区的文化进行比较，解读出该文化的共性与差异性，进而判断其文化的相对意义。最后，在整体观、比较观、相对观的基础上，再次回过头来系统地观察和思考研究者自己正在观察的文化，形成田野工作的闭环。这样，从整体观出发，经由比较观、相对观再回归整体观，便形成了田野工作"整体观—比较观—相对观—整体观"的螺旋式上升的作业流程。

三、价值中立：文化听说读写译的基本原则

（一）何谓价值中立？

价值中立（value free），最早源于英国哲学家大卫·休谟（David Hume）提出的"是"与"应该"的划分。"是"属于事实判断，"应该"属于价值判断。事实判断与价值判断之间有着不可逾越的鸿沟，我们并不能简单地从"是"与"不是"推论出"应该"与"不应该"。

价值中立的含义包括：①从事科学研究的人应该受科学精神的支配，无论研究的结果对自己或别人是否有利，他/她都不能将自己的价值观念强加于研究资料。②既然事实世界和价值世界是两回事，研究者就不能从实然的判断推导出应然的判断。

（二）田野工作中的价值中立原则

价值中立是社会科学和人文科学研究需要坚守的基本准则。在田野工作过程中，研究者必须经历一个先"融进去"再"跳出来"的过程，即先和被研究对象打成一片，再从被研究对象群体中的一员的角色转换为研究者角色。在这个过程中，研究者必须保持价值中立和价值无涉。

有的人认为，田野工作只是为了收集资料，而不涉及研究。因此，为了最大限度地收集资料，可以在田野工作中投其所好或取悦研究对象，甚至毫无道德底线，施以坑蒙拐骗。这是非常错误的，不仅违背科学研究伦理，也在伤害研究对象的同时，破坏了田野工作者的形象和学术共同体的声誉。稍有不慎，会坠入违法犯罪的深渊。

德国社会学家马克斯·韦伯（Max Weber）在慕尼黑大学所作的演讲《以学术为业》当中提出，应当把价值中立性作为从事社会学研究所必须遵守的方法论准则，每个人都是自己的主人，不能拿自己的标准来衡量别的人或事，在研究中

应该保持中立的态度。这对于所有的社会科学和人文科学来说，都是有借鉴意义和参考价值的。

实际上，田野工作不仅仅是收集整理资料，而是一个资料收集、整理、分析、研究互为关联的一个过程。为了全面、科学、准确地理解当地人的文化，资料的收集、整理、分析、研究几乎是同时展开的，也可以是边收集，边整理，边分析，边研究，是可以多维联动的。那种将田野工作仅仅视为资料收集的看法是错误的，甚至是错得离谱的。总之，田野工作任务不是单一的，而是复合的。它需要研究者将价值中立的原则贯穿于田野工作的全过程。

当然，田野工作者最常遇到的问题可能就是难以或者无法向当地人说明自己的真实意图。特别是持介绍信前往田野工作点的调查研究者，由于他们往往会被当地人认为调查研究者可能与政府部门有一定的联系，因而被调查者在提供信息时可能会带有一定的倾向性，或者有所顾虑，这样就不太可能建立起价值中立的角色，或者也没有必要建立起中立的角色。因为这样的田野工作一开始就失去了价值中立的基础了。

（三）民族志文本写作中的价值中立问题

在民族志文本的写作过程中，研究者应该如何保持价值中立呢？关键要做到以下三点。

首先，民族志作者对所研究事物背景要有一定了解，并在田野资料的分析、引用和诠释中保持客观、实事求是的态度，不带偏见和个人成见。

其次，民族志作者要善于分析研究结果，能够分清表象和实质，不被田野资料的表象、假象、虚象或幻象所迷惑。

再次，民族志作者应该具有高度的注意力、忍耐力和认真吃苦的精神。民族志作品的写作是一项耗时费力的艰苦工作。无论是田野工作中的文化观察、倾听，还是民族志作品写作中的文化转译（地方性口语转译为汉语或英语的书面语言）、叙说、解读和书写，都十分考验民族志作者的注意力、忍耐力、吃苦精神等研究定力和价值中立的道德立场等问题。

总之，价值中立不仅是社会科学和人文科学研究者应该坚守的基本原则，更是民族志研究者应该恪守的学术伦理。无论是在田野工作中，还是田野工作结束后的民族志文本写作中，价值中立都是文化听说读写译应该遵循的基本原则。

四、本章小结

总之，人类文化多样性，整体观、相对观、比较观"三观合一"和价值中立，共同构筑了田野工作的方法论原则。其中，文化多样性是基础，整体观、相对观、比较观"三观合一"是方式或路径，价值中立是导向，也是目标。

田野工作的方法创新，需要以价值中立为导向，在人类文化多样性的基础上，实现整体观、相对观、比较观的"三观合一"，并在文化自在—文化自觉—文化自主—文化自为的转变中实现民族志研究方法的更新和迭代。

思考题

1. 如何在田野工作中理解文化多样性的多维时空和文化场域？
2. 如何理解人类文化多样性发展中的文化自在、文化自觉、文化自主和文化自为？
3. 为什么要在田野工作中坚持整体观、相对观和比较观的"三观合一"？
4. 如何理解田野工作中的整体观、相对观和比较观的"三观合一"？
5. 为什么文化听说读写译要保持价值中立的原则？

建议进一步阅读的参考书目

1. 何星亮. 文化人类学调查与研究方法[M]. 北京：中国社会科学出版社，2017.
2. [美]大卫·费特曼. 民族志：步步深入[M]. 龚建华译. 重庆：重庆大学出版社，2007.
3. Bestor T C，Steinhoff P G，Bestor V L. *Doing Fieldwork in Japan*[M]. Honolulu：University of Hawaii Press，2017.
4. Rothenberg C E. *On Doing Fieldwork in Palestine：Advice，Fieldnotes，and Other Thoughts*[M]. London：Palgrave Macmillan，2016.
5. Danelo D J. *The Field Researcher's Handbook：A Guide to the Art and Science of Professional Fieldwork*[M]. Washington，DC：Georgetown University Press，2017.
6. Kazemi E，Rice B，Adzhyan P. *Fieldwork and Supervision for Behavior Analysts：A Handbook*[M]. New York：Springer Publishing Company，2018.
7. De Sardan J P O. *Epistemology，fieldwork，and anthropology*[M]. London：Palgrave Macmillan，2015.
8. Orne J，Bell M M. *An Invitation to Qualitative Fieldwork：A Multilogical Approach*[M]. London；New York：Routledge，2015.
9. Pool G. *Lost Among the Baining：Adventure，Marriage，and Other

Fieldwork[M]. Columbia：University of Missouri Press，2015.

10. Puri S，Castillo D A. ***Theorizing Fieldwork in the Humanities：Methods, Reflections, and Approaches to the Global South***[M]. London：Palgrave Macmillan，2016.

参 考 文 献

[1] 《人类学概论》编写组. 人类学概论[M]. 北京：高等教育出版社，2019：286.
[2] 费孝通. 费孝通九十新语[M]. 重庆：重庆出版社，2005：145.
[3] 费孝通. 反思·对话·文化自觉[J]. 北京大学学报（哲学社会科学版），1997（3）：15-22，158.
[4] 廖杨. 旅游工艺品开发与民族文化商品化[J]. 贵州民族研究，2005（3）：134-141.

第七章　田野工作方法体系

田野工作不仅讲求方法，而且要求在田野工作方法体系中正确地运用方法。这些方法不仅包括田野工作中的资料收集方法，也包括田野工作过程中以及离开田野点之后的资料分析方法。

一、何谓田野工作方法体系

早期的田野工作方法较多地运用于人类学领域，作为"民族志研究"收集资料的一种有效的操作方法。19世纪末，美国人类学之父博厄斯，将参与观察运用于田野工作中，并使之成为美国人类学调查中的基本要素。20世纪60年代末，马林诺夫斯基开创了"参与观察"式田野工作的新局面，所谓"马林诺夫斯基革命"是指人类学田野工作方法的创新，即这是人类学田野工作发展过程中的一次变革和飞跃，奠定了现代田野工作的基石。[1]随着田野工作方法的应用，田野工作方法本身及其应用范围和方法也在不断地发展，逐渐形成了田野工作方法体系。

目前，学术界对于田野工作方法体系并无统一定义。我们认为，田野工作方法体系主要包括：田野工作方法论、田野资料收集方法和田野资料分析方法。其中，田野工作方法论，主要是指导田野工作方法的方法，具体来说包括整体观、相对观、比较观和多元文化并置观。至于田野资料收集方法主要有观察法、访谈法、文献研究法等，田野资料分析方法主要有整体分析方法、历史进程分析法、因果分析法、结构功能分析法、比较分析法、归纳与演绎分析法、矛盾分析法等。

下面，我们对田野工作方法体系中的田野工作方法论进行讨论和分析。

1. 整体观

田野工作方法论的整体观是指在田野工作过程中，将研究问题、研究对象及研究对象所处的环境等因素整合为一个整体，运用宏观的、整体的视角看待、探究问题。在一定的条件下，对调查问题进行全方位的理解，从而避免出现任何单一的、片面的视角，影响研究的客观性。

在田野工作中，对"整体观"的把握，需要注意各个微观因素之间的相互影响和联系，从而需要利用宏观与微观相结合的视角，整合各方面的影响因素，同时关注整体的性质和特征，使得在田野工作的过程中获得全面、客观的调查结果，使得调查结果富有意义。例如，关于集约农耕文化的研究，需要对当地的定居生活、家庭园圃业、水资源的管理、父系继嗣、对土地的崇拜及其各种仪式等进行调查研究，并紧密地结合在一起进行相关分析，才能够获得对这种文化类型的正确理解。

2. 相对观

世界的运动是绝对的、无条件的、永恒的，而每一具体运动形式又是有条件的、暂存的、相对的。无条件的、绝对的运动存在于有条件的、相对的、各个特殊的运动形式之中。绝对和相对是事物矛盾不可割裂的两重属性。绝对的斗争性寓于相对的同一性之中，相对的同一性中包含着绝对的斗争性。人们对客观事物的认识，也是绝对和相对的统一。人的认识能力是无限的、绝对的，同时又是有限的、相对的。就人的认识的本性、使命和可能来说，是无条件的、无限的、绝对的，按它的个别实现和每次的现实来说，又是有条件的、有限的、相对的。人们对真理的把握，也是相对和绝对的统一。真理是绝对的，又是相对的。绝对真理存在于相对真理之中，相对真理不断向绝对真理转化的过程，就是人类认识的发展史。

田野工作的相对观是指无论是对调查的选题收集资料还是分析的过程中，都需要认识到事物都是绝对与相对的统一体，需要运用相对与绝对相结合的观念把握、解读事物。认识到事物的发展是永恒的、绝对的，但是也是有条件的、相对的，不应该用单一、固化的思维看待问题，否则不利于对调查的准确性和真实性的把握。

3. 比较观

根据比较哲学对田野工作的指导，在研究中调查者必须理解不同思想、不同文化存在的不同本质特征及差异，需要调查者能够平和、平等地对待差异，而且能够将差异作出对比与探究，归纳差异的特征与意义，接纳差异的存在、分析差异的原因和影响、探究其优缺点，差异双方相互补充或共同发展，达成谅解、实现优化。例如，在东西方哲学的研究调查中，发现各有欠缺或不够重视的思想观念。东方思想实践性强于思想性，而西方思想反之，学者将两者进行比较，做系统、批判性研究，使得东西方哲学相互补充实现综合，从而引向堪称整体通观的"世界哲学"，使东西方思想达到真正融合，形成一种包容多样性的开放性的新文化。

4. 多元文化并置观

在人类学上有所谓文化主位研究和客位研究之分，这一组相对的概念是从语言学借来的，前者是指从被研究者的立场去研究问题，后者则指从研究者本身的立场去了解问题的研究工作。文化背景的差异，使得调查者在田野工作中出现偏见和价值差异。坚持多元文化并置则可以超越调查者的文化界限，使得调查者能够站在调查对象的文化观点上去搜集材料、分析问题，有助于调查者了解调查对象文化的真实内容。田野工作重视站在调查对象的立场去做研究工作，不能用个人意识领域中的价值标准去判断相异的文化现象，不能用猎奇轻蔑的眼光去评论其他种族或民族的文化和习俗。例如，在田野工作的参与观察法和深入访谈法中，田野工作者通过与调查对象同吃同住同劳动，以客观的态度看待调查对象的文化、习俗，以真实的原则记录观察资料，理解并接纳不同于调查者的文化或思想观念，坚持非批判原则。

二、田野工作方法体系的基本特征

1. 客观性

所谓客观性，就是坚持物质第一性、意识第二性；客观性是任何科学研究都必须遵循的原则。这一原则要求调查者对客观事实采取实事求是的态度，避免个人的主观偏见或成见，更不能任意歪曲和虚构事实。首先，调查者无论从调查研究的指导思想、方法论还是具体的执行方法和分析方法，都必须从客观事实出发，遵循客观性的原则。采取严格的客观态度，忠实地反映客观现实，通过对事实的分析和概括，去揭露社会现象的本质、规律性。调查者应该以事实为依据，让事实和数据说话，没有事实，或没有足够的事实，就不可能进行社会调查研究。在研究过程中，不是要找事实证实假说，而是要用大量的事实，对假说予以检验，在检验过程中，假说或者被修正，或者得到了证实，或者被推翻。[2]

2. 科学性

所谓科学性主要是指调查研究及研究结论分析验证的实证性和逻辑性。科学是建立在系统的经验观察和正确的逻辑推理之上的。科学结论所依据的事实，应当是全面的、具有内在逻辑联系的，而不应当是个别的或偶然的。田野工作方法的科学性，要求在研究的过程中要十分注意科学的精确性，防止可能产生的各种误差，特别是在理论分析阶段更要注意抽象思维，透过现象寻求与把握事物的本质。此外，必须最大限度地保证研究的可靠性、准确性。

3. 多元性

由于调查对象的复杂性和调查对象主体之间的差异性等因素，田野工作方法体系具有多元性。不同调查目的、不同调查对象就要求有与之相适应的不同方法，主题、对象、要求的多样性就必然要求思维方法、研究方法、工作方法等的多元化。例如，调查对象在阶级立场、知识水平、研究能力、兴趣爱好、情感意志、利益需要等方面的各种差异，会影响调查者对客观规律的认识和把握程度。因此，调查者形成不同的思维视角和研究风格，从而衍生出不同的方法和技巧，所以造成了田野工作方法体系的多元性。

4. 相对独立性

方法体系具有相对独立性，任何科学方法都以规律性的知识即理论为依据，是理论的实际应用。但是方法体系又具有鲜明的具体性、操作性和规范性，它是理论经过沉淀、变形、具体化的结果。即调查结论的正确不一定就能保证方法体系的正确，调查结论的错误也不一定说明方法体系的错误。正由于方法体系具有相对独立性，才使得科学的研究方法体系具有其独特的意义。

三、田野资料收集方法

田野工作是一门技术性很强的工作，同时也是一门极具艺术性的工作。研究者只有熟练掌握田野资料收集方法，从不同的角度对研究主题等的相关问题做出全面、深刻的分析，才能够把握研究的正确方向，并最终为田野资料的分析打下扎实的基础。

（一）观察法

观察法是由观察者通过直接感知的方式，包括视觉、听觉，及录像机和摄影机等机械辅助，运用科学的理论，按照规范的科学程序和规则，在实地研究中获取目标个体或者目标事件所正在发生的社会现象和社会行为的一种资料收集方式。不同于日常的观察，社会科学研究调查中的观察法有着明确的研究目的、科学的理论支持和系统的观察计划。同时观察者通常都经过一定的专业训练，直接地、有针对性地了解正在发生的、发展和变化的现象，最后系统地、实事求是地记录所观察的事件、行为或者规律。

1. 特点

（1）具有一定的目的与计划

田野资料收集方法的观察法最为显著的特点是有明确的目的和计划。观察前观察者要制定整个观察研究的计划，确定观察对象、途径、手段、步骤、范围，并且在观察过程中和观察记录中都需要有明确的计划和程序。

（2）观察过程具有系统性

科学的观察法需要根据观察提纲开展观察，并按照规定的程序进行有效的观察记录。因此，观察法的资料也是比较完整、全面和系统的。

（3）具有一定的理论指导

观察法是在一定的理论指导下的观察，是有理性因素渗透其间的感性反映形式。在科学理论的指导下，制定研究的目的、研究提纲和研究过程，科学有序地进行资料记录与整理。[3]

2. 优缺点

（1）优点

实地观察社会行为、社会现象的发生，把握整个现场情况。感受到当时当地的情境和气氛，掌握到详细的、真实的第一手资料。在社会调查研究中，观察法对文化背景不同和语言难以沟通的调查对象，如少数民族、儿童、聋哑人等尤为合适；同时也适用于对社会行为、社会事件的研究，如游行、集会等集体行为。在观察过程中，观察者能够获得特定时间点所有在场人员的空间利用概貌，即全面地了解研究对象的表现或者获得一手资料，而不是通过二手资料得到零碎孤立的信息。同时，观察法通常能够与其他的社会调查方法联合使用，这样能够更加全面地收集资料。

（2）缺点

第一，各种变量难以预估。由于观察法具有直接性、自然性的特点，在观察过程中容易出现难以控制的环境变量、时间变量。

第二，观察对象的范围有限。由于观察法所收集的资料多为定性描述或琐碎记录，难以进行定量分析和统计推论。因此观察法也难以运用到需要量化分析的事件、私人的行为和较为宏观的社会组织或群体中。

第三，容易受个人取向影响。由于观察法很大程度上依靠观察者的个人感官记录资料，因而在观察过程中，观察者的主观意识、价值取向对于观察资料的影响较大，受主观性和情感性的影响较强。因为观察者常常不自觉地以自我文化为本位，用他自己的概念和文化标准去评价观察对象的行为。而且观察者因为个人的主观性也很有可能忽视某些重要的社会现象，或者以个人的意志歪曲资料。因为观察者一旦与被观察对象建立关系，观察者受个人情感的影响，其收集的资料的真实性将下降。因此在通常情况下，观察者的参与程度越高、参与时间越长，观察结果的主观性越大，个人的主观色彩越浓厚。

3. 观察法的类型

（1）完全参与观察、半参与观察与非参与观察

按照研究者是否隐匿身份和参与研究对象活动的程度，观察法可以分为完全参与观察、半参与观察和非参与观察三种类型。

完全参与观察，指观察者完全隐匿研究者的身份，深入到研究对象中间，以成员方式参与研究对象的活动。在完全参与观察的过程中，观察者与研究对象以相同的身份处同一环境中，观察者和被观察者的行为都是真实而自然的，资料更具信度和效度。但是，处于环境中的观察者也有可能因为被观察者等因素，影响到所观察的社会过程或行为。即完全参与的观察者还有被同化的危险，从而不能客观地分析所观察到的现象。

半参与观察，指观察者并不掩饰研究者的身份，在得到研究对象许可后进行的深入观察活动。

非参与观察，也称为局外观察，指观察者以旁观者的身份观察特定的行为，并不需要观察者必须参与其中，而研究对象完全不知道自己正在被研究。虽然半参与观察和非参与观察排除受被观察对象和环境影响观察效果的问题，但非参与观察难以深入，缺乏对研究对象进行全面的了解，其观察的结果也比较简略和空泛。

（2）结构式观察和无结构式观察

根据观察内容是否有统一设计的结构性观察项目和要求，观察可分为结构式观察和无结构式观察。

结构式观察也称为有控制调查，结构式观察即观察者根据研究的目的与理论框架，制定详细的规定和计划，按照标准的观察程序进行资料的收集的方法。结构式观察由于需要根据研究的目的和任务按规定和计划进行观察，因此程序较为有序、科学，可获得较为详尽的观察材料。但同时因为其规范性，使得其缺乏弹性，难以应对突发现状和容易忽视预计外的资料和现象。

无结构式观察也称无控制调查，即在观察前观察者只对观察内容和观察对象确定大概的方向，没有严格的观察计划，并且并不使用结构严谨的观察步骤与提纲，标准化程度较低。在缺少完整的提纲和理论的情况下，观察的步骤只有初步的设想。因此其观察也较为灵活，但同时对观察者的经验和能力要求也较为严格。[4]

（3）直接观察和间接观察

根据观察对象的不同，可将观察法分为直接观察和间接观察。

直接观察是对那些正在发生的社会行为和社会现象进行观察。

间接观察是对人们行动以后、事件发生以后所遗留下的痕迹这一中介物进行

观察。间接观察包括痕迹观察和行为标志观察。痕迹观察会通过对被观察者的生活物品、遗留物质等今昔观察和分析，预测被观察者的某种行为倾向。行为标志观察是通过一些表面的或无意识的现象推测人们的行为方式和价值观。

4. 观察法的原则

（1）客观性

收集资料是社会调查方法的第一步，因此，所收集的资料必须确保真实可信。如果在收集资料的第一步即出现了资料的误差，那么后来的整理、分析与结论都将作废。因此在运用观察法时，第一原则是必须客观地、真实地反映事物本身。坚持观察的客观性原则，就必须做到被观察的对象是什么情况，就如实地记录。不能按照个人的好恶或取向任意增减内容或歪曲事实。也不能因为个人的利益而随意删减事实，更不能为了充实自己的研究题目凭主观去臆造根本不存在的内容和资料。

（2）全面性

不管是社会事件还是个人行为，其构成都是多方面、多层次的。因此在调查研究的过程中，由于其多面性和受各种因素的影响，从不同角度、不同侧面、不同层次进行多方面观察，收集资料，才能认识到事物的全貌，降低观察的失误。因此需要坚持全面性的原则。

（3）持久性

被观察的事物是总是处在一个发展变化之中，因此短时间的观察可能只遇到个别或偶然事件，并不能够观察到事物的真实状态或获得实质资料。所以，观察法必须坚持持久性的原则，要了解事物的真实面貌，必须坚持持久观察。缺乏长期的观察，了解的情况往往是一时的、片面的，甚至是虚假的。

（4）深入性

事物的形成往往都是很复杂的，要想真实地、深入地调查了解一个事物，必须深入进去，进行细致的观察，不能进行走马观花、浮光掠影式的调查。在观察表面的行为现象时，也要探究其内部的、较为隐蔽的动向或行为，只有透过表面进行深入观察，才能了解事物的真实情况，得出符合事物真实面目的正确结论。

5. 观察的技巧

（1）深入观察对象的生活，发掘被观察者的真实行为

观察活动本身往往会对被观察者产生一定影响，被观察者当觉察到受到注视时，可能会出现紧张、惶恐或者做出超乎平常的行为。例如在霍桑实验中，被观察的工人无论在何种环境条件下，其工作效率都高于平常。因为被观察的工人在明确被观察的条件下，都比平常更加努力工作。在这种情况下，观察到的往往是

一种假象，而不是处于自然状态下的真实情况。因此要想了解观察目标，必须深入其中，取得他们的信任。只有这样才能了解到他们的兴趣、爱好、道德水平、行为习惯、人际关系、政治态度，以及一些不易被外人所了解的活动。

（2）尊重观察对象的风俗习惯、语言、道德规范，获取客观真实的资料

在不同的文化背景和宗教信仰下，观察者和被观察者可能会存在生活习惯、思想观念等方面的差异。但是对于研究调查来说，需要的是真实且客观的资料，因此观察者必须尊重被观察者在饮食、起居、迎送宾客、服饰打扮、言谈举止等方面的生活及风俗习惯。在文化背景、宗教信仰出现较大的差异时，观察者应该给予尊重并融入当地的生活，才能为被观察者所接纳，建立信任和友谊，进而为实现观察目的创造良好的条件。

（3）参与群体活动和个别接触相结合

为丰富观察资料，观察者可以尽可能广泛地接触、了解被观察群体的同时，接触个别观察对象。对比对两者收集的资料，更有利于了解一些较为隐蔽的咨询或个人的意见，以及一些秘密的情况。同时经常参加群体活动，可以增加与被观察群体的联系，取得他们的信任和达成合作。

案例 7-1

街 角 社 会

1936—1940 年，著名的社会学家威廉·富特·怀特为了调查研究生活在美国南波士顿意大利贫民的生活情况，在贫民区与贫民共同生活三年半。在此过程中，他以被研究群体——"街角帮"一员的身份，置身于观察对象的环境和活动中；对闲荡于街头巷尾的意裔青年的生活状况、非正式组织的内部结构及活动方式，以及他们与周围社会（主要是非法团伙和政治组织）的关系加以观察，并及时作出记录和分析，最后从中引出关于该社区社会结构及相互作用方式的结论。于 1943 年出版《街角社会——一个意大利人贫民区的社会结构》，对这一观察过程、所获资料及结论进行翔实生动的记录。在与研究对象共同生活的过程中，怀特经过自身不断的实践，通过对表象进行观察记录与分析，揭示整个地区的本质社会结构。同时，他在观察记录时并不从道德层面去评断被采访者，注意尽可能通过学习当地语言和文化等融入当地生活等。怀特在研究中运用的参与式观察研究法的研究成果成为了该方法的经典案例。

资料来源：何世鲁. 参与观察法的一个成功范例：介评怀特的《街角社会》[J]. 国外社会科学，1995（3）：70-72.

（二）访谈法

访谈法是访谈者根据调查研究方案的要求与目的，制定访谈提纲或问卷，通过个别面访或集体交谈的方式，系统而有计划地对访谈对象进行访谈。同时通过对非文字性资料和背景资料进行整理获取有深度与价值的资料。

1. 特点

（1）互动性

访谈是双向传导的过程，即访谈者与被访者通过问答等方式互相作用的过程。因此，调查的质量好坏与资料的价值高低与访谈者的访谈技巧有着至关重要的联系。在访谈过程中，如果访谈者主动、积极地影响被访者，掌握访问过程的主导权，提高被访者的回应的积极性，营造良好的互动的访谈过程，则越易于取得研究所需要的资料。

（2）灵活性

在访谈调查中，访谈者与被访者是面对面的直接交流。虽然访谈有着规定的访谈提纲，但是在访谈过程中，访谈者可以根据实际情况和被访者的回答情况、情绪等灵活地选择问题、提问的顺序、提问的形式和措辞，有针对性地进行访谈，从而获得更加深入和完整的资料。灵活的提问方式也使被访者更加易于接受。

2. 优缺点

（1）优点

第一，易于扩大调查层面。访谈法由于其灵活、互动性强的特点，既可了解当时当地正在发生的社会现象，又可以对过去和区域外的社会现象进行资料收集。除了在时间和地域层面的优点，访谈法既可以调查客观的事实行为，又可对主观上的想法、观念等层面进行调查。因此，在调查的层面上，相对于其他资料收集方法，访谈法更容易调查各个层面的资料。

第二，易于进行深入的调查。访谈过程是访谈者与被访者双向传导的互动过程，因此在相互交流的过程中，访谈者可以通过探究、追问、澄清等方式引导被访者进行较深层次的分享和自我披露，从中获得更丰富、更有深度的资料。同时，通过访谈，对于较为复杂的社会现象，也较为容易进行了解，并且能够深入探讨社会现象的因果联系及其内在本质。

第三，能灵活处理问题。由于访谈调查是面对面的调查方法，因此访谈者可以根据被访者在访谈过程的表现，采取灵活多样的方法，应对突发的状况，并且有针对性地进行提问，排除不同因素的干扰，控制获取的资料的效度，能够提高访谈的成功率和可靠性。不同于问卷调查方法,当被访者对问题不理解或有顾虑时,访谈者可及时引导和解释,当被访者的回答不完整、不准确时,访谈者可以当面追询。因此有利于提高调查的质量和成功率,有利于对被访者对回答的可靠性做出判断并予以纠正。

(2) 缺点

第一,主观性强。在访谈调查中所获取的资料来源于被访者,被访者提供的信息对调查结果起重要的作用,影响着调查的结果和质量。但是由于被访者受个人的主观因素的影响,不同个人对于同一事件的看法或表达或许有着巨大的差距。因此有可能因主观状况造成差异或出现不真实的现象。而且,善于观察分析和表达的被访者的访谈内容也更具有意义。同时,访谈者的个人能力对于访谈内容的价值也有重大的影响,如果访谈者能够认真负责并熟练掌握访谈技巧,则可以了解到许多真实情况。反之,其访谈的结果对于社会研究并不会产生意义。因此,访谈法的社会调查方法容易受个人主观性的影响。

第二,容易出现误差。在访谈调查的过程中,由于被访者和访谈者是面对面直接进行访谈的,因此遇到某些敏感、尖锐或者关于个人隐私的问题,或者是被访者不愿当面回答的问题时,被访者能够真实或正面回答的概率较低,并且有的时候,对于访谈调查所获得的资料难以进行进一步的查证、核实。因此,访谈调查所得的口头资料的真实性和准确性都还有待证明。这些误差或作废的资料会对调查的进度和推动造成影响。

第三,人力物力消耗大。访谈调查一般都需要较多的访谈人员,同时访谈者的素质对资料的收集影响较大,因此,需要进行专门的培训。访谈前,还需要与各方面进行沟通合作,征求他人的同意。在访谈过程中还要花费更多的时间。因此,运用访谈法较为花费人力物力。

3. 类型

根据访谈形式的自由程度,可以划分为结构式访谈、半结构式访谈和无结构式访谈。

结构式访谈又称标准化访谈、控制式访谈、导向式访谈,具有高度控制的特点。在访谈过程中,其访谈问题、问题顺序和方式以及对被访者回答的记录方式等是完全统一的。为确保这种统一性,通常事先统一设计有一定结构的访谈提纲或问卷,访谈者严格按规定的方式和问题进行访谈,不能随意对问题作解释。同时这种类型的访谈通常都有一份访谈指南,其中对问卷中有可能发生误解问题的地方进行说明,这些说明规定了访谈者对这些问题解释的口径。结构式访谈相较于无结构式访谈,更加具有系统性。但是相较而言却缺乏弹性,针对性不强,难于对问题做比较深入细致的探讨,同时也不利于充分发挥访谈双方的积极性和创造性。

结构式访谈包括两种亚型：一是访谈者把问题和备选答案印制在问卷上，并根据问卷问题及备选答案逐一询问被访者，再根据被访者的回答做好访谈记录，这种访谈属于高度控制的访谈，社会学家和社会心理学家使用得比较多；二是访谈者根据问题大纲，对每个被访者询问同样的问题并忠实地记录每位被访者的回答情况。这种访谈属于有限度的控制，人类学家使用得比较多。

半结构式访谈是介乎于结构性访谈和无结构式访谈之间的一种田野调查方法。它有一定的目的性，但没有设定严格的问题的限制，访谈者可以在访谈过程中根据自己所发现的问题进行记录，这种问题有一定的目的性，也有较大的可更改的余地。

无结构式访谈又称非标准化访谈，它事先不预定问卷、表格和提问的标准程序。访谈者会以某些主题为切入点，根据一个简略的大纲，与被访者就访谈大纲进行交谈，被访者可以自由地发表自己的意见和感受，而不需要过于顾虑访谈提纲的顺序。这种访谈的内容较为宽泛，可以从被研究对象的角度来发现问题。无结构式访谈又包括重点集中法、客观陈述法、深度访谈法和团体访谈法等方式。①

在半结构式访谈和无结构式访谈中，无论是所提问题本身和提问的方式、顺序，还是被访者的回答方式、谈话的外部环境等，都是不统一的。三种访谈类型中，无结构式访谈最能对问题作全面、深入的了解，其次是半结构式访谈。无结构式访谈的过程不仅是调查问题的过程，同时也往往是研究问题的过程，不仅是收集资料的过程，同时也往往是评价解释资料的过程。

回忆式访谈是常见的访谈法之一。回忆式访谈可以是结构式或半结构式访谈，也可以是无结构式访谈。"民族志学者靠回忆式访谈来重建过去，请资料提供者回忆个人的历史资料。这类的访谈并不能得到最正确的资料。人们总是会遗忘或是过滤过去发生的事件。在一些例子中，回忆式访谈是搜集过去资料的唯一方法。在民族志学者已对历史事件有准确了解的情况下，回忆式访谈提供关于被访谈者个人的有用的信息。这样的方式使被访谈者在他们的价值观中重塑过去的好时光，并显现出他们的价值观的型态与结构。"[1]也就是说，在某些情况下，回忆式访谈是不得已而为之的搜集资料的最佳方法。

4. 访谈的技巧

（1）提问技巧

第一，先易后难。在访谈开始时，可以按照先易后难的原则。由于访谈调查是现场交谈，在面谈过程中被访者容易产生被压迫感或紧张感。如果一开始就向

---

① 具体内容可参见杨国枢、文崇一、吴聪贤、李亦园主编《社会及行为科学研究法：下册》（重庆大学出版社 2006 年出版）第 451-455 页。

其提问一些难度较大的问题,容易导致被访者产生畏难心理或紧张心理。即使被访者不拒绝回答,也会敷衍对待,致使访谈出现大的误差。因此,可以采取先易后难的提问方式,先令被访者接受访谈的节奏后,再逐渐增加问题的难度。

第二,确保被访者正确理解问题。首先,访谈者在提问和交流时必须注意口齿清楚、语速适中、语气中立,令被访者能够听清问题。在结构式访谈中,访谈者会按照访谈问卷中问题的顺序和题目直接进行提问,且尽量避免对问题做出解释,减少因环境因素或个人因素产生误差。只有当被访者完全不理解或对问题有误解时,访谈者才能作必要的解释。在无结构式访谈中,访谈者可以较为灵活机动地向被访者进行提问,主要根据被访者的个人特点和当时的语境,由访谈者运用适当的方式进行访问。在访谈过程中,也可以通过观察和询问了解被访者是否真正地理解题目,是否需要做出进一步的解释。

(2) 追问的技巧

追问是对第一次提问的补充或进一步提问。当访谈者发现被访者答非所问,或回答不完整,或欲言又止、有所隐瞒之时,可以通过追问,要求被访者进行真实、完整的回答。同时,也可以通过追问对被访者感兴趣的问题进行深入的提问,获得更深层次的资料。追问的方式包括直接追问、延续追问、迂回追问、补充追问、系统追问和反感追问。直接追问即重述原先问题或直接点明被访者没有回答到的方面并要求补充;延续追问即顺应着被访者的回答,要求其对某一方面作进一步的说明或回答;迂回追问是访谈者首先通过询问与访谈内容相关联的问题,最后回到未获完整回答的问题上;补充追问即只追问那些尚不清楚的部分或问题;系统追问,即访谈者在访谈过程中发现需要进一步深入了解的事件后,按时间、地点、人物、经过、原因等方面逐项系统地进行追问;反感追问,主要是访谈者通过揭示被访者回答中的矛盾,激起其为自己辩护,从中挖掘出真实的答案。

(3) 引导的技巧

不同于追问,引导是在访谈过程中通过语言或行为对访谈过程的氛围或话题等进行调节、导向或转换,控制整个交谈过程,通过良好的访谈氛围与环境提高访谈质量的方法。访谈中的引导技巧主要包括:

第一,引导访谈氛围。访谈在和谐与信任的气氛下开展,有利于提高被访者在访谈过程中的积极性,并能以轻松的态度对待访谈,增加访谈资料的效度与信度。

对于引导访谈氛围,首先访谈者需要对被访者表现出认真倾听、肯定、感兴趣等的表现,这被称为意会反映技术的技巧。在访谈过程中,访谈者运用肯定的姿势或语言,营造适宜的环境,并表现出认真倾听的态度,与被访者之间保持感情交流,能够刺激被访者不断倾诉或发表言论的意愿。其次,访问者可以在访问交谈时通过表达自己的感受,增加被访者对访谈者的信任。或者在被访者作出回答后，访谈者将其表述的内容进行整理与澄清，并询问对方自己理解得是否正确，也有助于双方信任的增加，控制交谈的气氛。

第二，引导话题的转换。在访谈过程中，在不同的话题之间进行转换时，容易出现冷场或使被访者的思维混乱。因此当一个主题结束时，访谈者须适时地作些引导。例如，简略的说明、过渡性的问题、与访谈内容无关的闲聊等，使被访者的思想情绪能得到适应或有思考的时间。

第三，引导集体讨论的方向。在集体访谈时，被访者发言的秩序可能会出现不受控制的情况。因此，访谈者必须及时地控制形势，及早地把讨论中心引导到正确的方向上，及时地制止不必要的争论。访谈者应该主要把精力放在引导启发被访者交谈之上。首先，访谈者不应该加入讨论，不能表现自身的观点和态度。此外，在座谈会中还要注意协调被访者的发言时间与机会，防止出现少数人垄断访谈的局面，对没有发言或较少发言的人，需要抓住时机促请他们发言。最后需要控制发言秩序，保证每个人都能畅所欲言，而不会被相互打断谈话。

案例 7-2

对河北，四川，广西，陕西，宁夏五省（自治区）进行实地调查春蕾计划受助女童生活状况

为了评估由中国儿童少年基金会发起并组织实施，以救助贫困地区失学女童重返校园为长期任务的春蕾计划实施十五年以来的社会效果，中华全国妇女联合会选取了十个省份进行实地调查。在调查中，评估组主要采用个案深度访谈的方法进行调查。根据定性研究中的目的性抽样方法，在接受春蕾计划资助的女童中，选定 100 名有代表性的女童作为访谈对象。选择标准覆盖春蕾计划实施以来不同时期的受助者、不同年龄的受助者、正在上学和已经离校的受助者，以及春蕾计划不同子项目的受助者和不同地区的受助者，进行对比分析。调查采取半结构式访谈的方法，只制定大概的访谈大纲，在访谈开始与受助者建立良好的关系，访谈中鼓励受助者讲述自己受助生活前后的变化及重要的事件等等。最后对访谈资料进行描述和分析，进而展现受助女童的生活状况和实际需要，最后总结春蕾计划帮助受助女童的成功经验，探讨和反思其实施过程中的不足。

资料来源：谭小燕."春蕾计划"受助女童生活状况调查报告：以河北，四川，广西，陕西，宁夏五省（自治区）[1]的实地调查为例[J/OL].http://www.docin.com/p-509987194.html，2012.

---

[1] 括注为本书编著者所加。

（三）文献研究法

文献研究法是通过收集和分析现存的，以文字、图形、声音等形式存在的各种文献资料，来探讨和分析各种社会行为、社会关系、社会结构及社会变迁的一种研究方法。从研究逻辑和基本原理来看，文献研究法与其他资料收集方法相比并无大的差别，只是由于研究所用资料来源不同，即不像其他方法那样直接从研究对象那里直接收集资料，因而它在具体操作程序上有所不同。[5]

1. 优缺点

（1）优点

第一，无时空限制。由于文献易保存的特点，文献研究法可以通过对以往文献进行研究，了解那些无法接触的研究对象。它可以超越时空研究任何一个国家与地区不同历史时期的社会现象、社会生活的情况。

第二，无反应性。在文献资料收集过程中可能受到研究者主观偏见的影响，但收集本身不会使正在收集的资料发生变化。因为文献研究法只是收集和分析那些已存在的资料和信息，不需要直接与人打交道，也就不会发生因研究者的出现使研究对象的行动受到影响。

第三，省时省钱。与访谈法、观察法等方法相比，文献研究法不需要大批的访谈员和仪器设备。只需要通过对文献资料的阅读整理与分析，收集资料，因而所需费用相对较少。

（2）缺点

第一，获取文献难度大。由于部分文献属于非公开的、个人的，不易获得。如在实地调查中调查群体的个人日记和信件、政府机构和社会组织的文件、统计资料等，难以发掘并利用。

第二，质量难以保证。由于文献都由个人或组织撰写，因个人主观思想、政治意图等因素的影响，文献中都常常隐含着个人偏见、主观意图，对收集的资料的准确性、全面性、客观性造成影响。

第三，难以规整利用。在收集文献后，都需要对文献进行编码整理和分析，但是由于不同的文献有着不同的表达形式、语言等，缺乏标准化形式，给编码和分析带来困难。

2. 文献研究的意义

（1）有利于探明以往的研究成果，避免重复研究

通过文献研究，了解前人已经取得的成果和当前进行调研的现状，对于正确

选择调查课题、确定调查研究的起点和重点、设计调查方案、开展对比研究等，都具有重要的参考价值。此外通过总结和分析最新的研究成果，能够避免调查的盲目性和重复研究。

（2）有利于了解与调查课题有关的理论和方法

通过文献研究，充分了解与调查课题有关的各种理论观点和调研方法，特别是着重了解已成为人们议论中心或争论焦点的新观点、新意见，以及正在变化着的社会调查的主客观条件，可为提出研究假设、确定调查方法、设计调查方案、开展调查工作和研究工作以及撰写调查报告等提供必要的参考。[6]

（3）有利于推动调查的开展

社会调查在课题选择、资料收集、深入分析与撰写报告时，都需要文献的指导与支持，因此文献研究往往贯穿于社会调查的全过程，推动社会调查的开展。

3. 文献研究法的过程与方法

一般而言，文献研究法的过程包括以下各阶段：

（1）确定研究目的和问题

研究目的和问题不同，文献收集、描述的范围必然不同，文献分析的重点也必然不同。因此，文献研究法的首要工作是确定研究的目的和问题。同时要明确文献研究法在这项研究中是当作辅助性的研究方法，还是作为独立的研究方法来使用，再确定文献收集、整理、解读及分析的侧重点和方法。

（2）文献收集

文献的收集需要按照一定的要求和目的，有计划地进行，以保证文献收集全面、多样。因此，文献的收集有如下几个基本要求：首先，知识上的有用性。即所搜集的文献要包含对调查课题有用的知识。这是搜集文献的第一位的、最基本的要求。其次，内容上的全面性，文献的收集要尽可能丰富。既要有过去的文献，又要有现在的文献；既要有正面的材料，又要有反面的材料；既要有赞成的意见，又要有反对的意见；既要有典型材料，又要有综合材料；既要有本学科的专业文献，又要有相关专业的文献。再次，形式上的多样性。由于文献资料形式多样，如声像、文字、图片、表格等。不同形式的资料所隐藏的信息也不尽相同，因此资料的多样性有助于完善资料的收集。最后，时间上的连续性和失效性，在文献收集的时间上要有连续性，否则收集的材料就可能残缺不全，无法反映调查对象发展变化的状况。时间上的失效性则表示调查者需要及时了解、及时收集、及时研究、及时利用文献，以提高调查研究的时效性和调查成果的实用价值。

（3）文献的整理

在社会调查研究中，文献收集的资料数量庞大，需要通过整理与编码才能进行利用及分析。资料整理首先需要对所获资料进行检查、核实，并对错误和遗漏加以修正、补充，然后将其分类编码，再进一步综合简化。

文献的整理要掌握以下原则：一是条理化，即整理文献和整理后的文献要有一定的时序，整理后的文献不能是散乱的和无规律可循的；二是系统化，即文献整理要有一定的逻辑，整理后的文献之间要有一定的相关关系，成为一个有机的整体；三是简明化，要保证整理后的文献是最能够体现所需要的资料的。[7]

> **案例 7-3**
>
> **《彝族社会历史调查研究文集》**
>
> 《彝族社会历史调查研究文集》一文的作者刘尧汉先生，出生在云南省哀牢山区南华县的沙村的一个地主家庭里。1943 年，刘尧汉先生作为本县的第一个大学生考入云南大学社会系，学习调查研究各民族社会历史的方法。随着社会的发展，村落的生活和文化也不断变化，许多历史现象正悄悄地消逝。因此刘尧汉先生开始收集中华人民共和国成立三十年来彝族社会历史调查研究的相关资料文献，总结其变化发展的过程以及以往的历史记录。
>
> 首先确定具体的研究对象与范围，再进行深入的探访与资料收集。经过对南邵彝族的宗谱、巫画、十二兽历法等当地的文献进行收集、调查分析后，刘尧汉先生证明南诏统治者蒙氏家族属彝族，纠正了南诏王族属于傣族的旧说；证明了彝族沙村从奴隶制向封建制转变的过程。在对当地祭祀文献的调查中，发现中华民族葫芦文化崇拜的根源。
>
> 资料来源：刘尧汉. 彝族社会历史调查研究文集[M]. 北京：民族出版社，1980：4.

四、田野资料分析方法

田野调查获得的第一手资料只是感性认识，仅能反映事物表象，需要通过唯物辩证法对此进行整合与提炼，进而探求其内在本质规律，使感性认识上升为理性认识。因此，田野工作的调查者需要依据不同的研究目的与选题，以客观的、局外的立场对调查资料加以分析，对田野调查工作进行总结，从而使研究材料最终真正发挥为研究观点服务的作用。田野资料分析是田野工作的核心，田野工作能否最终取得成功很大程度上取决于这关键性的一步。

本节内容主要包括田野资料分析的基本原则、田野资料分析的一般程序及田野资料分析的主要方法，其中将重点阐述田野资料分析的主要方法这一部分。

（一）田野资料分析的基本原则[8]

作为定性研究方法之一，田野资料分析需要对大量获得的第一手原始资料进行筛选、整理、提炼、分析，这是一项复杂而系统的工作，需要遵循一些基本原则。

1. 实事求是原则

在整理和分析田野资料时，要尊重资料的真实性，不能从研究者自身需求出发，任意地对一手资料进行拆分、编造，甚至杜撰。一方面，真实性是田野资料整合的最根本要求，梳理后的田野资料务必是确实发生过的客观事实，切忌资料失真，否则会导致结论远离现实的结果；另一方面，梳理后的田野资料务必确保准确性，若整理后的资料指向不明、含糊混沌，则会大大降低结论的可信度和科学性。

2. 全面完整原则

田野资料分析所得的结论若要客观地反映事实的全貌，必须以全面、完整的资料为基本前提。在整理和分析资料时，要从时间、空间、调查项目等多个维度周全地考察资料是否完整，若整理后的资料残缺不全、只言片语，即使资料具备真实性和准确性，也不能保证最后结论的准确性，甚至可能会导致错误结论的出现，从而使田野调查所得资料失去现实意义。

3. 简明有序原则

由于田野资料牵涉面甚广，对田野资料进行整理必须要脉络清晰、有条不紊、简明扼要，并对资料进行分类、分组，尽可能简单、明确，为以后的研究工作中对资料的提取和利用提供操作性的便利。

4. 历史比较原则

对田野资料进行整理分析时，不仅要深入思考研究问题，努力挖掘当前的资料，还要着力追溯过去和预测将来，挖掘调查资料从古至今的细节事实，在时间纵轴方向上对问题进行历史比较探究，力图使得研究结论具有历史可比性，体现研究价值。

（二）田野资料分析的一般程序

田野资料分析也有其本身的一般规律和逻辑，在进行田野资料分析中，一般运用以下一些基本的程序来进行。

1. 整体把握

要对田野资料进行分析，第一步需要对全部调查资料进行全面掌握和充分了解，即要对所有资料进行全面的阅读、审查以熟知田野调查资料。这要求我们需要以较快的速度阅读相关资料，以尽可能地通晓调查背景和全貌。同时，还需要我们对调查资料的真实性、全面性、准确性进行理性判断，对于需要修正、补充或剔除的部分内容，及时进行相应的调整，以最大限度地提炼出田野资料的研究价值。

2. 确定目的

分析者在整体上把握研究资料后，才能对研究问题持有总体印象，在这种情况下，需要进一步对调查资料进行理论升华，最终形成对资料的总体判断。根据现有的田野资料能分析什么，会有什么结论，分析结论有何意义，等等，初步确定田野资料的分析目的。在初步确定田野资料分析目的后，需要不断地立足现实进行调整，不断地对田野资料的目标进行审定和优化。

3. 选择方法

分析方法有很多种类，如整体分析法、历史进程分析法、因果分析法、结构功能分析法、归纳演绎法、比较分析法等，不同的调查资料，需要采用不同的分析方法进行探析。因此，在着手分析之前，必须先选择恰当的分析方法。

4. 进入分析

对于田野资料的分析，即使采用了不同的分析方法，都会有共同的分析特点，即大致上都是按照由浅入深、从个别到一般、由部分到整体、由简单到复杂的顺序进行分析。

(三) 田野资料分析的主要方法

田野资料分析方法是田野调查的关键，经由此才能最终实现田野调查的目的。目前田野资料分析方法比较多，但是常用的方法主要有以下七种。

1. 整体分析方法

在进行田野工作时，我们需要为实施调查的田野地点划定一个明确的边界，但田野研究的经验显示，并不存在"与世隔绝"的田野调查地点。一个在政治、社会、文化和经济上与外部世界相隔离的孤立"地点"在田野研究的现实中是找不到的。[9]因此，研究者在实施田野调查时需要将一个特定区域或特定地点的田野研究置于整体的视野中进行考察分析，这便是整体分析方法。

（1）相联性

田野资料的整体分析方法是把人类社会及人类的活动视为一个整体，注重全方位考察人的各种不同活动之间的联系，同时强调不同层次的社会因素的相互作用，认为若侧面孤立地看待单个的社会生活，整个社会则无法理解。即便是对个别的社会现象或个别人的行为进行分析，也不能进行局部或个体的孤立研究，而应充分考虑构成社会的各个部分之间的关系、社会现象与其社会环境之间的关系、个人与社会之间的关系等。[10]

（2）系统性

田野资料的整体分析尤其强调将研究对象看作是一个系统的整体。按照系统理论和方法的基本原则与要求，要实现研究系统的最优化，就要对调查对象的整体进行系统分析，根据调查对象的结构和层次分析其组成要素，以了解各部分的结构与功能。根据整体大于部分之和的系统整体效应的原理，要求分析者在分析调查研究对象时，要把田野资料作为一个从周围环境中划分出来的系统来认识，同时还要把系统内部的各个环节、各个部分看作是相互制约、相互影响的。[11]

2. 历史进程分析法

田野资料的历史进程分析法主要是对研究对象的相关历史资料进行客观理性分析，理顺事物的历史发展脉络，着力还原历史原貌以及分析事物历史与现状之间的关系，探索出历史与现状的相同点和不同点，并从中把握事物本质、掌握发展规律，从而科学地预测事物的未来发展走向。通过历史进程分析法，有利于田野资料分析者了解过去、把握现状、预测未来，使得整体的研究更具历史厚重感和时代立体感。

（1）历史进程分析法的一般步骤

田野资料的历史进程分析法主要包括三个步骤：一是要检验历史文献本身的可靠性；二是要检验历史文献记录的真实性；三是要分析事物演变过程及阶段的历史性。[12]前两个步骤主要是对调查资料进行可信度检测，为第三个步骤的顺利展开提供保障，从而实现对研究对象的产生历史背景、历史发展脉络、古今关系的分析。因此，只有进行历史进程分析，得出的结论才能建立在坚实的历史基础上，才能够经受得住时间的检验，从而成为有现实意义的科学观点。

（2）复原法

田野资料的历史进程分析法适用于不同区域、不同时段、不同侧面和不同程度的社会变迁研究，"复原法"就是考察社会变迁常用的历史进程分析法之一。复原法主要通过对历史文本记录（如官方调查报告、历史会议记录、历史期刊报纸、档案等)、访问对象阐述(如口述、笔述等)、研究者田野观察日记与录音影像等方面的材料进行多方面探析,尽可能地还原事物的历史发展过程,以图复原历史本貌。

(3) 重视溯源与传统

事物是在以一种质的状态过渡到另一种质的状态为特征的各个连续不断的发展阶段之间,存在着客观的渊源联系,而不是突然发生的。在田野调查中,历史进程分析法强调对历史源流的追溯,通过追根溯源,了解社会制度与文化特质的历史延续性,以此深入认识研究问题的殷实历史材料。[13]历史进程分析法要求研究者必须重视历史传统的重要意义,不可从自身主观臆断出发对研究的历史现象预先作出先入为主的主观判断,而是应该立足研究问题所处的特定的经济脉络、政治惯性、文化传统等历史背景。

3. 因果分析法

任何事物的存在都有其缘由,田野工作的目的就是要从作为后果的社会现象中理出可能的原因,并在若干种可能的原因中确定哪一个或哪几个原因产生了特定后果。[14]在田野资料的因果关系分析中,研究者往往需要根据自己的研究主题,在众多的社会现象中选出若干重要的因素,并对这些变量之间的因果关系进行探析,进而确立各要素之间的关联性,从而把握事物发展的规律和本质特征。

(1) 因果分析法的含义

客观事物之间存在这样一种关系:事物 A 是事物 B 的原因,事物 B 是事物 A 的结果。换言之,事物 A 的变化引起事物 B 的变化,事物 B 由于事物 A 的变化而变化。我们将这种关系称为因果关系,分析因果关系的方法称为因果分析法。[15]

(2) 因果分析法的操作性内容

因果关系是客观事物之间非常普遍的一种关系,在一定程度上,任何事物的运动、变化、发展都可能存在着客观的、主观的、内部的、外部的等原因,或是单一原因,或是多种原因,单因或多因都会在不同程度上推动着事物的发展变化,并且产生一定的结果,构成事物发展的因果关系。在田野资料的因果关系分析中,研究者需要掌握如下三点。

第一,找出构成因果关系的事物,凡是因果关系都必须具备两个或两个以上的事物,作为因果关系的载体。第二,确定因果关系的性质,这需要判定是否真的存在因果关系,并指出因、果各自是什么;还要考察因果关系的类型,以判断此因果关系是一因多果型还是一果多因型。第三,对因果关系的程度做出解释。在统计分析中,因果关系的程度通常用相关系数或净相关系数来做出解释。[16]

（3）因果分析的种类

为了解和掌握田野资料因果关系分析法，下面将列出因果分析的种类，主要包括以下几种。

第一，求同法，若在所研究的现象中出现两个或两个以上的情况，共同出现的情况即可能是所研究现象的原因。第二，求异法，如果所研究的现象出现的情况与它不出现的情况之间只有一点不同，那么这个不同点可能是被研究现象的原因。剩下的同异并求法、共变法和剩余法等都可以此类推，找出研究现象的原因。[17]

4. 结构功能分析法

（1）结构功能分析法的定义

结构功能分析法就是通过考察事物的结构和功能来认识事物和分析事物的方法。[17]这一分析方法具有两方面的内涵：第一，所有事物都具有一定的结构。结构表现为构成事物的各种要素之间的排列组合，各种要素以结构为载体形成系统，而系统又具有稳定性、可测性、有序性，因此研究者能够根据事物的系统结构来探索出事物的规律和内在本质，从而达到对事物的理性认识。第二，所有事物都具有一定的功能。任何事物都有自身特定的价值和作用，能够成为事物本身的特征之一，从功能层面对事物进行探究，能够挖掘隐藏在事物中的现实意义。

（2）结构功能分析法的作用

结构功能分析法是研究者探索事物本质和规律的重要方法，发挥着重要作用。第一，结构功能分析法能够从形式上剖析事物各要素之间的内部关系，从而达到对事物内部结构的认识。第二，结构功能分析法能够从内容上分析事物内部各组成要素之间相互作用和相互影响的关系，从而达到对事物内部功能的认识。第三，结构功能分析法能够从事物整体上分析事物系统对社会的影响和作用，从而达到对事物外部功能的认识。

（3）结构功能分析法的实施步骤

采用结构功能分析法对田野资料进行分析，需要遵循以下步骤。

第一，对田野资料进行系统分析。从整体上把握事物的结构和功能，明确事物的大致概况，为整体分析打下基础。

第二，对田野资料进行内部结构分析。通过对构成事物的各要素进行形式上的排列组合剖析，探索事物各要素之间的内部关系。

第三，对田野资料进行内部功能分析。考察各组成要素之间的相互影响和作用，包括分析有无相互影响和作用、分析在何种条件下各要素间的相互影响和作用才可能存在和建立起来、分析促使各要素之间发生相互影响和作用的手段和方法等。[18]

第四，对田野资料进行外部功能分析。在整体视角上考察事物作为社会系统中的一部分与社会之间的关系，分析事物对社会的作用和价值，挖掘其现实意义。

5. 比较分析法

客观世界的事物之间都存在着共同点和差异点，确定事物之间的相同点和差异点的方法，我们称之为比较分析法。[19]比较分析法主要通过事物之间相同点和不相同点的对比分析，对事物进行鉴别，达到对研究事物在细节层面上的深刻认识，从而更加精准地掌握研究事物。在田野资料分析过程中，当我们需要通过比较两个或者两个以上的事物或者对象的相同点和不同点来认识和把握某个事物时，可以采用比较分析法。田野资料的比较分析法主要有以下操作要点。

（1）坚持横向比较与纵向比较相结合

横向比较指的是在空间维度上进行比较，即将同一时期的相关事物进行对比分析，这种对比分析既可以在同一类事物内部的不同组成要素之间进行，也可在不同类事物之间进行。通过横向比较，研究者可以发现不同类事物之间或同类事物的不同组成要素之间的异同点，进而分别研究出彼此间相同或相异的原因。

纵向比较指的是在时间维度上进行比较，即对同一事物在不同时期所具备的特征进行比较，考察研究事物在不同历史阶段上的特征，从而探索出事物运动、变化、发展的态势。

纵向比较和横向比较分别反映出事物不同方面的特点，研究者若想获得对事物的立体认识，就需要结合横向比较和纵向比较对田野资料进行多面分析，从而获得更加深刻的理解。

（2）比较事物的相同点与相异点

不同类事物之间、同类事物之间、同一事物的不同部分之间都可能存在异同点，都可适用比较分析法。研究者在分析田野资料时，一方面，要重视相同点的比较，比较分析的前提条件是要找出事物之间的共性；另一方面，要重视相异点的比较，考察调查对象体现出的不同特征。

（3）关注事物之间的可比性

在分析田野资料时，要对具有可比性的不同事物之间或者同一事物中具有可比性的不同部分进行比较分析，而不要在毫无对比意义的层面上进行过多的赘述。明确比较对象之间的可比性程度，对提高研究效率具有重要作用。

（4）选择精确的、统一的、相对稳定的比较标准

在对田野资料进行比较分析之前，应该选择统一的、精确的、相对稳定的比较标准，这是进行科学比较分析的前提条件。统一的和精确的比较标准可以提高比较结果的信度和科学性，相对稳定的比较标准可以降低比较分析的随意

性。只有这样，比较分析才能在有序的情况下顺利进行，才能得出科学的比较结果。

（5）重视本质层面的比较

在对田野资料进行分析时，不能做表面的、浅显的分析，而是要透过现象抓本质，只有这样的分析才能更准确地揭示社会现象规律。在比较分析时，不能被表面现象所蒙蔽，要学会异中求同，同中求异，因为有些表面上差异很大的田野资料，背后很可能隐藏着共同的属性，而有些表面上十分相似的社会现象，背后却也很可能隐藏着巨大的差异。因此，研究者应该重视本质细节的考究，而不能仅仅停留在表面观察。

6. 归纳与演绎分析法

归纳和演绎是既对立又统一的两种思维方法，分别遵守从多到一和从一到多的分析路径。在运用归纳与演绎分析法分析田野资料的过程中，一般需要把归纳法和演绎法相结合，才能最大限度地挖掘资料的潜在价值。

（1）归纳法

归纳法是从个别的、特殊的到一般的思维方法。在搜集田野资料时，得到的往往是一个个特殊的案例资料，此时，需要运用归纳法从个别的调查材料中提炼出具有一般性意义的结论。归纳法可分为完全归纳法和不完全归纳法。

完全归纳法，就是根据某类事物中每一个对象都具有（或不具有）某种同性，从而概括出该类事物的全部对象都具有（或不具有）某种属性的方法，使用完全归纳法必须要确知某类事物全部对象的具体数量及每一个对象具有或不具有被研究的那种属性。[20]不完全归纳法，包括简单枚举法和科学归纳法两种形式，就是指根据某类事物的部分对象具有（或不具有）某种属性，从而推论出该类事物的全部对象都具有（或不具）某种属性的归纳方法。[20]

> 用于构建理论构架的逻辑方法，主要是逻辑的演绎方法，也就是从已知的公理、定律、法则、理论或学说出发，通过逻辑推理，得出一批新的结论、新的命题；然后又根据这些结论、命题及原来的公理或新的公理，再运用逻辑推理，又可以得出一批结论、命题。如此层层推理，穷追下去往往可以导致新的发现或创造。这就是人们创造活动中的逻辑演绎思维过程，它是"从一般到特殊"的思维方法。当然，演绎推理得出的结论是受原始前提制约的，如果原始前提是正确的，得出的结论也应该是正确的；反之，如果原始前提错了，必然会得出错误的结论。
>
> ——何星亮. 文化人类学调查与研究方法[M]. 北京：中国社会科学出版社，2017：172.

（2）演绎法

演绎法是从一般性前提推出个别性结论的逻辑思维方法。当田野研究工作完成资料收集并通过归纳法提炼出研究结论后，就需要运用演绎法对归纳法所得的结论进行验证，运用该具有一般性意义的结论去剖析、解释个别社会现象，从而发挥研究结论的普遍指导意义。

无论是归纳法还是演绎法都有其优缺点，若片面强调归纳，就会陷入唯经验论的漩涡而使得研究缺乏理性思考；若片面强调演绎，就会忽略经验层面的丰富细节而使得研究失去现实素材。因此，在分析田野资料时，需要将归纳法和演绎法相结合。恩格斯指出："归纳和演绎，正如分析和综合一样，是必然相互联系着的。不应当牺牲一个而把另一个捧到天上去，应当把每一个都用到该用的地方，而要做到这一点，就只有注意它们的相互联系、它们的相互补充。"[21]这说明，我们选择方法时应该考虑各种方法之间的差异性和互补性。

7. 矛盾分析法

矛盾分析法，即具体问题具体分析的方法，就是运用马克思主义关于矛盾学说的原理、法则去具体分析事物内部矛盾运动的状况和外部事物的关系，达到认识客观事物的方法。田野资料的矛盾分析法需要建立在对客观事物最一般的、最根本的、符合辩证规律的哲学认识基础之上，通过客观地了解事物发展的进程，具体地分析和认识事物。[22]马克思指出："具体之所以具体，因为它是许多规定的综合，因而是多样性的统一。"[23]我们要真正认识一个具体的事物，就必须要找出矛盾内部的各个方面，弄清楚它们的具体关系，包括内部矛盾的各个方面以及外部联系的各个方面，并根据各方面情况具体地解决问题。

田野资料分析方法还有很多，并不局限于这里讨论的几种，田野工作的研究者可根据所研究的问题和所收集的材料，选择适当的理论与方法。但是，无论采取什么样的田野资料分析方法，都需要遵循实事求是的原则，只有这样，才能得出具有现实意义的研究结论。

五、本章小结

田野工作不仅讲求方法，而且要求在田野工作方法体系中正确地运用方法。田野工作方法体系概括起来主要包括：田野工作方法论、田野资料收集方法和田野资料分析方法。其中，田野工作方法论，主要是指导田野工作方法的方法，具体来说包括整体观、相对观、比较观和多元文化并置观。田野资料收集方法主要有观察法、访谈法、文献研究法等，每一种方法都有其优缺点，在进行实际田野调查时需要灵活使用。

田野资料分析是田野研究的核心，田野调查能否最终取得成功很大程度上取决于这关键性的一步。田野资料的分析需要遵循一定的原则和一般的程序，田野资料分析方法比较多，常见的主要有整体分析方法、历史进程分析法、因果分析法、结构功能分析法、比较分析方法、归纳与演绎分析法、矛盾分析法等。

思考题

1. 何谓田野工作方法体系？
2. 田野工作方法体系的主要内容是什么？
3. 田野资料的收集方法有哪些？各有什么优缺点？
4. 田野资料分析方法的原则有哪些？
5. 田野资料分析方法有哪些？

建议进一步阅读的参考书目

1. 董建波. 史学田野调查：方法与实践[M]. 上海：上海辞书出版社，2013.
2. 范伟达，范冰. 社会调查研究方法[M]. 上海：复旦大学出版社，2010.
3. 李莉. 实用社会调查方法[M]. 广州：暨南大学出版社，2002.
4. 刘尧汉. 彝族社会历史调查研究文集[M]. 北京：民族出版社，1980.
5. 吴承明. 经济史：历史观与方法论[M]. 上海：上海财经大学出版社，2006.
6. 叶至诚，叶立诚. 调研方法与调研报告[M]. 北京：中国纺织出版社，2002.
7. 余炳辉等. 社会研究的方法[M]. 杭州：浙江人民出版社，1986.
8. 张郧. 社会调查研究方法及其在行政管理中的应用[M]. 广州：中山大学出版社，1996.
9. 周璐. 社会研究方法实用教程[M]. 上海：上海交通大学出版社，2009.
10. Faubion J D，Marcus G E. *Fieldwork Is Not What It Used to Be：Learning Anthropology's Method in a Time of Transition*[M]. Ithaca：Cornell University Press，2009.

参 考 文 献

[1] 范正勇. 对人类学研究方法：田野调查的几点思考[J]. 青海民族研究，2007，18（3）：16-18.
[2] 范伟达，范冰. 社会调查研究方法[M]. 上海：复旦大学出版社，2010：7.
[3] 余炳辉，等. 社会研究的方法[M]. 杭州：浙江人民出版社，1986：123.
[4] 周璐. 社会研究方法实用教程[M]. 上海：上海交通大学出版社，2009：155.
[5] 同[4]：242.

[6] 同[4]：245.
[7] 同[4]：250.
[8] 李莉. 实用社会调查方法[M]. 广州：暨南大学出版社，2002：204-206.
[9] Berger R A. From text to(field)work and back again: theorizing a post(modern)ethnography[J]. Anthropological Quarterly，1993，66（4）：174-186.
[10] 吴承明. 经济史：历史观与方法论[M]. 上海：上海财经大学出版社，2006：227.
[11] 同[2]：378-379.
[12] 同[2]：371.
[13] 董建波. 史学田野调查：方法与实践[M]. 上海：上海辞书出版社，2013：193.
[14] 罗伯逊. 社会学[M]. 黄育馥，译. 北京：商务印书馆，1991：36.
[15] 同[2]：372.
[16] 同[2]：372-373.
[17] 同[8]：269.
[18] 同[2]：376.
[19] 同[2]：373.
[20] 同[8]：265-268.
[21] 恩格斯. 自然辩证法[M]. 北京：人民出版社，1971：206.
[22] 同[2]：369.
[23] 马克思，恩格斯. 马克思恩格斯选集：第2卷[M]. 北京：人民出版社，1966：103.

第八章 田野工作前的方法选择

在正式进入田野工作点前，研究者仍然需要做大量准备工作。这些工作是正式田野工作的基础，它能够帮助研究者了解本领域研究的现状、完善研究框架和研究设计。这些准备工作，通常有迹可循，常见的方法包括文献研究法、网络资料分析法以及快速了解调查点方法等都能帮助研究者尽快地了解研究领域或对象的状况，更早、更快、准备更充分地进入田野工作点。本章将着重介绍前述三种田野工作前的重要方法，并通过案例呈现这些方法的使用过程和注意事项。

一、文献研究法

文献研究法是展开正式的田野工作前最传统且最重要的研究方法。本节介绍了文献研究法的概念和特点，以及文献回顾法的分析步骤。①

（一）概念和特点

1. 文献研究法的概念

文献研究法是田野工作前最重要且最传统的研究方法，该方法帮助我们了解研究相关的背景知识，为接下来的田野工作提供框架，并不断地将自己的研究聚焦，为理论和经验证据的结合提供可能。格莱斯总结了文献研究法的作用，主要有：第一，收集、扫描并阅读文献来证实你所选择主题的正确性；第二，使用相关的文献帮助你发现并聚焦你的研究主题；第三，文献能让你的研究设计和访谈的问题更丰富。[1]可以说，文献让我们踩在巨人的肩膀上，并是我们田野工作得以开展，甚至获得成功的关键。

在传统的定义中，文献（literature），指的是包含各种信息的材料。[2]具体地讲，可按其来源分为原始文献及二次文献两类，其中原始文献，即一手文献指的是某一事件或行为的人所写的资料，比如调查对象的日记、自传、回忆录等，二

---

① 具体地讲，有内容分析法和文献回顾法两种不同的文献研究法，但内容分析与后文网络资料分析中的网络内容分析法相似，此处不再赘述。

次文献指的是利用别人的原始文献所编写或产出的新的文献资料,如前人已有的研究就是二次文献的典型代表。

如表 8-1 所示,文献类型不同,其具体的分析方法也不相同。原始文献,如个人的日记、自传、回忆录等通常需要利用内容分析法加以分析和处理(详见下一节的网络内容分析法,此处不再赘述);而对二次文献,尤其是前人的研究的总结通常利用文献回顾法加以分析。[3]

表 8-1 文献类型、示例及分析方法

文献类型	示例	分析方法
原始文献	报纸的报道;法庭记录;私人日记、自传;报告	内容分析法
二次文献	前人已有的研究;用普查资料的统计研究	文献回顾法

2. 文献研究法的特点

作为进入田野工作点展开工作前的主要方法,文献研究法具有诸多优点,主要是无反应性、省钱省时、保险性。[4]此外,作为一种处理次级文献的重要方法,文献研究法还有着典型的计量性特征。

(1)无反应性。文献研究不会打扰研究对象,也不会对这些研究对象发生影响。该方法只是利用和分析那些业已存在的文字材料、数据资料以及其他形式的信息材料。所以,在整个研究过程中,研究对象不会受到研究者的影响而发生变化。

(2)省钱省时。尽管进行一项文献分析的费用会依据所分析的文献类型、文献散布的广度、获取文献方式的难易程度等方面的差别而有所不同,但是,一般来说,它比进行一项大规模调查、一项严格的实验或一项深入的实地研究所需要的费用要少得多。因为它所用的资料往往只需要通过借阅、复印等形式就可以得到。

(3)保险性。假如研究者进行一项研究,由于设计不周密或准备不充分结果不理想,那么,如果他重做一遍,则要花费双倍的时间和经费。对田野工作来说,这点尤其困难,如果一项田野工作没做好,要重做一遍也许根本就不可能。因为你所研究的事件和环境已经改变,或者已经不复存在了。

(4)计量性。文献作为一种资料数据,其处理方式以定量为主。当作者检索、收集并阅读完相应的文献后,可根据文献所呈现的主题特征、资料的处理方式等形成量化数据。通过对这些数据的进一步整理和分析,更为清楚地了解到相关研究领域的发展脉络,并为接下来正式的田野工作做准备。

案例 8-1

文献计量分析：一个案例

《广西民族研究》是我国重要的民族学期刊，同时也是运用田野工作方法开展实证研究的重要杂志之一。学者廖杨用文献计量法对该杂志自 1985 年创刊至 2015 年第六期总共 126 期发表的 3169 篇文章主题进行了文献计量的分析。其具体结果如表 8-2 所示。

表 8-2 《广西民族研究》文章主题与篇数、百分比统计表

文章主题	篇数	占总篇目百分比
民族理论与政策	963	30.39%
民族学与人类学相关分支学科	174	5.49%
文化与旅游研究	272	8.58%
族别研究和民族地方史志	423	13.35%
宗教研究论文	75	2.37%
东南亚相关的民族研究	36	1.14%

由表 8-2 可知，民族理论与政策是长期以来《广西民族研究》关注的重中之重，占到总体篇目的近三分之一。族别和民族地方史志也受到一定的关注，占全部篇目的 13.35%，但对于民族学和人类学相关分支学科、文化与旅游、宗教以及东南亚地区的相关民族研究仍然不足。

资料来源：廖杨.《广西民族研究》创办 30 年来刊发文章的回顾与展望：主要基于 CNKI 的文献计量分析[J]. 广西民族研究，2016（5）：1-14.

（二）文献回顾法（literature review method，LRM）

文献回顾，也称为文献考察或文献评论，指的是对到目前为止的、与某一研究问题相关的各种文献进行系统查阅和分析，以了解该领域研究状况的过程。[5]它是开展田野工作前的重要方法，是任一研究开始的基础。具体地，应用该研究方法包含检索文献以及文献的研读和综述两个步骤。

1. 检索文献

在正式进入田野工作点展开研究之前，研究者需要分析将要探讨的研究现象

与问题范围内，目前学术界已有的发现及研究。研究者在开始设计之前和之中需要对所有这些有关成果进行文献检索。如何确定检索范围，哪些文献对我的研究重要，有什么理论和发现可以用来指导或丰富我的研究，目前在什么地方可以找到我所需要的资料，使用什么方法来进行文献检索，为什么要使用这些方法等问题十分重要。

陈向明从个人经验出发，总结了检索文献的方法。她认为，应该首先检索与自己的研究问题有关的领域，同时关照相关领域的主要理论和研究发现。[6]例如，如果我们希望对"中国农村中小学生辍学问题"进行研究，检索的重点应该放在前人有关辍学的研究以及中国农村中小学生辍学的现状与原因上面，同时可以兼顾其他相关领域，如中国农村的基本情况、中国义务教育政策和措施等。在设计阶段，文献检索可以相对宽泛、粗略一点，不必花费大量的时间对一些具体的细节纠缠，也不要为了查寻一个不详的参考书而在图书馆里泡上一整天。研究项目在这个阶段尚未完全定型，过多的纠缠细节可能会使研究者误入歧途，设计阶段的当务之急是对有关文献获得一个大概的了解，今后随着研究的深入如果需要了解某些文献的具体内容，可以再仔细查阅。

案例 8-2

从研究兴趣到文献：一个案例

苏珊是一名中学环境科学课程的教师，她决定要对自己的教学进行研究，她试图回忆自己在一学期中的表现，并用这些内容来理解如何将艺术整合进课程中来帮助学生学习环境科学。为了更好地实现自己的目的，展开自己的田野工作，苏珊绘制了一个研究兴趣与文献间的关系图（图8-1）。

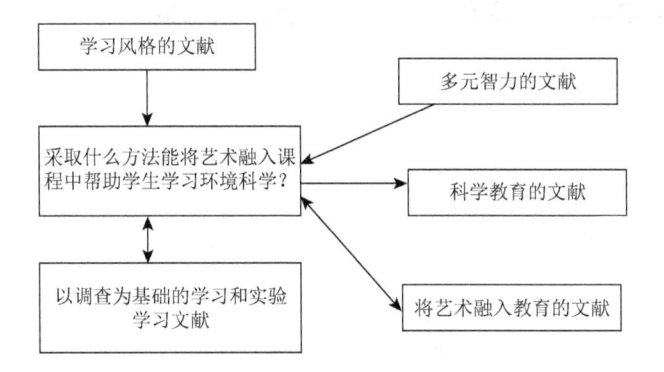

图 8-1 通过示意图说明研究兴趣与文献的关系

苏珊感觉要研究教师如何将艺术融入课程中帮助学生学习环境科学，

她需要阅读有关学习风格、多元智力、以调查为基础的学习、实验学习和将艺术融入教育课程中的文献，这些文献可以帮助她提出研究计划并帮助她分析她的研究。她还希望她的研究能对调查学习、实验学习的文献，将艺术融入教育课程的文献，特别是科学教育的文献做出一些贡献。

资料来源：[美]科瑞恩·格莱斯. 质性研究方法导论（第4版）[M]. 王中会，李芳英译. 北京：中国人民大学出版社，2013：23.

文献搜寻有经验可寻，同样也有方法可依。具体地，文献搜寻有以下常见路径：第一种常见的方法是从辞典中找线索。一般而言，在确立关键词后，可运用关键词在《不列颠百科全书》（*Encyclopedia Britannica*，又称《大英百科全书》）等辞书中寻找相关的词条解释，并了解与该词条相关的概念发展的脉络。笔者在研究过程中曾关注过社会学中的"社会结构"（social structure）概念。在确立关键词后，笔者即用"社会结果"在《不列颠百科全书》中搜寻该概念，图8-2是笔者搜寻的结果。第二种常见的方法是从学科手册中找线索。在社会学以及人类学的相关研究领域，都会不断地推出学科手册，恰当地定位自己研究所在的学科，并找到相应的学科手册即能达到事半功倍之效。第三种常见的方法是浏览相关专著中的文献综述及目录。任何一个学者在开展研究前，都会对相关研究领域进行综述，如果在文献搜寻过程中找到相关文献，并通过阅读其他学者所写的文献综述按图索骥地寻找则能加速研究者对本领域的了解，加快研究准备工作的进程。第四种常见的方法借助期刊数据库或者图书馆的目录索引，常见的中国期刊数据库如中国知网（CNKI）。第五种常见的方法是请专家介绍或借助同事朋友的交流推荐。[7]

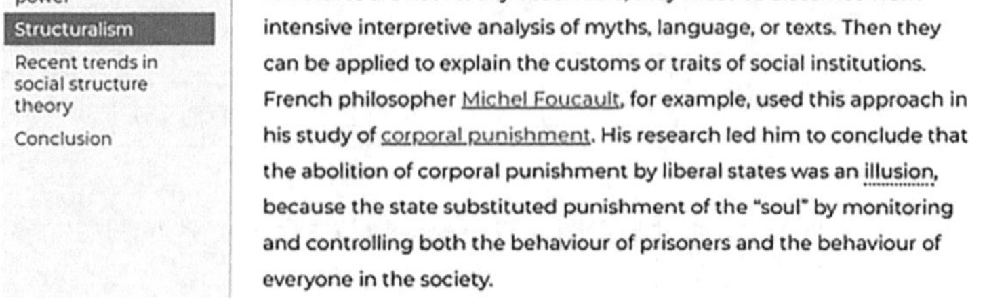

图8-2 "社会结构"解释

2. 文献研读和综述

学习文献是一个包含着去粗取精、去伪存真、融会贯通和为我所用诸环节在内的研究阶段。[7]对筛选出来的文献特别是精品文献，阅读时最好在要点处做上记号，或者将自己的归纳、评论、感想或相关页码，写在附有不干胶的纸条上，粘在读物上，以便做笔记或文献综述的时候用。

文献综述表和读书笔记是两种帮助研究者总结文献的重要方法工具。其中，文献综述表记录了文献作者、年份、杂志、研究方法、数据以及研究结论的表格，通过该综述表格能够清晰地看到近年来研究相关领域的发展情况，进一步找准自己的研究点，并在知识地图中找到自己研究的位置。读书笔记则是另一种十分有益的研读方式，在阅读的过程中，可以不断记录下对作者观点的看法，对作者的研究做出评述，并在完成相关研究资料的整体阅读后形成完整的资料，为接下来的田野工作提供支持。

案例 8-3

文献综述表：一个案例

安妮特·拉鲁是美国著名的社会学家，长期以来她致力于研究美国社会的不平等，尤其是童年时代儿童生长环境对其未来的教育乃至地位、成就的影响。通过十年间对 88 个家庭进行的追踪研究，她深刻地揭露了阶层、民族以及性别交织的不平等结构对儿童成长的环境。在进行这项研究的过程中，拉鲁从布迪厄的理论中获得灵感，进一步发展和完善了布迪厄的理论。

2014 年，她重新审视自己的研究并撰写了《文化知识与社会不平等》一文，在撰写该文的过程中，她总结了近三十年学术界对文化资本的不同定义，并制作了相应的文献综述表，其具体细节如表 8-3 所示。

表 8-3 文化资本及其定义文献总数表*

年份	作者	篇名&杂志	文化资本的定义
1982	DiMaggio	Cultural capital and school success，ASR	Instruments for the appropriation of symbolic wealth socially sought and possessed
1985	DiMaggio & Mohr	Cultural capital, educational attainment, and marital selection，AJS	Interest in and experience with prestigious cultural resources
1985	Rpbinson & Garnier	Class reproduction among men and women in France，AJS	Linguistic and cultural competence…
……	……	……	……

*：该表由笔者根据拉鲁的文章整理而成，表格有删减。

资料来源：Lareau A. Cultural knowledge and social inequality[J]. American Sociological Review，2015，80（1）：1-27.

文献分析的四个关键步骤是：首先，通过学习已搜到的文献，形成自己的专题分析框架。在这一阶段，最低限度形成一个研究框架，明确自己的研究从哪里来到哪里去。其次，沿着框架的脉络进一步搜寻和学习文献，用新增的信息修正、填补或细化已有的思路，反思乃至调整田野工作的思路。这一步的重点是将学习过的文献分门别类，按照提炼出的问题附加小标题，选择和串联读书笔记，分别填入不同的标题之下。再次，针对田野工作的研究问题，说明前人积累了何种基础，留下哪些问题。或者说，从现有文献中隐身出自己的研究，提出即将回答的问题，叙述处理的方法。这就顺理成章地形成了专题文献综述的初稿。最后，在后续研究过程中仍然需要进一步阅读补充文献，留下思想记录或随时将所得添加在文献综述中。[7]

二、网络资料分析法

近年来，伴随着互联网崛起，网络资料分析法也得到了越来越多的应用，成为田野工作前的重要方法之一。本节主要介绍网络资料分析法的概念与特点、网络资料的收集方法以及网络内容分析法。以此为基础，结合研究实际列举网络资料收集和分析的实例。

（一）概念与特点

1. 概念

互联网，又称网际网络，或音译因特网、英特网等，是网络与网络之间所串联成的庞大网络，这些网络以一组通用的协议相连，形成逻辑上的单一且巨大的全球化网络。在这个网络中有交换机、路由器等网络设备，各种不同的连接链路，种类繁多的服务器和数不尽的计算机、终端。使用互联网可以将信息瞬间发送到千里之外的人手中，它是信息社会的基础。有赖于互联网的兴起，社会科学的研究方法和范式也不断发生转变。互联网数据的储存、收集和整理方式为社会科学研究方法注入了新的活力，也使网络资料分析法成为正式田野工作开展前的重要研究方法。网络资料分析法是指通过网络资料的收集、整理和分析为随后的田野工作奠定基础，它具体包括资料的收集整理及分析两部分。

2. 网络资料的特点

（1）数据量大、不断增长、及时更新

数据量大、不断增长、及时更新是网络资料的重要特征。以收集研究相关的文献资料为例，世界各大出版商都建立了自己的在线数据库产品服务，这些数据库为研究者搜索文献提供了帮助。

（2）品种齐全，内容丰富

网络资料不仅具有量大、不断增长、及时更新的特点，同时这些数据还具有品种繁多、内容丰富的特点。以学术期刊的搜索工具为例，以文献的加工程度分，具体地，有目录、索引、文摘等不同类别的二次文献数据库，研究者可以根据自己的需求自行选择。

（3）使用便捷，无时空限制

网络资料的第三个重要特征是使用便捷，无时空限制。在大数据时代来临前，科学研究往往要储存在固定的场所在固定的地点进行。但在大数据时代，随着云计算和云储存技术的开发，研究者可以在多个终端同步更新自己储存的网络资料，随时随地展开研究。

（4）数据标准、规范、多元性

此外，数据标准、规范、多元性也是网络资料及其分析方法的重要特征。例如网络数据库多要遵从 Z39.50 等通用的标准、协议和规范，使用 Internet Explorer、Google Chrome 等通用、标准浏览器，以及 PDF 格式文档标准阅读器等。[8]此外，数据档案格式多元化，存在有.exe、.dta 等不同格式的数据，供不同的计算机分析软件使用，同时不同类别的数据之间还可以通过 StataTransfer 等软件转换。

（5）数据结果的显示与输出灵活、多样

利用网络数据进行分析，其数据结果的显示与输出灵活、多样。以学术期刊的搜索引擎为例，Google Scholar 等学术搜索软件为研究者提供了多种多样的结果输出方式，研究者可以根据自己的需要按照时间、相关性等不同标准排序，提升搜索的精度。同时，搜索引擎还能给出文章的引用情况，包括引用和被引两方面，方便研究者按图索骥，提升研究效率。此外，研究者还可以将这些搜索的结果存储在 EndNote 之类的参考文献库中，方便再次使用。

（二）网络资料收集方法

网络资料多种多样，与田野工作相关的数据收集方法主要是开放数据集下载、API 读取以及爬虫。下面将分别介绍这三种网络资料收集方法，并列举实例。

1. 开放数据集下载

开放数据是一类可以被任何人免费使用、再利用、再分发的数据，它具有公开性、机器可读性以及开放授权性。不同领域有不同类型、不同主题的开放数据集。以中国为例，在公共管理领域，有各级政府构建的开放数据集；在商业领域，有企业或者 NGO 组织主持开放的开放数据集。在田野工作中，研究者可以根据自己的研究需要选取开放数据集下载并进行分析。表 8-4 整理了部分由政府提供的开放数据集平台名称及地址，可供参考。

表 8-4 中国常用开放数据集：平台名称及地址

数据集平台名称	地址
北京市公共数据开放平台	data.beijing.gov.cn
上海市公共数据开放平台	data.sh.gov.cn
浙江·数据开放	data.zjzwfw.gov.cn
武汉市公共数据开放平台	data.wuhan.gov.cn
青岛公共数据开放网	data.qingdao.gov.cn
杭州市数据开放平台	data.hangzhou.gov.cn
贵阳市大数据发展管理局	dsjj.guiyang.gov.cn
国家数据	data.stats.gov.cn

2. API 读取

API，即应用程序接口（application program interface），也就是在网站开发时预先定义的函数，并提供给互联网用户访问。将接口的参数名、传参方式和返回数据格式定义好并写成接口文档，待调用时，用户只需要按照文档规范调用一个接口，方便又简单。

案例 8-4

利用 API 获取数据

某研究人员对某一电商平台展开田野研究，他试图拟清该电商平台通过销售盈利的特点，因此，该研究人员必须知道该电商平台销售商品的特点，但电商平台的售出商品众多，仅依靠网站浏览的方式难以获得准确的信息。对此，他利用了 API 方法获得销售数据，并为他接下来的田野工作提供支持。图 8-3 是某电商平台获取商品列表接口文档：

1. xxxxx.item.id.get(商品ID查询接口)

功能描述

获取渠道能售卖的所有商品（SPU）ID，相关接入说明参见 here。

输入

参数说明	参数名	类型	是否必须	描述
方法名	method	String	是	值为 xxxxx.item.id.get
渠道的AppId	appKey	String	是	
签名	sign	String	是	
请求时间戳	timestamp	String	是	

输出

参数说明	参数名	类型	描述
状态码	code	int	
错误说明	msg	String	
子错误码	subErrCode	String	
子错误参数	subErrParam	String	可选，不一定有该项
结果	result	List<Long>	SPU ID

输出示例

```
{
  "code": 200,
  "msg": "",
  "result": [
    0
  ]
}
```

图 8-3　API 数据获取界面

如图 8-3 所示，双方首先需要约定好参数、访问协议和数据格式，再依照约定组织好每个参数对应的值，当对方接口收到请求并且验证参数无误后，会返回结果数据给请求端，此时再按照约定的返回数据格式解析出所需要的数据即可。

资料来源：笔者自行整理。

3. 爬虫

爬虫，即万维网爬行器（Web crawler），又叫网络爬虫，也叫网络蜘蛛，是一种按照一定的规则,自动地抓取万维网信息的程序或脚本。世界范围内盛行的搜索引擎,都曾利用这一技术为客户提供搜索服务。在实际的社会科学研究中,爬虫可以帮助我们进行田野工作前的准备,帮助我们获取网络资料,奠定研究基础。案例 8-5 是一个利用爬虫软件获取数据的案例分析。

案例 8-5

利用爬虫获得数据

长期以来,关注流行文化的研究员小李想知道民众对于当前主旋律电影的评价和讨论,以此分析中国的流行文化。他制定了一个详尽的研究计划,在正式地进入田野工作点展开研究前,小李决定充分利用网络资料,以期对研究对象有初步了解,进一步完善和修订研究计划。小李利用某爬虫工具辅助,获取了豆瓣网页上与电影《厉害了,我的国》相关的数据,以下是具体的操作流程。

步骤 1:打开网页。具体操作步骤包括:登录爬虫工具采集器—点击左上角的"+"图标—选择自定义采集(也可以点击主页中自定义采集下方的"立即使用"),进入到任务配置页面。然后输入网址—保存网址,系统会进入到流程设计页面并自动打开前面输入的网址。需要注意的是网页打开后,我们可以对任务名进行修改,不修改则默认以网页标题命名。在运行采集前可随时修改任务名。其具体操作界面如图 8-4 所示。

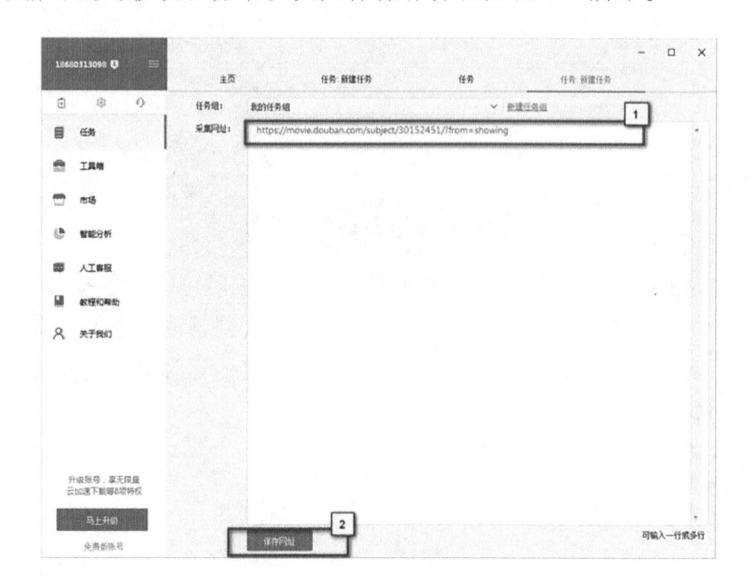

图 8-4 采集器系统界面

步骤2：提取数据。在网页中，直接选中需要提取的数据即可（鼠标点击页面文段可自动带入），窗口右上角会有对应的提示。小李首先提取了电影名称数据。

资料来源：笔者自行整理。

（三）网络内容分析法（network content analysis）

内容分析（content analysis）是对各信息传播形式的显性内容进行客观的、系统的和定量的描述与分析的方法。[9]早期的内容分析多指对传统媒体，即图书、杂志、报纸、电视节目等上的显性内容进行分析的方法。随着时代的推移和互联网的崛起，内容分析的领域也逐步扩大，网络内容分析法即是以内容分析法为基础，采集和分析研究问题相关的互联网数据的一种方法。

作为进入田野工作点之前展开准备工作的重要方法，网络内容分析法遵从一定的操作程序，一般而言，包括以下几个步骤：①选定研究的分析单位（如日记、照片等）；②界定目标总体的范围（如某一时间段的日记等）；③确定编码体系（如日记中涉及的任务编码）；④阅读样本文献并按编码体系进行编码，形成数据库；⑤对数据进行统计分析并得出结果。

案例 8-6

网络内容分析个案

研究者小李最近在进行一项市场化变革过程中家庭关系变革的田野研究，在进入田野工作点之前，他利用互联网搜集了诸多的材料，并希望通过这些互联网材料更为深入地了解研究对象，完善研究框架。在他所拥有的互联网资料中，有一项重要的资料是1949—2010年浙江某村落中3个颇具代表性家庭的500张照片，他觉得这些照片对他的研究十分有帮助，并决定进一步整理照片，为接下来的田野工作奠定基础。由于小李的研究问题是市场化变革过程中家庭关系的变革，因此，他希望观察经历了中国市场化转型的父子在不同历史时期的家庭关系情况，以此体现市场化转型对微观的中国家庭关系带来的影响。为此，他删除了父亲未结婚生子时期的家庭照片，将统计照片的范围确定为1970—2010年，仅保留100张照片作为研究对象。接下来，小李为这些照片编码，将照片内容数量化。表 8-5 是小李确定的照片编码表。

表 8-5 照片编码表

照片编号	
所属家庭	
父亲所处位置	
母亲所处位置	
子女所处位置	
祖父母及其他长辈所处位置	
照片中人物数量	

在完成编码,并将数据录入后,小李分析这些数据发现:在市场化变革前后,父亲在照片中所处的位置有差别,在市场化变革前,即 1978 年的家庭合照中,父亲都居于中心位置,并置于全体家庭成员之上;但在 1978 年之后,有相当部分的照片中出现了平行占位,父子之间的等级关系没有市场化变革前明显。

市场化变革后父亲占位的变化可能与市场化变革有关,但同时也可能是子代年龄的增长带来的变化,但无论如何小李都觉得这是一个有意思的发现,他进一步完善了自己田野工作的框架,将研究的重点放在微观和宏观因素两方面,试图通过田野工作的观察来区分子代成熟及市场化转型带来的不同影响。

资料来源:笔者自行整理。

三、快速了解调查点方法

快速了解调查点方法是 20 世纪 90 年代逐步兴起,并由发展人类学领域逐步推广的重要田野工作前的研究方法。该方法强调当地人视角与在地知识的重要性,是进入田野工作点前快速了解本地状况、融入调查对象的重要方法。本节介绍了该方法的源起、思想和方法基础,并着重介绍该方法的具体调查工具和实例。

(一)快速了解调查点方法:源起、思想与方法基础

1. 快速了解调查点方法的源起

快速了解调查点方法(participatory rural appraisal),又称参与式农村评估方

法，是一套快速收集村庄资源状况、发展现状、农户意愿，并评估其发展途径的田野调查工具。[10]这是一套快速了解某地状况的方法工具，是进入田野工作点前的重要准备方法之一。该方法强调把发言权、分析权、决策权交给当地人民，促使当地人民加深对自身、社区及其环境条件的理解，与发展工作者一道制定出合适的行动计划并付诸实践。

从历程看，其发展经历了三个不同的阶段，分别是20世纪50年代萌芽阶段，20世纪60—70年代正式成立阶段以及20世纪80年代及之后的全面兴起阶段。[11] 20世纪50年代是快速了解调查点方法的萌芽阶段。在这一时期，一些发展援助活动开始试图通过发展社群使当地人纳入到改进社群的活动中去。这种社群在修建基础设施的同时，注意应用在地人口的知识和技能，并利用在地人口的知识和技能处理影响他们生活和发展的系列问题。20世纪60—70年代是快速了解调查点方法的正式成立阶段。这一阶段，在泰国，由清迈大学的科瓦乔肯（Gorgon Conwa）等人主持的系列生态农村分析是它的重要起源，他们在清迈以及巴基斯坦的农村开展的一系列研究，强调用系统的观点来分析农村，注重对农村生态系统及其时间、空间、关系、资源以及决策的描绘。这种方法很快在世界范围内流行起来，并成为国家发展领域中的重要实践方法。在世界银行等多个非政府组织的引导下，广泛应用于促进第三世界国家农村地区的发展。1980年至今是快速了解调查点方法的全面兴起阶段。这一阶段正式确立了该研究方法的内涵、具体的研究范围及其应用范围。①一些主要的援助机构如世界银行等，开始将其援助中心和发展重点向促进参与式发展方面形式转移，参与式发展方法在全世界范围内蓬勃发展。[12]

2. 思想与方法基础

尽管历史不长，但快速了解调查点方法却有着悠久的方法和思想基础。表8-6列举了PRA方法基础，并分别描绘了不同的方法对快速了解调查点方法的影响。

作为一种研究方法，积极参与研究并未直接对快速调查点方法具体如何实施产生影响，该方法的影响更多的是思想和概念上的。正是在积极参与研究理念的影响下，研究者或外来的农村工作者开始认识到，所谓贫穷和落后的人口自身是有创造力和能力的，任何调查、行动和计划，都不能脱离在地人口的参与；外来研究人员或行动者在其中更多地承担着召集人、分类专家和主持人的角色，但他们并不决定着农村未来发展的走向，也不能用自己的意愿和经验建立某一农村地

---

① 1985年，参与式农村评估作为一个正式的名称在可肯国际会议上出现，但很快它便从中独立，成为一种独立的方法出现在《农村资源管理的参与式农村评估导论》（*An introduction to participatory rural appraisal for rural resources management*）和《参与式农村评估手册》（*Participatory rural appraisal handbook*）两本重要的工作手册中。

区的发展模式，同时，该方法强调边缘和薄弱地区的人民应该被赋权（empower），在外部专家的引导下寻求适合自身的发展模式。

生态农业系统分析的影响更多的是方法上的。目前快速了解调查点方法所使用的绝大多数工具包都与该研究方法有联系。从生态农业系统分析方法中脱颖而出的系统步行丈量和观察、非正式地图绘制、图表绘制以及针对行动的创新性评价等方法成为快速了解调查点方法得以实施的基础。

历史久远的应用人类学为快速了解调查点方法提供了洞察力，该方法强调快速了解调查点方法的应用并非严谨的科学，而是一门复杂的艺术。该方法强调田野驻地的重要性，强调文化本位，即不带研究者自身的主观认识，尽可能从当地人的视角去理解当地社会的方法与带自身经验的文化客位研究方法间的区别，同时该方法讨论了在地技术知识的效度问题，强调应该更多地从农村人口本身的立场理解这些知识。

表 8-6 快速了解调查点方法的方法起源及贡献

方法	贡献维度	贡献
积极参与研究（activist participatory research）	概念和理念	贫困人口是富有创造性和能力的，任何的调查、行动或者计划，都需要他们自己的参与； 外来研究人员或者行动者只是召集人、分类专家和主持人； 边缘和薄弱地区的人民应该被赋权
生态农业系统分析（agroecosystem analysis）	操作方法	切面分析（包括系统步行丈量和观察）； 非正式地图绘制（现场绘制示意图）； 图表（季度日历、因果关系图；饼状图；维恩图绘制）； 创新性评价（不同行动的排名和得分）
应用人类学（field anthropology/applied anthropology）	洞察力	田野中的学习并非严谨的科学，而是复杂的艺术； 田野驻地为参与式观察提供更多的时间和对话的空间； 态度、行为和和谐相处很重要； 文化本位与文化客位的区别； 在地技术知识的效度
农村系统的田野研究（field research on farming systems）	理解	农村系统的复杂性、多元性及脆弱性； 小规模贫困农民的知识、专业性和理性； 他们的实验心态和行为； 他们进行分析的能力
快速农村评估（rapid rural appraisal）	应用领域和操作方法	提供全面的数据和信息；促进决策的科学性和针对性；增强受益者的参与度

资料来源：根据 Chambers 的文章整理，详见 Chambers R. The origins and practice of participatory rural appraisal[J]. World Development, 1994, 22 (7): 953-969。

（二）快速了解调查点方法工具

将快速了解调查点方法应用到发展项目的规划和管理中，核心在于以人为本，与目标群体交流、沟通，使他们主动参与到对有关信息的讨论、分析并进行决策的过程。因此，不同的参与式途径所采用的基本工具是共同的，其集合可以叫作"工具箱"，它是社会发展或者项目工作者实践过程中所采取的具体技术。[13]普雷蒂认为，快速了解调查点方法有三种不同类型的工具，分别是图解与视觉形象化工具、打分排序和座谈会三类。[14]以下将分别介绍三类不同的快速了解调查点方法工具，并列举实例。

1. 图解与视觉形象化工具

图解与视觉形象化工具是快速了解调查点方法的重点，也是其区别于其他质性研究方法的关键所在。图解与视觉形象化工具主要有两种，分别是画图工具和图解工具，以下将分别介绍两种工具及其具体使用方法。需要特别指出的是，利用图解与视觉形象化工具展开快速了解调查点研究需要在地群众的充分参与，研究者本身更多是作为主持人或者引导者参与其中，在地资源、生态、环境和在地群众关系的理解是这些图像得以形成的关键。

（1）画图法（mapping）

画图法是用来反映和说明事物在空间上的分布的一种重要方法，也是快速了解调查点方法得以实施的主要工具。按其类别，主要包括资源图、生态剖面图、社区图、农户经营系统流程图四类。其中，资源图、社区图较为类似，采用较为一致的绘制方法。以下将介绍常用的画图方法及其具体实施步骤。

资源图指的是用来表示一定区域空间内的自然资源及其利用，以及基础设施的种类和分布，内置社区间差异的图形。[15]这类图形可以在场制作，也可以手动绘制。其基本的操作步骤如下：第一，讲清目的，尽可能用当地老百姓的术语向本地群众解释有关概念；第二，请被访问人自己根据研究者的目的绘制图形；第三，在资源图初步绘制完成后，请画图人介绍图表的含义，并请其他的参与人讨论、修订；第四，在空白处或者另外的纸张上补充说明，主要是村、组之间的类型划分，划分理由以及各自特点。

生态剖面图是经过实地踏查画出的剖面图，反映生态系统类型及其特点以及利用之间的垂直分布关系，重点用来进行农业-生态系统分析。其基本操作步骤如下：第一，请当地知情人根据资源图，选择1—2条有代表性的路线，能够穿越本村或小流域的主要土地资源类型；第二，请当地知情人一起进行踏查，每到一个有代表性的地点或两种类型的交界处停下来；第三，对照航片、卫片或地形图确定位置；第四，与知情人一起，观察、讨论、分析该地点的地形地貌，坡位坡度，土壤、植被类型，种植制度或利用方式，使用承包权属，水土流失情况，存在问题等，并加以记录；第五，识别并确定各主要土地资源及利用的类型在航片/卫片上的反映，以便建立起土地利用类型判读系统，作为绘制有关图件的基础。

农户经营系统流程图是一种利用图像、符号、线条,来表示农户经营系统的构成和组分间相互关系的图解工具。其具体步骤如下:第一,把农户及其经验的组分、基础设施画在恰当的位置上;第二,用线条、箭头在相关的组分间加以连接;第三,在线条旁注明数量;第四,利用此图,讨论该农户的问题、发展机会。详见图8-5。

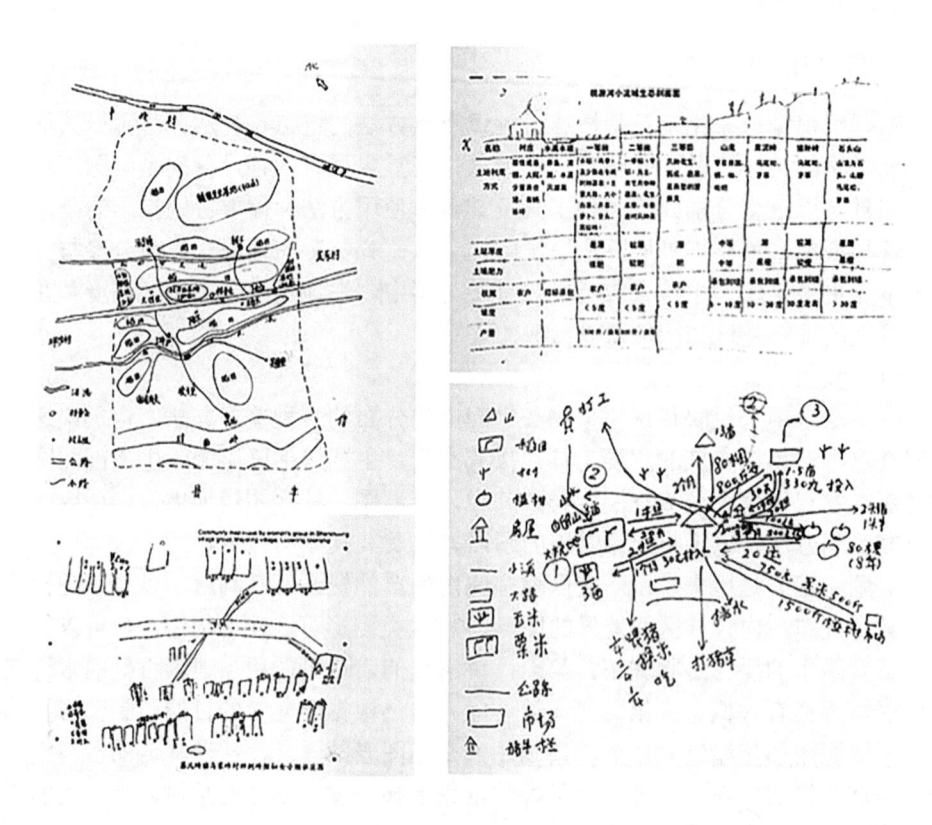

图 8-5　农户经营系统流程图示例[16]

（2）图解法（diagramming）

图解法是另一种主要的图解与视觉形象化工具,它指的是按照一定的时间、趋势或者季节绘制研究区域内相关特征的一种图表。它包括时间曲线与趋势分析图、季节历、一日活动时间图、因果关系图和维恩图五类。以下将分别介绍上述图解方法及操作步骤。

时间曲线与趋势分析图是一种主要的图解法工具,它是一条或几条连续线的高低起伏和延续,来帮助知情者回忆、评价并分析事物或状况的变化及其与历史时间之间关系的工具。其具体操作方法如下:第一,根据被访人论述形成草图，说明意图后，开始与被访问人就某一事物的历史变化进行交谈，注意其中那些引起显著变化的重要事件和年份，绘图的原则是在大纸的下方画出横线，表示年份，特别注明那些关键事件或原因发生的年份，左方画竖线，作为表示高低程度的尺度；第二，与被访人一起修订草图，当理清变化的基本脉络后，主持人把笔交给被访问人，解释图表所呈现的内容，并修订；需要注意的是，如果被访问人是老年人，记忆力较差，可以谈完一段事件，把评价标出来；再接着谈，再标出来。

案例 8-7

　　发展人类学家在研究我国江西地区因森林砍伐、果业开发对环境带来影响时，在当地某村落进行快速调查时绘制了时间曲线图，横轴是年份，纵轴是该地区的有效灌溉面积。在与本地民众交谈的过程中，学者绘制该图，显示了本地随着森林砍伐和果业开发过程中灌溉面积减少的趋势。其中，研究者还标出了四个重要的事件和时间节点，为接下来的田野工作奠定基础。

　　资料来源：李欧. 参与式发展研究与实践方法：在发展与项目的规划和管理及组织发育中的应用[M]. 北京：社会科学文献出版社，2010：105-106.

　　季节历是一种用文字、符号、线条和物品等表示和分析农户经营系统的构成、季节变化及其相互之间的关系的一种图解工具。其具体的操作步骤如下：第一，说明意图、方法，把笔交给被访问人，或者先由我们外来者开头；第二，确定时间序列，一年中的 12 个月，一般画在大纸上方，注意把月份写在分段中央；第三，在大纸左侧从上到下，写出农户生计系统的各种构成：种植业、养殖业等；第四，依次将各业、各类的农事或非农事写出和画在相应的月份下面。季节历不仅可以记录农户的生产活动，同时也可以记录农户的现金收入、支出及短缺情况，其具体操作根据研究的需要而定。

　　一日活动图是在表示一天时间的直线上，用线段、区间来反映人们不同的活动及其延续时间的图解工具。其具体的操作步骤如下：第一，选择有代表性的两个季节各一天做比较，分别表明男女 24 小时的各种工作，计算总的工作时间和其中生产性、家务性和社会性工作时间。第二，将时间用横轴或纵轴表示，分成 24 小时。然后沿着轴，一般从早上起床时间开始，以及不同活动及其延续时间将横轴或纵轴分成不同的时间段，在旁边表明几点到几点和相应的活动。第三，对各自工作、时间进行合计，在男女之间进行比较。

　　因果关系图是利用连线、箭头来简要说明相关事物之间因果关系的一种图解方法。其具体操作步骤如下：第一，讨论的主持人首先用一张大纸将要讨论的题目贴在合适的地方，并请大家以其为中心围坐成半圆形；第二，主持人说明分析的目的以及和大家切身利益关系；第三，主持人启动分析，围绕讨论题目，请大家对本地的问题的表现及原因发表看法，并用小卡片做记录，同时在大纸中找到小卡片的位置；第四，随着讨论深入逐渐调整卡片位置，在他们之间找出因果关系，用线条、箭头连接起来，并确定核心问题，继续深入讨论，补充完善；第五，分析核心问题带来的后果，作为进一步制定发展或项目规划长远目标及检验指标的基础。

案例 8-8

发展人类学家对我国安徽地区某地贫困状况进行研究时，召集本地的妇女参与讨论，并通过他们的陈述找到生产、生活中可能存在的问题。在快速了解过程中，作为主持人的研究者一边把妇女反映的问题写在卡片上，同时也鼓励大家积极发言。在积累了一些问题卡片后，在展示板上把它们显示出来，形成初步的因果关系图，并在访问的过程中不断修改。

这里"农户普遍贫困"是核心问题，其直接原因主要是"收入少"和"缺口粮"，进一步分析，"缺口粮"的原因包括资源、气候、基础设施等方面；而"收入少"则是因为服务跟不上，荒山难开发等；妇女因为"文化水平低""照顾家、责任重"等原因不能充分参与劳动，造成了实际上劳动力资源的闲置等。通过上述分析，研究者初步地了解当地贫困形成的原因，尤其是妇女们在贫困形成过程中的体验和看法，为形成有针对性的扶贫方案提供了可能。

资料来源：李欧. 参与式发展研究与实践方法：在发展与项目的规划和管理及组织发育中的应用[M]. 北京：社会科学文献出版社，2010：119-120.

维恩图是用图形、连线来表示机构、群体之间相互关系的一种图解工具，它是用来进行利益相关者分析的重要工具。其具体操作步骤如下：第一，研究者应说明意图、做法，启动分析过程，并将一张空白大纸钉在展示板或者铺在桌子上；第二，和参会者商量、确定利益或利害关系分析的核心事物；第三，讨论、分析与核心事物有利害关系的都有那些机构和群体，包括在社区或组织内外；第四，根据利害关系的大小选择不同大小的纸片，关系大的，纸片也大一些，不同层次可以选择不同颜色和形状的纸片；第五，用线条将相关的机构/群体与核心事物连接起来，可以用实线和虚线分别表示直接关系和间接关系；第六，逐一分析各个结构或群体与核心事物的关系，包括他们可能受到的影响和起到的作用/提供的服务，可以用正、负号表示影响或作用的效果，然后讨论如何发挥其中的积极作用，克服或避免消极的影响或作用。详见图8-6。

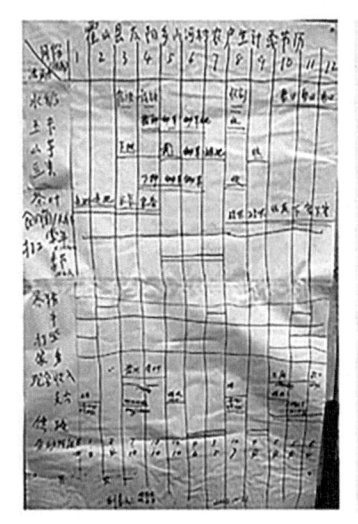

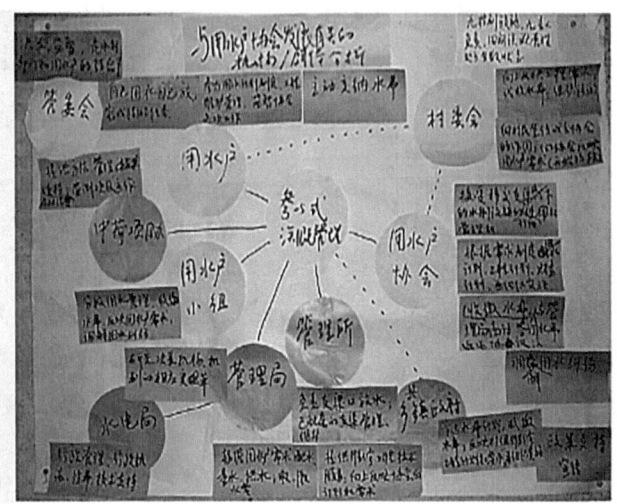

图 8-6 维恩图示例[17]

2. 打分排序

打分排序是快速了解调查点方法的重要研究工具。它指的是用表格和重要性等级（打分）、数量序数（排序），来反映当地人们的看法、观点。它包括成对比较法、打分排队法、农户类型划分法、"H"形法影响评价等几种不同类型的具体实施方法。

（1）成对比较法

成对比较法是利用方格矩阵表将事物或属性一一配对，比较其重要性、人们的偏好性，最终排出整个优先顺序的方法。其具体的操作步骤如下。

第一步，说明意图、做法，启动分析过程。把笔交给被访问人，或者由研究者主持。

第二步，请参加人讨论要比较的事物，如问题、需求、发展机会，或比较评判等标准等。

第三步，列出方格矩阵表，将待比较的事物或评判因素分别写入第一行和第一列。

第四步，将事物或评判因素成对地一一比较，在成对事物、因素所在的行和列交汇处，写出更重要事物或因素的名称。

第五步，统计每一事物或因素的名称在它所在的行和列中出现的次数为积分，积分越高的越重要，而后排出顺序。

（2）打分排队法

打分排队法是将事物按照一定的标准进行打分，从而比较其重要性或人们的偏好性，并排出优先顺序的方法。在具体的操作过程中，视研究者的具体需求可用到纸张、记号笔以及其他可就地取材的工具如石头、果实等。其具体操作步骤如下。

首先说明意图、做法、启动分析过程。如果是对社区之间自然资源和基础设施条件进行比较时，先讨论确定意向或者决定社区间差异的因素，然后形成图表；随后把意向因素排在第一行，社区名称写在第一列，就每个因素在社群之间进行比较和排队打分；最后进行计算，合计分数最好的为情况、条件最好，分数越多的越差。这个合计分数也可以理解为意向贫困各因素的综合系数，越大、则相应的贫困程度也越严重。

（3）农户类型划分法

农户类型划分法指的是将社区农户根据影响其生计或生活水平的一定因素标准，划分为不同类型的一种方法，其目的在于快速地了解当地社群状况，为进一步田野工作做准备，并根据不同农户的特点有针对性地制定发展方案。在具体的实施过程中，该方法可能需要使用到纸张、记号笔等不同类型的工具，其具体的步骤如下。

第一步，说明来意、工作目的。注意保持自我警觉，了解、尊重当地的观念，避免敏感措辞。

第二步，把小纸片、笔交给被访问人，进行分类。

第三步，初步分好类后，让访谈人核查，检查疏漏。

第四步，类型分好后，请被访问人将结果填在大纸的表格中，包括类型、户数等。

注意捕捉访谈中出现的信息，为进一步调研做准备。

案例 8-9

江西省某县农户类划分

中德某合作的可持续扶贫发展项目在江西某地实施的过程中，对当地的农户进行类型划分。研究者认为，不同类型的农户在土地的使用、劳动力资源等方面均有差异，有必要对本地的类型划分展开进一步研究。表 8-7 显示了该村中农户类型划分的结果，并总结了不同类型农户的基本特征，为接下来的田野工作奠定基础。

表 8-7　某县农户类型划分

家庭状况	户数	特点、原因
好些	13	一般劳力多，赚钱或外出打工的多（可达 3 人）。有些户有铁船，运送旅客、货物；有些户有木船、大网打鱼。有些有手艺，弹棉花、做木工、做泥瓦工。只有 1 户人口少：老两口，只有 1 个儿子，外出打工
差些	9	一般是小家庭，3～4 口人。劳力少，但能有一个从事非农活动，如有小木船打鱼、运客，或外出打工
差	5	大多是小家庭，但因家中缺少劳力或户主有病，男人不能出外打工。孩子小，又有学费负担。吃饭的人多、挣钱的人少。有的上面还有父母要赡养
最苦	10	两户老婆有病、一户老婆去世，都有孩子在读书。一户讨老婆欠了几千元钱（4 年多了），孩子小；另一户买大船欠债 8 千元，还不上（船早已卖掉了），有孩子读书。两个老光棍，50 多岁了，一个老婆没生孩子，女方要求离婚了；一个打工没人要，自家没有牛，把田都租给别人种了。另一个快 30 岁了，还没有老婆，打工又挣不上钱。一户夫妻俩年老，一个孩子打工挣不上钱。另一户儿子分家，只剩下老两口

资料来源：李欧. 参与式发展研究与实践方法：在发展与项目的规划和管理及组织发育中的应用[M]. 北京：社会科学文献出版社，2010：143-144.

（4）"H"形法影响评价

"H"形法影响评价是将一张大纸分为"H"形空间，可视形象化地对发展活动/项目进行评价的一种工具。它是一种可视形象化的民主评议方法，能够充分调动群众参与对发展活动效果的讨论、分析，并总结经验教训，找到解决办法，表 8-8 显示了某地"H"形法影响评价结果。

表 8-8　某地农民"H"形法影响评价结果

缺点/问题：	讨论题：我们村在农田防护林的营造、管护、收益方面做得怎么样？	优点/成绩：
1. 遮阴影响农作物产量。 2. 树上害虫病害比较多，也影响到农作物。 3. 农民对树权的认识和林业监管部门不一致，认为自己投资买的苗、栽种、管护的，应该有权决定出售和收益。因此，有了买主，自己也愿意，就私下成交，可能挨不上罚。而全地区有采伐指标总量控制。	得分：8.3 0（非常差）　　　　　（好极了）10 原始打分：　　　　6 7 8 9 　　　　　　　　　　 8 9 10 　　　　　　　　　　　　9 改进建议： 树小时不胁地，大了胁地（树叶太高，自己打药打不上）时砍掉，还能有效益	1. 防风固沙 2. 绿化好看 3. 只在山上长的树到山下也活了 4. 树已经分给农户所有（树随地走，家家户户都有承包树旁边的耕地，人多地多，则树也多）。砍伐后可以卖钱或自家盖房。

该方法使用的主要工具包括纸张和胶布，其具体步骤如下。

第一步，说明讨论的目的、方法。第二步，将纸张折叠，然后固定，按折印画出"H"形,并将其分为四个空间,左面写缺点、问题,右面写优点、成绩。第三步,可以首先请参加座谈的群众上来打分,并随后展开讨论,调整分数。第四步,如果发现群众不好意思一开始打分,可引导大家展开讨论,充分沟通后再打分。第五步,针对缺点、问题和讨论写出改进建议。

3. 座谈会

(1) 概念

座谈会是快速了解调查点方法的一种重要方法工具,他为调查者提供了进入田野工作点前了解被调查对象的机会。座谈会实际上是一种半结构式的群体访谈,这种访谈形式一方面围绕某些主题展开,另一方面调查者会促使调查者发现新问题。同时,座谈会有助于帮助调查者快速了解当地情况,收集不同类型调查对象的观点,并借此广泛地介绍自己和自己的课题,取得被调查对象的信任。

(2) 座谈会步骤

一般而言,不同田野工作前的准备工作都不相同,因此作为进入田野工作点前的准备,座谈会开展的具体内容和形式往往也有差异。但差异之外,座谈会均遵照一定的程序进行,具体包括准备、进行和总结三个阶段:

第一,座谈会准备工作。座谈会准备工作包括两方面,分别是场地、人员的准备以及问题的准备。研究者通常要在地选择一个恰当的场所展开座谈,研究者也可以根据自己研究的需要将被调查人员按性别等不同的因素分类,同时,研究者也需要在内部进行相应的组织安排,选择好主持人和记录员。座谈会准备阶段的另一个主要工作则是列出一个灵活的访问大纲,这也是座谈会能否成功进行的关键。学者巴顿对如何制定此类访谈大纲的问题提出了诸多有效的建议,他认为研究者在访谈中应避免询问知识类问题,尽量询问经验和行为类问题,同时亦需要注意自己遣词造句的方式,使被调查者尽量多地表达。[18]

第二,座谈会的进行。座谈会的进行是一个十分灵活、逐步展开的过程。在进行的过程汇总,研究者要注意把控座谈的氛围,座谈围绕着大纲依次展开;同时研究者应注意提问中不能包括可能的答案,不能有诱导性,并随时利用座谈中出现的新的问题和相应的信息和观点不断追问,在提问的过程中要善于使用六个助手,"谁""什么""为什么""什么时候""在哪儿""怎么样"保障获取信息的完整性。需要注意的是,座谈会的时间和规模都应当有所控制。一般来说,座谈会的时间不宜超过 2 小时,参与人数不宜超过 20 人。

第三,座谈会的总结。座谈会完成后,调查者应整理座谈资料,初步地理清田野的状况,并为下一步工作制定方案。总结座谈会资料,尤其是相关录音,可借助于一些 NVivo 等质性研究的软件工具,对录音进行转录、编码和分析。

在座谈会的过程中,应注意捕捉访谈中出现的信息,以为进一步调研做准备。

> **案例 8-10**
>
> **"好问题"与成功的座谈会**
>
> 凯利·克拉克致力于研究科学界的女性,她尤其关注那些工人阶层家庭出身的女学者,是如何挣脱各类社会结构的束缚,产生成就动机,并进入领域获得成功的。在展开正式研究之前,凯利联系了几位优秀的女学者展开了一次座谈会,她希望通过座谈会初步了解自己所要进入的田野,并与被调查对象建立一定的关系。
>
> 为了拉近和受访者的距离,凯利精心地设计了座谈会问题,第一个切入点放在这些女性学者们生活领域中,并尽量让她们展现自己对于工作骄傲的一面,她的问题是"您是怎样投入现在所从事的工作的?"这个问题可以在第一次的对话中就使他们巧妙地把话题转移到她感兴趣的领域中——她们所使用的语言和所表达的情感都会表达出她们作为第一代女性学者已经取得的影响的意义,也会表达出作为第一代女性学者未来持续的影响的意义。而避免盲目地涉入正式研究相关的问题,触动被调查者的情绪。凯利的策略十分的成功,她顺利地与被调查对象建立联系,并在随后的正式田野工作中逐步深入,得到了更为详细的个人生活史资料。
>
> 资料来源:[美]科瑞恩·格莱斯. 质性研究方法导论(第 4 版)[M]. 王中会,李芳英译. 北京:中国人民大学出版社,2013:71.

四、本章小结

本章关注田野工作前的方法,包括文献研究法、网络资料分析法及快速了解调查点方法等,研究者可根据自身的研究需求选用一种或者多种方法为接下来的田野工作做准备。其中,文献研究法是田野工作前最为传统也最为重要的研究方法,它包括内容分析法和文献回顾法两类,文献研究法省时省力,帮助研究者踩在巨人的肩膀上前行;网络资料分析法是伴随着互联网崛起而流行的田野工作前的研究方法,其重点在于借助互联网工具建立数据库,更好地对相关内容进行计量分析,开放数据集下载、API 读取以及爬虫是常见的三种网络资料获取方式,而内容分析法则是网络资料的具体分析方法;快速了解调查点方法是从 20 世纪

30 年代逐步兴起的一种重要的田野工作前研究方法,它帮助我们快速地了解研究对象,强调在地人的视角和在地的知识,在具体的应用过程中,该方法通常采用图像与视觉形象化工具、打分排序以及座谈会等三类资料获取的工具。

思考题

1. 田野工作前的方法包括哪些?
2. 文献研究法的特点是什么?
3. 快速了解调查点方法包括哪些工具?
4. 网络资料分析法中的资料收集方法包括什么?
5. 网络资料分析法的资料分析方法有哪些?

建议进一步阅读的参考书目

1. 陈向明. 质的研究方法与社会科学研究[M]. 北京:教育科学出版社,2006.
2. 风笑天. 社会研究方法(第四版)[M]. 北京:中国人民大学出版社,2013.
3. [美]科瑞恩·格莱斯. 质性研究方法导论(第 4 版)[M]. 王中会,李芳英译. 北京:中国人民大学出版社,2013.
4. 李欧. 参与式发展研究与实践方法:在发展与项目的规划和管理及组织发育中的应用[M]. 北京:社会科学文献出版社,2010.
5. Kolaczyk E D. *Statistical Analysis of Network Data: Methods and Models*[M]. New York: Springer-Verlag, 2009.
6. Schaub T, Friedrich G, O'Sullivan B, et al. *Social network data analysis for event detection*[M]. Amsterdam: IOS Press, 2014.

参 考 文 献

[1] 格莱斯. 质性研究方法导论(第 4 版)[M]. 王中会,李芳英,译. 北京:中国人民大学出版社,2013:22.
[2] 风笑天. 社会研究方法(第四版)[M]. 北京:中国人民大学出版社,2013:204.
[3] 同[2]:207.
[4] 同[2]:224-225.
[5] 同[2]:52.
[6] 陈向明. 质的研究方法与社会科学研究[M]. 北京:教育科学出版社,2006:88.
[7] 朱玲. 文献研究的途径[J]. 经济研究,2006(2):116-119,127.
[8] 罗春荣. 国外网络数据库:当前特点与发展趋势[J]. 中国图书馆学报,2003(3):43-46.
[9] 同[2]:209.

[10] 李小云. 参与式发展概论：理论-方法-工具[M]. 北京：中国农业大学出版社，2001.
[11] 黄磊，胡彬，刘桂发. 参与式发展理论：一个文献综述[J]. 大众科技，2011（11）：231-233.
[12] Chambers R. The origins and practice of participatory rural appraisal[J]. World Development，1994，22（7）：953-969.
[13] 李欧. 参与式发展研究与实践方法：在发展与项目的规划和管理及组织发育中的应用[M]. 北京：社会科学文献出版社，2010：87.
[14] Pretty J N，et al. Participatory Learning and Action：A Trainer's Guide[M]. London：IIED，1995.
[15] 同[13]：92.
[16] 同[13]：92-102.
[17] 同[13]：110，126.
[18] Patton M Q. Qualitative Research and Evaluation Methods[M]. Thousand Oaks：SAGE Publications，2002：353.

第九章 田野工作中的方法运用

在田野工作的过程中，观察与参与观察、访谈与深度访谈、社区与案例研究、谱系与追踪调查、文物文献搜集与网络调查是田野工作的十种常用方法，简称"田调十法"。

一、观察与参与观察

（一）观察

观察（observation）是人类学工作者最重要的田野工作方法之一，也是搜集第一手资料的最基本的方法。它是以旁观者或科学家的身份去观察，虽然相对客观，但也受制于观察者自身的素质。

> 观察总是要经过研究者的解释框架的过滤，最准确的观察是由塑型理论框架和对细节的审慎关注共同造就的。影响观察的其他因素，如个人的偏好和价值观，还有那些心照不宣的、暗含的或支离破碎的理论则毫无帮助。除了自身的偏见，民族志者在理解研究问题及其塑型理论框架时还应当小心谨慎，要尽量削弱偏见的影响而强化理论框架的作用。民族志者所观察、记录到的事实的质量及其重要性取决于他（她）的观察、文本记录和解释的技巧，还有进行观察的机会。
> ——[美]斯蒂芬·L.申苏尔，[美]琼·J.申苏尔，[美]玛格丽特·D.勒孔特.民族志方法要义：观察、访谈与调查问卷[M].康敏，李荣荣译.重庆：重庆大学出版社，2012：67.

在田野工作的过程中，我们究竟应该如何观察呢？

首先，要仔细观察田野工作点所在社区的基本状况。在进入田野工作点之前，研究者应该已经查阅了有关当地经济、社会、文化和生态环境等方面的相关文献资料，对田野工作点有了一个大致的了解。进入田野工作点时，最先映入研究者眼帘的是当地社区的基本面貌（包括自然风光、地形地貌、道路交通、房屋建筑等物态化的自然景观和人造景观），以及社区的范围（东南西北的边界和"四至"）。

这是一个初步的鸟瞰式的整体观察。研究者需要把自己看到的情况与进入田野工作点之前通过文献调研了解到的情况进行比较，看看是否一致或发生了哪些变化，并把它记录到田野笔记中的观察记录当中去，以免遗忘。

其次，要将整体观、相对观和比较观的方法论原则融入自己的观察当中去。研究者要把自己所看到的物态化的文化与当地人的行为文化、制度文化和精神文化关联起来观察和思考。例如，当你看到当地的民居建筑时，你不能仅仅看到当地居民的房屋建筑的样式、材质、结构和空间布局等显眼的表面文化，而应该同时观察和思考当地人的房屋为什么要这样布局？房屋选址有哪些讲究？是否存在风水堪舆行为？建筑材料是就地取材还是远道而来？房屋内外的结构和功能有哪些？房屋修建的前、中、后期有哪些讲究或禁忌？有哪些仪式？与其他地方的民居建筑相比，有哪些异同和特色？等等。通过这样的文化关联，将文化的整体观、相对观和比较观融入观察之中，就可以通过"可以观察的文化"（外在显性的物质文化、行为文化）深入到"难以观察"或"不可观察"的"文化"（特别是制度文化和精神文化），既可以提高田野工作中的观察精度，又可以尽可能避免研究者对当地文化的"误读"，进而提升田野观察的信度和效度。

再次，要边观察边记录，做好观察记录，防止观察结束后补录可能造成的混淆或失误。观察记录不仅包括对当地人行为过程的观察和记录，而且包括对有关实物的测绘和记录，即记录有关现场或物体的实地测量结果，手工绘制社区简易图（包括社区边界和东南西北"四至"、主要建筑及道路等），以及记录当地居民的生产生活用具，等等。随着数码信息技术的发展，也可以通过数码照相机、摄影机等产品去拍摄记录和收集第一手的影像资料。但是，拍摄前要设置好数码设备，调试好数码照相机、数码摄像机的时间和空间定位，对被拍摄对象的基本情况最好标记相关信息，或辅以笔纸详细记录，以免事后遗忘或错乱。

为什么民族志偏离效度和信度的标准规则

● 民族志最重要的资料收集形式是参与观察，研究者本身在此过程中也是"工具"。

● 民族志者不能把严格的实验室控制强加于研究之上，因为他们的关注点是人类事件随时间推移的自然发生。

——[美]斯蒂芬·L.申苏尔，[美]琼·J.申苏尔，[美]玛格丽特·D.勒孔特.民族志方法要义：观察、访谈与调查问卷[M].康敏，李荣荣译.重庆：重庆大学出版社，2012：186.

田野工作中的观察信度和效度，主要取决于观察者的态度和田野工作的熟练程度。有人认为，田野调查的信度和效度依赖于调查者长时间的参与观察，以及调查者对报道人言语的真实记录，即报道人怎么说就怎么记录和呈现，不改写，不篡改。[1]这种看法是值得商榷的。田野工作虽然以参与观察为主，但并不意味着它不需要观察。相反，只有把观察和参与观察结合起来，经过多方求证，才能发现当地人头脑中的"文化地图"，并依此寻找和发现当地人的文化模式。

（二）参与观察

参与观察（participant observation）是针对非参与观察（即一般所说的"观察"）相对而言的，它指研究者生活于他所研究的人群之中，参与他们的生活，观察他们那里正在发生的事情，而且要以当地人的观点去看待当地人的一切。因此，参与观察又可以称为"局内人观察"或"主位研究"的观察。

参与观察是"参与式观察"的简称，但它不等于简单地参与到观察活动当中去。原因很简单，如果观察者没有从当地人的角度去观察，而只是参与了观察活动的旁观者，那么，他/她依然只是客位研究，只是以"科学家"的身份参与观察活动而已。有的研究者将参与观察分为"部分参与观察"和"完全参与观察"①，从字面意义上看似乎没什么问题，但细究起来，问题还真不少。其中，最大的问题莫过于"参与"的范围和程度难以甚至无法量化。

在田野工作中，我们所搜集到的绝大部分信息来自与当地人日常交往的参与观察过程。这种参与观察可以从静态的"物观"、动态的"人观"和动静结合的"事观"入手，如图9-1所示。

1. 静态的"物观"

它是指研究者从主位研究（即当地人的视角，"内部眼界"）的角度对被研究者所处的自然环境、人文地理、聚落形态、民居建筑、饮食、服饰以及实用工具等的观察。这些物态化的文化都是相对静止，也是视力正常的人都可以"目睹"的文化。

图9-1 参与观察的三种类型

在田野工作中运用参与观察法去收集、整理和分析物态化的文化，需要把握好以下几点。

---

① 何星亮先生将"参与观察法"分为"全参与和半参与观察法""标准化、半标准化和非标准化观察法""连续性和非连续性观察法"等类型。参见何星亮著《文化人类学调查与研究方法》，中国社会科学出版社2017年版，第55-57页。

（1）"物"的资料收集要全面，范围要广。举凡衣、食、住、行、婚、丧、嫁、娶、生、老、病、死、葬、祭、娱等物态化的器具、图文等，均需应收尽收，不可缺一。

（2）"物"的资料收集、整理和分析需要主位研究与客位研究相结合。一般来说，田野工作通常是先以主位研究的方式收集资料，再以"主位研究＋客位研究"的方式整理资料，最后以"主位研究＋客位研究＋主位研究"的方式分析资料。换言之，田野资料的收集、整理、分析，经历着主位研究—客位研究—主位研究的方式转换和闭环流程。

（3）"物"的资料虽然"静态"化，但它们实际上也是经历了岁月的流逝或时间沉淀的，需要从使用该"物"的人的代际传承、思维观念、价值赋能等方面品鉴，亦即要从整体观、相对观和比较观或多元文化并置观的角度收集、整理和分析物态化的资料。

（4）"物"的资料收集、整理和分析要"睹物思人"，亦即要透过"物"的资料"发现"当地人头脑当中的"文化地图"，看看他们自己是如何把人、物、事、文等有机关联在一起并赋予其意义的。这样，就能通过"可以观察"的"物"，察知当地人"不可观察"的"文"，从而精当地把握当地人的"物语"和"文化的文法"。

（5）"物"的资料收集、整理和分析会经历观察、参与观察、观察参与、参与观察中的观察参与和观察参与中的参与观察等不同态位和方式的转换，需要观察者根据研究目的灵活开展资料收集、整理、分析。

> 不可观察的文化法则或逻辑就像语言的文法一样，构成一个有系统的体系，但经常是存在于下意识之中，所以是不可观察，或不易观察的。这就像语言一样，平常说的话（speech）是可以听得到的，但是话要被人听懂，一定要有文法（grammar），可是文法是不可听到的，而且是下意识存在的，所以说话的人并不真正懂得自己的文法；难道我们说中国话都懂中国文法吗？我们只有在学英文或其他外文时才学文法，但当你心中一直惦记着英文文法时，你的英文就说不好了。这是因为你是在长大以后才学习英文，而英文的文法未能下意识地存在于你脑中之故。所以我们也可以称这一不可观察的文化部分为"文化的文法"（cultural grammar）。
> ——李亦园. 人类的视野[M]. 上海：上海文艺出版社，1996：103.

2. 动态的"人观"

动态的"人观"主要以参与观察的方法去观察和分析当地人的各种活动，包括日常生活、政治生活、经济生产、仪式活动、人际交往等。

> "变化是永恒的",这是现代世界的规定性信条。"一切不变",这是不再相信现代各时期的所谓进步的那些人一再发出的抱怨。但是,这也是普遍化的科学特质一再出现的主题。不管怎样,这两句话都想成为关于经验性现实的判断证言。当然,它们往往,甚至通常反映规范的偏好。
> ——[美]伊曼纽尔·沃勒斯坦. 所知世界的终结:二十一世纪的社会科学[M]. 冯炳昆译. 北京:社会科学文献出版社,2002:129.

为什么需要动态的"人观"?因为相对于"物"而言,人更富有流动性,而且人是文化的重要载体,文化往往会随着人的"流动"(如定居居民的短暂外出、长期外出甚至移民等)而流动。这种"人"及其文化的流动会不可避免地带来文化碰撞交流、矛盾冲突、调适兼容甚至引发激烈变迁。

那么,如何在参与观察中开展动态的"人观"呢?

(1)从谱系调查和亲属称谓制度入手,了解当地人的家族世系、婚姻家庭制度和亲属称谓制度,从当地人的角度去观察和思考当地社会中的"人"及其关系是如何建构和维系的。

(2)从当地人的角度考察当地人活动的时间和空间范围、频次、结果等以及他们对这些活动的认知。例如,当地人的亲友圈、通婚圈、祭祀圈等,都不同程度地反映着当地人活动的时空范围。台湾地区的学者林美容女士就曾探讨过台湾妈祖信仰圈与通婚圈、祭祀圈等问题。[2]

(3)从当地人与自然、当地人与他人、当地人与自我的三个维度整体上去考察当地人的观念、行为和实践。人与自然的关系问题涉及当地人的宇宙观,以及他们与自然界打交道的方式方法和技术等方面的问题。从生态人类学的角度看,人们是通过文化去认识资源、通过技术去获取资源。这样,文化、技术与资源的三角回环关系便揭示了当地人与自然关系的绝大部分内容。因此,在考察当地人与自然的关系问题上,就需要仔细考察、描述和揭示当地人的文化、技术与自然资源的关系。至于当地人与他人、当地人与自我的关系,也应从整体观、相对观和比较观的角度进行多维考察,努力寻找出当地人"文化的文法"。例如,中国人的命运观、贫富观、人情观、面子观、礼物观、道德观、健康观、阴阳观、五行观、风水观等,都不同程度地包含或反映着中国的"人观",既需要在比较中分析,更需要在分析中进行比较。

3. 动静结合的"事观"

人与物并非孤立地悬置于社区,而是通过事件表现出来。因而,事件是人与物的凝结。人必须生活在物质环境中,同时也必须有所行动;事件也需要人的参与,以及在一定的环境空间中才会发生。这样,"事观"就毫无疑问地成为田野工作参与观察的重心所在。

所谓"事观",既包括当地人对当地社会所发生的事情的看法,又包括民族志学者在田野工作中对当地人所作所为的观察,但主要还是前者。"事观"包括了动与静的结合,即动态的"人"与静态的"物"的有机结合。那么,如何开展动静结合的"事观"呢?

(1) 把握关键性事件。民族志学者在田野工作中观察到的事件是否关键,不是研究者自己说了算,而是从当地人的角度思考和判断该事件在当地社会运行中的意义和价值重要与否。"关键事件对分析极其有用。它们不仅帮助田野作业者理解一个社会群体,而且反过来,田野作业者可以用它们来向别人解释文化。这样,关键事件就变成了文化的隐喻。关键事件也解释了在田野作业中参与、观察和分析是如何复杂地联系在一起的。"[3]由此可见,关键性事件多么重要。关键性事件往往伴随着重要仪式,而仪式过程不仅充满符号与象征,而且还有结构与反结构。[4]因此,在田野工作中以主位研究视角观察那些不可多得的重要仪式,就成为把握关键性事件的关键。

(2) 寻找当地文化模式。文化模式是当地人思想和行为的一种集体无意识,是内化于当地人头脑当中的"文化的文法"。"民族志学者看见思想和行为的模式在各种情形下被不同的'演员'重复。寻找模式是分析的方式之一。民族志学者开始时面对许多不可区分的想法和行为,然后搜集信息,进行对比,把这些信息按照大小范畴进行分类,直到思想或行为可以得到辨别为止。下一步,民族志学者必须倾听和观察,然后把他所观察的结果与这个界定不清的模式进行对比。除非有规律出现,以及关于主题的类别是明显的,这类类别有助于为所观察的活动下定义并澄清其意义。然而,这个过程要求进一步地筛选和分类以便能够在各种不同的范畴间做更适当的配对。最后,该主题会浮现出来,并包含了那些模式(从事实中抽象出来的)和所观察到的事实相配对的部分。"[5]通过这样的方法,文化模式基本上就可以梳理出来了。

(3) 深度描述当地文化。文化的深度描述(简称"文化深描"),是现代人类学特别是实验民族志研究的重要特征。文化深描意味着民族志学者要对当地文化进行深入细致的考察,特别是从当地人的角度去进行细致入微的观察。要有一双捕捉细节的眼睛,才有可能对当地文化进行深入细致的描述。

> 如果观察一个中产家庭的日常活动,可以看出一些模式。一对夫妻每天把他们的孩子放在托儿所,然后去上班。他们每隔一周收到他们的薪金。到杂货店购物、洗衣这些惯常的事情每周都在发生。把这些初步的模式合并到一个有意义的整体中会使其他的模式变得清晰。夫妇必须同时做全职工作以应对养家糊口所带来的紧张与压力,哪怕是一些平常小事也要精心计划和安排,在这种背景下,其他的一些日常行为和习惯会变得更具含义、

> 更加可以理解。通过分析这种被列入模式的行为，以及分析这些模式本身，观察者可以对整个经济系统产生初步的印象。民族志学者观察和分析日常生活的模式的时候，就好像是用不同的图案编制成一整幅花团锦簇的人类学织锦，这样，他们就可以更深刻地理解和欣赏文化。
> ——[美]大卫·费特曼. 民族志：步步深入[M]. 龚建华译. 重庆：重庆大学出版社，2007：77.

"物观""人观"和"事观"在社会中并非孤立存在，我们之所以这样划分是为了表述的方便而不意味着文化本身如此。在田野工作中，无论我们观察文化的哪个方面，都需要把它和另外两个方面有机地联系起来。这是从社会生活的横向维度来说的。此外，我们还需要把当地人在一定环境中所从事的某种活动当作一个连续性的过程来观察。这是我们田野调查中所必须具备的纵向维度。

二、访谈与深度访谈

（一）访谈

访谈是获取第一手资料的一个主要方法和有效方法，一般所说的访谈指的是个别访谈。在访谈工作开始前，民族志学者应该提前做好相关的准备工作。这些准备工作主要包括确定访谈对象、拟定访谈提纲、商定访谈时间和地点、确定访谈方式和注意访谈环境等。

1. 访谈对象

通常以一个人或一个家庭为单位，但要精心选择那些有阅历或知情的人。总之，访问的对象一定要有代表性和典型性。

访谈对象的选择，有时在调研文献和论证研究课题或项目时已初步拟定，有时在试调查时确定，有时则是根据试调查和到达田野工作点以后根据实际情况改定。但是，无论是在哪个阶段确定访谈对象，都应该根据访谈对象的性别、年龄、职业、职位、学历、经历和家庭等情况进行选择和确定，亦即理想的访谈对象应该由不同性别、不同年龄、不同职业、不同职位或岗位、不同学历、不同经历、不同家庭和不同婚姻状况等方面的代表性或典型性的人员组成，避免访谈对象的单一化或片面化。换句话说，访谈对象的选择有点儿类似于非随机的立意抽样或判断抽样，目的是确保访谈对象的异质性，为访谈质量的提升奠定良好基础。

访谈对象的数量不在于多，而在于精。有的质性研究成果（如期刊学术论文的访谈对象就是几个或十多个,但由于研究者的访谈做得很精、很深、很细,也能够做出一份高质量的研究成果来。相反,如果访谈对象不够精当,访谈再多,也不一定能够做出有质量和分量的研究成果来。

2. 访谈方式

访谈方式可以是正式的(约定时间,拟好访问提纲,有目的地了解某方面的问题),也可以是非正式的,还可以采用无拘无束的"拉家常"的形式进行访问。田野工作中究竟采用什么样的访谈方式或形式,往往因人因时因地而异。从形式上看,访谈可以分为结构式访谈、半结构式访谈和无结构式访谈。这三种类型在第七章访谈法中已有过介绍,此处不再赘述。

无结构式访谈是指事先没有设定要访谈的具体内容,而是以某些主题为切入点,与被访问者进行交流的一种田野调查方法。

无论在实际访谈的过程中采用什么样的访谈方式,都应该事先准备好所要访谈的问题和内容。如果访谈无法进行下去或者发现被访问者表现出不满或厌恶的情绪时,应该及时改变话题,缓和谈话氛围。总之,访谈工作是灵活的、能动的,一切应以实际情况决定,而不必拘泥于形式。

访谈最忌讳死死板板的问答,聊天式的谈话往往最有效果。个别访谈不拘束于少数人,也不能希望一次就有很大的收获。在访谈的过程中,访谈者可以对自己不清楚的地方向被访者提出疑问,但应注意礼貌,千万不要驳斥或批评对方,更不应该把自己的观点强加给对方。

在访谈的过程中,可以用笔做记录,也可以用录音机或录音笔、MP3、MP4等进行录音,或是采用笔记和录音相结合的方式灵活记录,究竟使用哪种方式进行访谈记录,要因人因时因地而异。如果在访谈中记录或录音会影响被访者的情绪,这时就不应该再进行记录或录音,而是应该在访谈结束后进行追记。

忠实记录是个别访谈的基本准则,访谈者不能根据自己的意愿或依据其他来源的资料篡改自己的访谈记录。由于受多种因素影响,个别访谈带有一定的局限性。

由于受到访谈对象的情绪、访谈环境和访谈者能力、技巧等多种因素的影响,一次访谈所记录的东西往往不够充分,而且对一个人的访谈往往也不足以说明所有的问题。因此,访谈是一个有一定重复性的过程,往往需要在后来追加很多东西。

3. 访谈内容

访谈内容因访谈方式不同而有差异。对于结构式访谈来说,事先印制好的调查问卷内容就是访谈的具体内容,访谈者只需要根据调查问卷的问题及备选答案内容逐一询问和记录即可，但需注意的是访谈者需要在访谈中确保价值中立，不能带有任何偏好或引导性倾向。

对于半结构式访谈而言，民族志学者虽然依据访谈提纲向被访问者提问，并记录其回答的内容，但是可以打破访谈提纲的顺序和内容安排，根据被访者的回答情况调整问题及其内容顺序，而不必像结构式访谈那样"死板"。

对于无结构式访谈而言，民族志学者虽然没准备调查问卷或访谈提纲，看似"拉家常"式的聊天访问，但这并不意味着访谈者没有围绕课题或项目研究的主要问题展开访谈或"打乱仗"。实际上，一个成熟的、经验丰富的访谈者，总是可以在自由自在或无拘无束的访谈中收集到项目或课题研究所需要相关资料。当然，民族志学者也可以围绕访问对象自身的情况，了解其他相关问题。

> 由于结构访问多用文字表达，所拟定的问卷就必须使受访者完全了解，以免因误解或不解而增加误差。因此，在设计问题时，下面几点值得特别注意：
>
> （1）了解受访者的知识程度。如果是农民或工人，就不要用知识分子的语言；如果是知识分子，也不要用非知识分子的语言。
>
> （2）了解受访者的兴趣和禁忌。兴趣相近，可以增加沟通；触犯禁忌，会引起冲突，甚至使研究无法进行。
>
> （3）用字、措辞及形式越简单越好。也就是语句简短，用字清晰，每句的内容不能太复杂，被访者能懂就可以。
>
> （4）避免用表现感情的字眼或句子。每个人的情感不同，也不稳定，定义有时也不一致，诸如保守、自由、激进一类的名词应尽量不用，以免产生不必要的误解。
>
> （5）如果非探索性研究，最好不问"为什么"。"为什么"不仅容易使问题混乱，而且难于统计。
>
> （6）尽量把问题具体化。抽象的观念往往令受访者难以回答，特别是知识程度较低的人。
>
> ——杨国枢，文崇一，吴聪贤等. 社会及行为科学研究法：下册[M]. 重庆：重庆大学出版社，2006：450-451.

相对而言，结构式访谈收集资料的速度最快，但因其为问卷调查的口语化填答（访谈者问—被访者回答—访谈者根据被访者的回答情况进行填答），因而受限程度也最大；无结构式访谈由于没有调查问卷或访谈提纲所限制，访谈内容主要取决于访谈者与被访者的互动，因而花费的时间往往最多，但所获得的调查资料往往最真实，也更符合田野工作的旨意和要求；半结构式访谈则介乎于二者之间。

访谈者和被访者在访谈中的内容理解可能会存在一定偏差。"访问法是面对面的交谈，访员就主观的兴趣，提出问题；受访人就主观的判断，答复问题。即使两方面想尽量维持客观的标准，其间差距也可能不小。访问者通常会从较大范围或超社区观点讨论问题，受访人则多半以本社区的利益为出发点。以社区发展访问社区理事为例，理事会的人大致会强调公共建设的重要性，如修马路、挖水沟、造公共厕所；访员则认为这些都是小事，社区的健全发展，完全要看'社区意识'的程度，所以加强居民的这一观念，才是当务之急。"[6]出现这种情况时，访谈者需要巧妙地引导到自己提出的问题中来。

4. 访谈时间

访谈时间是影响访谈质量的一个重要因素，访谈时间过短或过长都会对访谈资料产生一定的负面影响。当然，对于结构式访谈而言，访谈时间的长度主要取决于结构式访谈的内容、被访者的知识水平和表达能力，以及访谈者与被访者的互动成效。因此，结构式访谈的时间长度一般没有硬性规定，而受制于被访者和访谈内容等具体情形。

对于半结构式访谈和无结构式访谈来说，个别访谈一般少于 15—30 分钟，但有时也超过 60 分钟；小组访谈或集体座谈由于参加访谈的人数较多，所花费的访谈时间较长，1—2 小时为宜。时间过短，说明访谈不够深入；时间过长，则会让被访者感到疲倦或厌倦，或者访谈控制欠佳甚至出现"跑题"现象。

既然访谈时长会影响访谈质量，那么，民族志学者就应该在田野工作过程中做好每一位访谈对象的访谈时间长度的记录，以便整理、分析或在写作民族志文本引证访谈内容时将访谈时间列入"访谈信息一览表"中[可参考第十二章访谈信息一览表（样表）及访谈内容引证分析示例]。我们认为，那些不标注或未说明每个访谈对象的具体访谈时间长度的田野工作和民族志研究是不规范的。因为你无法知晓他/她是不是在路上"偶遇"访谈对象并与其随意地聊了一两句话，还是做了较长时间的深度访谈，因而无法评判其访谈质量。

5. 访谈地点

访谈地点也是影响访谈质量的一个重要因素。因此，也要在"访谈信息一览表"中列入访谈地点[可参考第十二章访谈信息一览表（样表）及访谈内容引证分析示例]。

不同的访谈地点对访谈质量的影响可能会有所不同。例如，在喧嚣嘈杂的场所，访谈工作本来就难以顺利开展；在路边、凉亭等公共场所，人来人往，干扰太大，根本就不适合访谈涉及个人隐私或敏感的话题和内容，如果这些资料是在这样的访谈地点收集的，其质量就不可避免地会打折扣了；在办公室等办公场所，如果是个别访谈，可能也会出现被访者的领导或同事出入办公室，或是访谈过程中电话时而响起的情况，实际上也会影响访谈质量。试想想，当你的被访者接了几次电话之后问你："刚才我们说到哪了？"作为访谈者的你，是何心情，作何感受。

当然，小组访谈或集体座谈的访谈地点，还是安排在空间大小适中的会议室比较好，空间过小会让被访者感觉压抑、局促或紧张，空间过大则难以聚集，而且可能会使有的被访者临时分心或开小差，特别是那些没有轮到自己发言的被访者可能会认为别人说的与自己无关，无须理会，因而在干自己手头上比较紧急的工作，如查看或回复社交软件或手机短信，或在笔记本电脑上敲敲打打，等等。如出现这些现象说明访谈地点可能没有选择好，或安排不理想。

对于私密性或敏感内容的访谈，地点选择在被访者家中可能会更合适一些。这样可以尽可能避免外在因素对访谈工作的干扰。对于个人婚姻、家庭和生活状况等私密性或敏感话题的深度访谈，更是如此。

6. 访谈环境

与访谈地点一样，访谈环境对访谈质量的影响也是较为明显的。访谈环境是访谈地点延展出来的"场域"。如果"场域"可控，访谈质量就高，反之就低。

在田野工作过程中，访谈者与被访者之间要尽量营造轻松愉悦的访谈环境。如果是对个别人的深度访谈，最好还是选择封闭、安静的访谈环境。

前已述及，喧嚣嘈杂的环境不利于访谈，开放、流动或不合适的空间也无法形成良好的访谈环境，深度访谈环境最好是封闭安静的被访者家中或个人空间当中。当然，随着互联网和信息技术的发展，微信、QQ等即时社交工具正在改变着传统的面对面的访谈方式。"远在天边，近在咫尺"正在成为即时语音、视频"云谈"的现实。借助于 5G 智能手机和互联网技术，不在身边却似身边的视频"面谈"不但创新了访谈方式，而且营造了新的访谈环境。

以往学术界对访谈质量的评价，更多的是从访谈控制等方面去思考，而未涉及访谈对象、访谈方式、访谈内容、访谈时间、访谈地点和访谈环境等方面的综合考量，这不能不说是一大缺陷和遗憾。本书将这些因素综合起来整体评价，是对质性研究访谈法的重要贡献和创新。

（二）调查（或座谈）会

开调查会或座谈会实际上是一种半结构式的集体访谈。它是国内各种调查的一种常用方法，也是快速了解或摸清某个调查区域总体情况的有效方法。

召开调查会，应得到当地主管部门的支持和配合。开调查会之前，应例行听取当地主管部门领导的介绍。这一方面有利于熟悉当地情况，另一方面也有利于取得地方领导的支持。

调查会有全国、省区市、地级市、县区、街道、乡镇、村屯、居委会等多种层次。无论是哪种类型的调查会，都应该事先做好准备。

首先，周密考虑参加调查会的人选。尽量避免让那些彼此之间人际关系极不融洽的两个人参加同一个调查会。

其次，考虑调查会的规模。一般的调查会人数不宜超过20人，尤以10人左右为佳，基层调查会的人数更不宜多，一次调查会有4—5人即可。

最后，调查会至少应有主持人和记录员各1人。每开一次调查会，记录员都应该做好详细的记录，并在会议结束后及时进行整理。表9-1为调查（或座谈）会方法要点。

表9-1 调查（或座谈）会方法要点

①	根据调查需要召开包括各种调查对象参加的座谈会（如男女座谈会、社区精英座谈会、各级政府部门干部座谈会等）。
②	以一个灵活的访问大纲（事先确定主题和次级主题）为指导进行提问，让具体问题或提法在逐渐展开的集体讨论中形成。
③	运用画图、排序等工具迅速收集所需信息，增强参与者的兴趣和积极性。
④	主持人根据主题/次级主题大纲，以聊天方式主持座谈会，但主持人心理应有所控制。
⑤	提问中不能包含有可能的答案，也不能诱导参加座谈会的发言人。
⑥	记录人注意记录座谈中出现的新问题和相应的信息或观点。
⑦	使用五W—H（who, what, why, when, where, how）进行记录确保信息完整。
⑧	如果是单身一人在田野点调查，应邀请田野点具有较高文化水平的人担任记录员；记录员应该尽量记录包括非语言信息在内的所有事情。
⑨	一次座谈会的时间长度一般是1—2小时，与会人员不超过20人，一般10人左右为佳。
⑩	完成一个主题的相关信息收集后，再转到下一个主题的提问座谈，不宜穿插主题。

调查会的局限在于：由于到会人员较多，很容易在调查会上形成一个相互影响的"场域"，有时一些特殊人物到场，可能会左右会场主题，容易形成某种倾向和话语霸权，反而使其他到会人员不易或不敢谈出自己的真实看法。除非不得已或有特殊目的，否则，人类学者一般很少使用这种作为访谈变异形式的调查会方法。

（三）深度访谈

深度访谈是一种无结构的、直接的、个人的访谈。它具有双向性、灵活性的特点，需要注意灵活主导整个访谈过程、创造融洽访谈气氛、注意访谈礼节、保持中立、谈话因人而异、注重访谈技巧、提问简明扼要和控制好访谈时间等原则。根据访谈性质或目的、对象、方式的不同，深度访谈可以分为结构式深度访谈、半结构式深度访谈与无结构式深度访谈，个别访谈与集体访谈，直接访谈与间接访谈等类型。[7]

在访谈过程中，一个掌握高级技巧的访谈者深入地访谈一个被访者，以揭示对某一问题的潜在动机、信念、态度和感情。"深度访谈就是希望通过访谈发现一些重要的因素，这些因素不是表面的观察和普通的访谈可以获得的。什么是重要的因素呢？比如说，人类学家追寻原始社会的文化结构，要求被访者必须把一项文化特质作详细描述，并且说明它的意义以及与其他文化特质的关联，等等；精神医生检讨病人的人格结构时，通常要求病人强烈地表现他的情感、焦虑、喜好或曾经有过的挫折，等等。"[8]这说明，深度访谈是有其自身特点和要求的。

由于社会规范和人们的世界观、人生观、价值观不能够直接被观察和看见，而且社会规范和社会实在之间常常存在着张力甚至是对抗，行动的个体总是有些越出规范的"创造性行为"，因而需要深度访谈。

> 人类学家对深度访谈不仅有浓厚的兴趣，而且在很早就开始运用这一方法。对于一些极复杂而牵涉甚广的社会组织，在他们耐心的访问下，不难找出某种程度的普遍性原则。假如我们要了解村庙与村民宗教行为间的关联性，进行深度访问之前，就必须对下列问题提出讨论。
>
> 1.有关村庙的　庙有些什么神，在什么时候建立，最初的组织与功能是什么？何时登记为财团法人，董事会通过什么方式控制庙产？董事会的权力分配如何？经过些什么演变？庙除了宗教外，还有些什么非宗教功能？庙及其领导人对社区事务有些什么影响？
>
> 2.有关村民宗教行为的　哪类人热衷于拜庙，男的或女的，老年的或中年的，读书多的或读书少的，种田的或经商的？一年有多少次大拜拜，热闹的程度如何？宗教行为调节了人际关系，还是增加了紧张与冲突？个人的、群体的、社区的宗教行为有什么差别，超社区的宗教区域如何划分？个人或集体间的宗教行为影响非宗教行为到什么程度？反过来呢？
>
> ——杨国枢，文崇一，吴聪贤等.社会及行为科学研究法（下册）[M].重庆：重庆大学出版社，2006：454.

人类学者在深度访谈中重视对个人生活的了解。这是因为，个人是社会中的网结，通过个人生活史可以看到个人的创造性行为及与社会的张力关系，也可以由此反映出他的家族史甚至民族史的某一侧面。比较常用的深度访谈技巧主要有三种：阶梯前进、隐蔽问题寻探，以及象征性分析。

(1) 阶梯前进：顺着一定的问题线探索。例如，从产品的特点一直到使用者的特点，有助于调查员有机会了解被访者思想的脉络。

(2) 隐蔽问题寻探：将重点放在个人的"痛点"而不是社会的共同价值观上，或者放在个人深切相关的问题而不是一般的生活方式上。

(3) 象征性分析：通过反面比较来分析对象的含义，亦即要想知道"是什么"，先设法知道"不是什么"。例如，在调查某产品时，其反面逻辑是产品的不适用方面，"非产品"形象的属性，以及对立的产品类型。

深度访谈从确定对象到访谈对象，再到做民族志记录及整理，是一个全过程。在参与观察和深度访谈中，贯穿着直接体验，或者说直接体验可以包含参与观察和深度访谈。这里所说的直接体验强调从身体活动意义上"做"。如果我们参与当地的社会生活，只是拿着笔记本、录音机和照相机到处奔跑，追踪那些所谓的"特点"式的事物和事象，那么，即使是参与式的观察，也不能体验到当地人的生活方式，特别是当地人的思想感情。

深度访谈是一种特殊的对话。"它要求访谈者与被访者之间是互利平等的关系，即除了要遵循理想访谈的规则之外，还要尊重特定文化环境人们通常要遵守的良性对话的规则。所以说，要完成一次令人满意的深度访谈，访谈者必须充分了解当地文化，以避免冒犯对话的基本礼节。"[9]为此，民族志学者既要在深度访谈中保持积极友好的访谈者与被访者关系，确保被访者叙述流畅，又要避免访谈者的偏见和先入为主的主观判断。

访谈者的偏见主要表现在：

● 提的问题带有导向性。

● 不能跟上或忽略受访者引入的话题。

● 改变故事的方向或打断它。

● 没有意识到受访者对访谈者的个人特征的反应，这些特征包括穿着、年龄、种族、性别、身材或外显的社会地位。

● 提出的问题包含或暗示了想要的答案（如，问题这样开头"你不认为……"）。

● 使用非语言暗示（如头部、脸部和身材动作）来指出问题的"正确答案"或研究者认可的回答。

● 就某个议题发表看法。研究者应该绝对避免主动提出观点，如果不得不表明观点，也应当等到访谈结束以后。

——[美]斯蒂芬·L. 申苏尔，琼·J. 申苏尔，玛格丽特·D. 勒孔特. 民族志方法要义：观察、访谈与调查问卷[M]. 康敏，李荣荣译. 重庆：重庆大学出版社，2012：101.

三、社区与案例研究

（一）社区研究

社区是"现代社会文明发展的重要标志，是社会成员获得文化认同、培育公民精神、实现人际交往的最基础的社会空间"[10]。社区概念最早是由德国社会学家滕尼斯1887年在《社区与社会》一书中提出来的。他认为，社区是由若干亲族血缘关系结成的社会联合，强调血缘纽带和社会联合（及共同体）。尽管人们对社区的概念仍然存在争议①，但社区由特定的地理空间、生活于其中的一群人以及各种社会性活动与文化等要素构成，确是不争的事实。有的学者对社区的构成要素做了更为详细的划分，认为地域、人口、区位、结构、组织、文化、社区心理、物质保障和社区变迁是构成社区的主要要素。[11]

有关社区一般特点的本地档案资料

用于列出人口清单，从中获得相关社会与地理信息的本地档案资料包括：
● 可以辨析乡村或城区中的地貌、道路、住宅区以及其他建筑物的地区图和地形图。
● 有关出生、婚姻、死亡、房地产转让、电话、汽车、物业等内容的市政记录。
● 可在各个村庄和城区获得的人口普查、税收和选举人名录[例如，斯里兰卡最基层的官员（gramasevana）持有辖区内所有18岁以上具有投票资格的人员名单]。
● 有关水利、土壤、气候、农业生产等的专门调查。
● 来自健康、社会福利和教育组织等服务体系的记录。
● 法庭记录与判例。
——[美]斯蒂芬·L.申苏尔，琼·J.申苏尔，玛格丽特·D.勒孔特. 民族志方法要义：观察、访谈与调查问卷[M]. 康敏，李荣荣译. 重庆：重庆大学出版社，2012：144.

作为现代人类学的重要研究方法，社区研究率先由英国人类学家马林诺夫斯基提倡，而后逐渐为社会学等相关学科所接纳。1950年前后，美国社会学、政治

---

① 参见于显洋主编《社区概论》（中国人民大学出版社2016年第二版）第27-29页讨论。

学等学科掀起了社区权力结构的学术争论，使得社区研究一度成为美国社会科学研究的主流热点，进而成为西方社会科学质性研究的基本方法。

中华人民共和国成立以前，一批留学欧美的中国学者（如吴文藻、李景汉、吴景超、费孝通、林耀华等）回国后运用西方社区研究的理论和方法，研究中国社会，取得了显著成绩。特别是费孝通先生数十年专注于社区研究，成绩斐然。

早在20世纪30年代，费孝通先生等人就通过社区研究认识中国社会，取得了《江村经济——中国农民的生活》《云南三村》等一系列影响深远的学术成果。

费孝通先生通过对自己家乡（江苏省苏州市吴江县①开弦弓村）社会结构及其运作的调研，勾画出了一个由各个相关要素有机结合起来的社区整体。费孝通认为，"江村"具有三种类型学上的意义：①开弦弓村是"中国国内蚕丝业的重要中心之一。因此，可以把这个村子作为在中国工业变迁过程中有代表性的例子；主要变化是工厂代替了家庭手工业系统，并从而产生的社会问题"。②开弦弓村一带，"由于自然资源极佳，农业发展到较高水平，有关土地占有制度在这里也有特殊的细节。开弦弓村将为研究中国土地问题提供了一个很好的实地调查场地"。③开弦弓村"能够通过典型来研究依靠水上运输的集镇系统"[12]。在剖析江村社会结构及其运作的过程中，费孝通先生观察到当时江村传统手工业崩溃、土地权外流和农民生活贫困化等现象，提出以传统手工业崩溃和现代工商业势力侵入来解释离地地主为主的土地制度等理论问题。

为克服和检视单一社区研究发展起来的理论能否运用到其他社区进行解释，费孝通先生探索了中国本土化的"类型社区比较研究方法"。他说，"我明白中国有千千万万的农村，而且都在变革之中……要全面调查我是做不到的。同时我也看到这千千万万个农村，固然不是千篇一律，但也不是千变万化，各具一格。于是我产生了是否可以分门别类地抓出若干种'类型'或'模式'来的想法。我又看到农村的社会结构并不是个万花筒，随机变化出多种模样的，而是在相同的条件下会发生相同的结构，不同的条件下会发生不同的结构"[13]。从1940年起至中华人民共和国成立，费孝通先生在云南指导了师生对农村、工厂、少数民族地区各种不同类型的社区调查研究工作，特别是将禄村、易村、玉村等不同类型的社区与江村进行了比较研究。20世纪80年代，费孝通先生又将农村社区研究与小城镇研究关联起来比较分析。这种"构建应用类型社区比较研究方法，是费孝通的一个重要贡献，不仅开阔了社区研究的视野，而且在一定程度上深化了人们对中国社会发展及其现代化道路的认识和了解"[14]。费孝通先生开创的本土社区类型比较研究方法无疑是社区研究的重要方法。

对于民族志研究而言，田野工作点或者说调查点实际上就是一个社区。这个

---

① 现吴江区。

社区可大可小，大到一个国家，小到一个自然村落，都可以视为一个社区。这样的社区研究，不仅要坚持人类学田野工作的方法论原则，更要把田野工作的具体方法和技术运用到社区研究当中去。

值得注意的是，"社区结构过程的动力不会是单一的。人类学及相关学科的理论解释框架和区域或地方民俗解释系统并存，学者文字的诠释应和农民行动者的信条同时呈现"[15]。中国的"农民社会不是一个静态的结构过程，社区结构变迁的各个方面，从经济、政治、心态、信仰乃至农民运动，都处在人类学和相关学科的视野之中"[16]，需要进行跨学科的综合研究，基础则是扎实有效的田野工作。

与费孝通先生的本土社区类型比较研究方法不同，王铭铭对福建省安溪县汉人家族的研究采用的是非共时性的历时性研究方法，即"社区史"的叙述架构和表述方式[17]。这可视为中国本土化社区研究的另外一种方法或模式。①他的另外一部著作——《逝去的繁荣：一座老城的历史人类学考察》[18]也是带有明显历史向度的社区研究作品，采用的是历时性的社区研究和表述方式。

近十多年来，中国学者开展了"海外民族志"研究。其中，对海外华人社区的田野工作值得关注。有的学者认为，20世纪90年代以来海外华人社区闽南方言研究在研究队伍、研究力量、调查地区、调查内容、研究角度和研究方法等方面都取得了长足的进步，未来的海外华人社区闽南方言研究可从以下几个方面寻求突破：①扩大调查地区，深入挖掘；②共时与历时相结合；③多角度研究，重点关注海外华人社会文化生活与闽南方言之间的联系；④开展多模态的记录和研究[19]。这些看法不谬。

> 移民社区大多具有区别于其他社区的特征。首先是族裔文化特征鲜明，从社区的建筑风格、居住格局、经营业态到生活方式、交际语言、宗教信仰等，都保留着鲜明的移出国文化；其次是社会结构封闭，移民社区的居民以同一族裔为主，由亲缘、地缘和族缘为纽带结成的社会网络为移民社区的核心社会关系并成为社区管理的基础社会资源，而实现了社会流动的人群大都离开聚族而居的移民社区而散布于其他社区之中；最后是经济结构单一，移民社区主要经营本族裔擅长而移居国主体居民不擅长或不愿意从事的行业，消费群体主体要定位于本族裔或来自移出国的群体，形成同质化的经济活动、经营项目和服务内容。
> ——《人类学概论》编写组. 人类学概论[M].]北京：高等教育出版社，2019：291-292.

---

① 英国伦敦城市大学社会人类学教授王斯福（Stephan Feuchtwang）认为中国的社区研究主要有费孝通先生的"江村模式"（共时性模式）和王铭铭的"溪村模式"（历时性模式或"社区史模式"）。参见王铭铭《社区的历程：溪村汉人家族的个案研究》（天津人民出版社1997年版）"序"。

实际上,对于移民社区的民族志研究,不仅要深入开展移民社区的田野工作,而且还要到其移出地的社区开展田野工作,并进行比较分析,才有可能正确解读移民社区的文化及其变迁。如果只是就移民社区的田野资料讨论该移民社区的文化或"地方性知识",而不与其移出地的社区文化进行比较分析,就不容易真正把握移民社区的文化,甚至会产生文化误读。

(二)案例研究

1. 案例研究的概念和发展

案例研究是以典型案例为素材,通过具体分析、解剖所收集的资料,形成完整而逻辑自洽的证据链条,进而建立现象与事实、材料与观点、概念与命题、假设与结论之间的因果关联,最终达致解决问题的一种质性研究方法。其关系如图 9-2 所示。

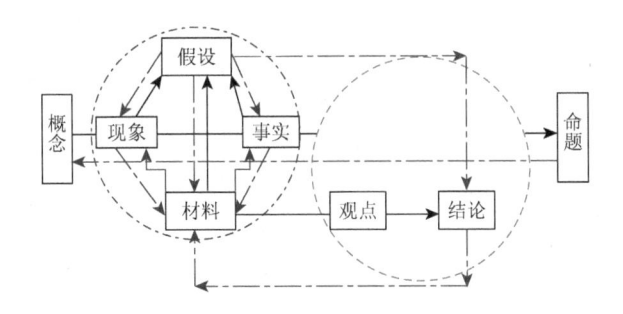

图 9-2 案例研究内在的逻辑关系

案例研究由美国哈佛大学法学院创始。1870 年,兰德尔出任哈佛大学法学院院长时,法律教育正面临巨大的压力:其一是传统的教学法受到全面反对;其二是法律文献急剧增长,这种增长首先是因为法律本身具有发展性,其次是在承认判例为法律的渊源之一的美国表现尤为明显。兰德尔认为,"法律条文的意义在几个世纪以来的案例中得以扩展。这种发展大体上可以通过一系列的案例来追寻"。由此揭开了案例研究的序幕。

案例研究在法律和医学教育领域中的成功激励了商业教育领域。哈佛大学洛厄尔教授在哈佛创建商学院时建议,向最成功的职业学院法学院学习案例研究。1908 年案例研究在哈佛商学院开始被引入商业教育领域。由于商业领域严重缺乏可用的案例,哈佛商学院最初仅借鉴了法律教育中的案例研究,在商业法课程中使用案例研究。由此,人们开始有针对性地研究和收集商业案例。如今,案例研究在法学、工商管理、公共管理和教育学等学科领域运用越来越普遍。

2. 案例研究设计

案例研究能够给研究者提供系统的观点。通过对研究对象尽可能地完全直接地考察与思考，从而能够建立起比较深入和周全的理解。做好案例研究的前提是设计好案例研究。案例研究设计主要包括以下五个方面的内容。

（1）明确案例研究的目的。案例研究要解决的问题究竟是什么？课题或项目研究要回答的问题反映了案例研究的目的，即通过一个或两个甚至多个案例研究，收集课题或项目研究所需要的证据资料，以此论证和解决课题或项目研究所要解决的问题。研究者通过搜集整理资料或数据能得到指向这些问题的证据，并最终为案例研究做出结论。通过对以前相关研究资料的审查，提炼出更有意义和更具洞察力的问题。

（2）明确研究者的主张是什么。研究者的主张会引导研究进行的线索。它可以来自现存的理论或假设。无论是建立新的理论还是对现存的理论进行检验，研究者主张的提出都必不可少。缺失研究者的主张，案例研究就等于无的放矢，找不到"靶向"，更找不到"靶心"，那就等于"放空箭"，"劳而无功"或者做了很多"无用功"。

（3）明确分析单位。案例研究的分析单位可以是个人，也可以是事件或一个实体，如非正式组织、企业、班组等。但是，研究者需要区分"区群谬误"（高—低）和"简化论"（低—高），前者用高或大的分析单位收集分析资料而用低或小的分析单位做结论，后者刚好相反，即用低或小的分析单位收集分析资料而用高或大的分析单位做结论。有时，可以存在主要分析单位和嵌入的分析单位。但是，一般是大的分析单位中嵌入小的分析单位，而不是小的分析单位中嵌入大的分析单位。相关情况见图 9-3。

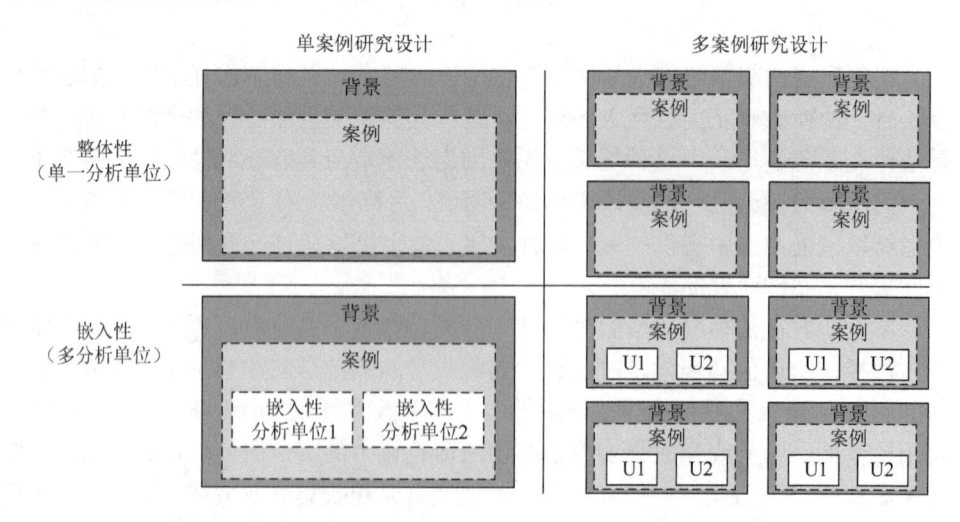

图 9-3　单案例研究设计与多案例研究设计中的分析单位比较

（4）联结数据及命题的逻辑。为了把数据与理论假设联系起来，研究者在设计研究阶段时就必须对理论主张进行明确的表述。

（5）解释研究发现的准则。对于分析的结果，研究者就可以针对研究的命题提出一个解释，来响应原来的理论命题。

图 9-4、图 9-5 反映了案例研究设计的五大构成要素。此外，案例研究设计还应该考虑案例数量的选择问题，即到底是选择单一案例还是双案例或多个案例。

研究的问题	案例研究对于"如何"和"为什么"的问题可能是最合适的。因此案例研究设计首先要准确地确认所研究问题的本质。
研究的命题	研究中的每个命题，会将你的注意力引导到在研究范围内所应该要审视的事情上。
分析单元	定义何谓"案例/个案"——可能是个人，也可能是一些事件或是个体。
资料与命题的联结	提出模式对比：来自同一个案例中一些信息可能会和某些理论的命题有关。
解释研究发现的准则	目前并没有明确的方法来设定解释这类发现的准则。可以用比较至少两个对立命题的方式来解释发现。

图 9-4　案例研究设计"五部曲"

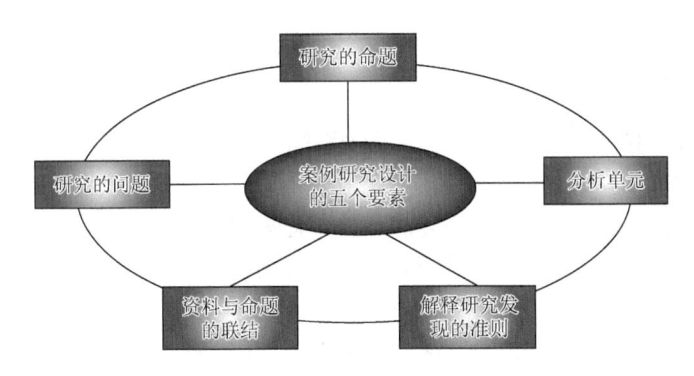

图 9-5　案例研究设计"五要素"

3. 案例数量及选择

在下列情况下，可以优先选择单一案例（图 9-6）：①成熟理论的关键性案例；②极端或独特的案例；③揭露式案例；④先导案例。

案例选择的标准与研究对象和研究要回答的问题有关，它确定了什么样的属性能为案例研究带来有意义的数据。案例研究可以使用一个案例也可以包含多个案例。单个案例研究可以用来确认或挑战一个理论，也可以用作阐明一个独特或极端的案例。

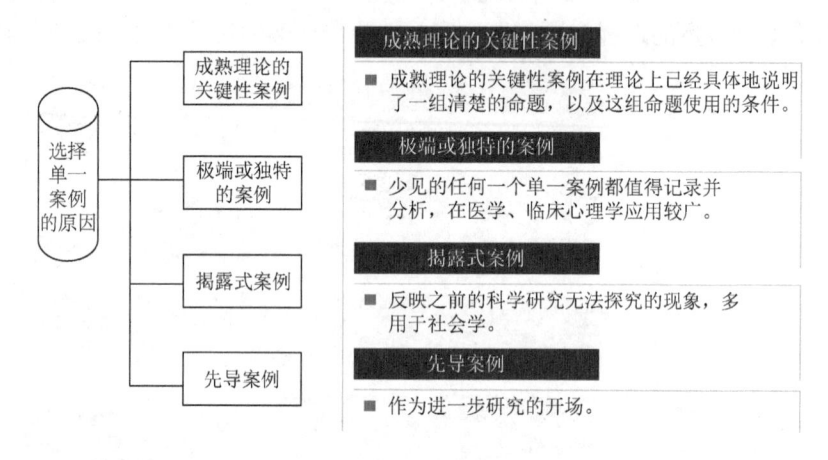

图 9-6 选择单一案例的原因

多案例研究的特点在于它包括了两个分析阶段——案例内分析和交叉案例分析。前者是把每一个案例看成独立的整体进行全面的分析，后者是在前者的基础上对所有的案例进行统一的抽象和归纳，进而得出更精辟的描述和更有力的解释。

4. 案例研究的数据来源

案例研究的数据来源包括六种（图 9-7）。

（1）文件，即各类文件资料。

（2）档案记录。这跟个案研究的其他信息来源联结，然而跟文件证据不同，这些档案记录的有用性将会因不同的案例研究而有所差异。

（3）访谈。访谈可以采用数种形式，其中最常见的类型是开放式的访谈。第二种类型的访谈是焦点式的访谈，一种在一段短时间中访谈一位被访者的方式。第三种类型延伸至正式的问卷调查，限定于更为结构化的问题。

（4）直接观察。研究者实地参观考察某个案研究的场所。

（5）参与观察。此时研究者不只是一位被动的观察者，而是真正参与正在研究的事件之中，从当地人或当事人的角度去理解事件背后的意义。

（6）实物证据，实体的或是文化的人造物是最后一种证据来源。

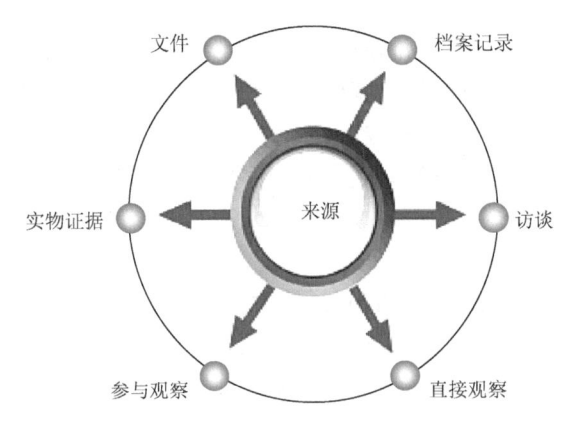

图 9-7　案例研究的数据来源

5. 案例研究的资料分析

案例研究的资料分析包含检视、分类、列表，或是用其他方法重组证据，以探寻研究初始的命题。分析资料之前，研究者需要确定自己的分析策略，即要先了解究竟要分析什么，为什么要这样分析，等等。

总的来看，案例研究具体使用的分析策略有两种情况。

一是依赖理论的命题。案例研究一开始可能就以所确定的命题为基础，而命题则反映了一组研究问题、新的观点和文献回顾的结果。由于资料的收集计划是根据命题拟定的，因此命题可能已经指出了相关分析策略的优先级。

二是发展个案的描述。发展一个描述架构来组织案例研究。这个策略没有理论命题的策略好，但是当理论命题不存在时，是个可以采用的替代方法。

6. 案例研究报告的内容

案例研究报告的表述形式较为灵活，不存在标准或统一的报告格式。但在社会科学研究领域中，常常会使用与案例研究过程相匹配的格式，从而将案例研究报告分为相对独立的几个部分：①背景描述；②特定问题、现象的描述和分析；③分析与讨论；④小结与建议。

7. 案例研究质量的评价

案例研究的质量评价标准主要是效度和信度，包括建构效度、内在效度、外在效度和信度（即"三效一信"）。

（1）建构效度（construct validity）。它是对所研究的概念形成一套正确的、可操作性的测量。在案例研究中，它要求采用多元的证据来源，形成证据链，要求证据的提供者对案例研究报告草案进行检查、核实。该策略所使用的阶段分别为资料收集、资料分析、撰写报告。

（2）内在效度（internal validity），又称"逻辑效度"。它仅用于解释性或因果性案例研究，不能用于描述性、探索性研究。它要求从各种纷乱的现象中找出因果联系，即证明某一特定的条件将引起另一特定的结果。案例研究策略为进行模式匹配，类型或模式匹配是关键。另外，该效度通常按时间序列揭露和分析事件，尝试进行某种解释，使用多逻辑模型分析与之相对立的竞争性解释。该策略所使用的阶段是证据分析。

（3）外在效度（external validity），或称概括性，即建立一个范畴，把研究结果归纳于该类项下。案例研究策略为用理论指导单案例研究，通过重复、复制的方法进行多案例研究。该策略用于研究设计阶段。

（4）信度（reliability），即案例研究的每一步骤——如资料的收集过程——都具有可重复性，并且如果重复这一研究，就能得到相同的结果。换句话说，案例研究没有随机错误，他人重复该研究也能得到相同结论。

信度一般是指测量结果的一致性、稳定性及可靠性，一般多以内部一致性来加以表示该测验信度的高低。信度系数愈高即表示该测验的结果愈一致、稳定与可靠。系统误差对信度没什么影响，因为系统误差总是以相同的方式影响测量值的，因此不会造成不一致性。反之，随机误差可能导致不一致性，从而降低信度。信度可以定义为随机误差（R）影响测量值的程度。如果 $R=0$，就认为测量是完全可信的，信度最高。

提高案例研究信度的方法有：首先，提高案例研究过程的透明度，编制和说明案例研究的计划和过程。其次，建设案例研究数据库，便于后人检索或重复研究。最后，解释发现的标准，说明取得良好预期成果需要的条件。

8. 案例研究的优点

（1）具有直观性，有身临其境的现实感。
（2）具有深入性，研究者能够深刻体验案例事件。
（3）有利于发现特殊现象，弥补定量研究忽略异常现象的"过失"，为推翻已有理论或建立新理论奠基。
（4）具有研究弹性，研究者能够发挥的空间较大。

9. 案例研究的局限性

总的来看，案例研究的局限性通常包括以下四点。
（1）特殊案例研究难以进行科学的类推或推论。案例研究的归纳不是统计性的而是分析性的，这必定使归纳带有一定的随意性和主观性，难以对其发现进行归纳。
（2）缺乏严格性和严谨性，易受研究者自身影响。这是技术上的局限和受研究者偏见的影响。案例研究没有一种标准化的数据分析方法，证据的提出和数据的解释带有可选择性，研究者在意见上的分歧以及研究者的其他偏见都会影响数据分析的结果。

（3）大量的时间和人力耗费。密集的劳动力和大量的时间耗费是案例研究中一个非常现实的问题。案例研究耗时费力，而且有时并不"讨好"。

（4）高质量的案例研究不容易实现。

10. 案例研究伦理

案例研究涉及的研究伦理问题，主要涉及以下五个方面。
（1）研究者过度涉入研究议题、事件而丧失自己的立场。
（2）案例保密不周或泄密。
（3）不同利益集团为了得到或控制数据资料而竞争。
（4）成果发表或出版时调查研究对象化名或匿名问题。
（5）读者难以分辨数据和研究者本身诠释所产生的问题。

11. 案例研究并非简单举例

在我国的硕士、博士学位论文或一些期刊论文中，我们经常可以看到"以……为例"的副标题。这个副标题中"例"到底是案例还是例子呢？在绝大多数情况下，应该是案例而非例子。为什么呢？原因很简单，如果只是一个例子，有必要把例子放到副标题当中去吗？大家想想，一篇论文如果要举例，一般不会仅仅举一个例子，即便它很特殊或典型。

如果副标题"以……为例"的"例"为案例，那么，副标题的英文翻译就不能是"take（takes 或 taking）…as an example"，而应该使用"a case study on（of, from）…"，而且英文副标题前面不能使用破折号，只能使用英文状态（半角）下的冒号，因为破折号是中文标点符号，英文标题一般没有使用破折号的习惯。

四、谱系与定点跟踪调查

（一）谱系调查

谱系调查又称谱牒分析，指对被调查者的家谱、族谱和亲属制度的调查分析。进行这种调查，需要掌握必要的语言学和语音学知识。

谱系调查通常是怎么做的呢？它通常是由现今一家一户的姓氏和名称、亲属称谓、直系和旁系的姻亲关系为出发点，一代一代地上溯到不能记忆为止。这种方法对于调查家族制度、婚姻制度和民族迁徙等，都很有价值。

谱系调查通常采用一套专门的记录方法，见图9-8。

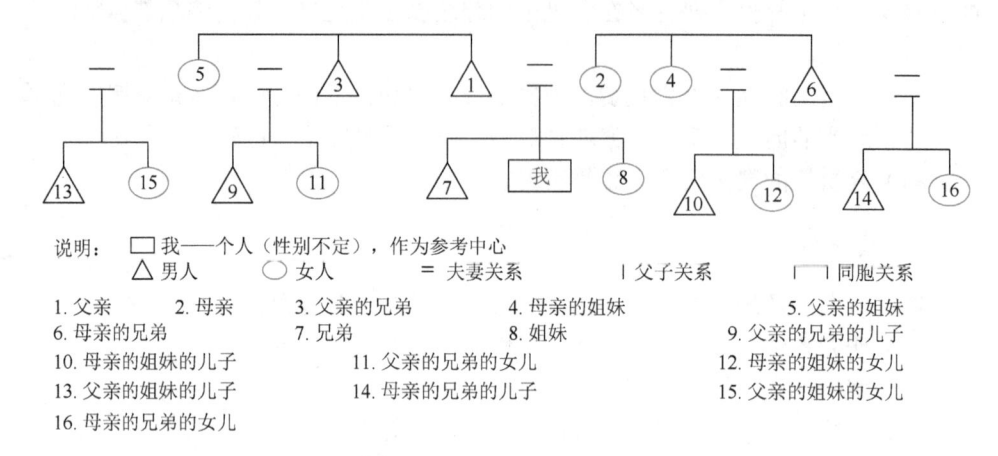

说明：☐ 我——一个人（性别不定），作为参考中心
△ 男人　　○ 女人　　= 夫妻关系　　| 父子关系　　⊓ 同胞关系

1. 父亲　　　　　2. 母亲　　　　　3. 父亲的兄弟　　　4. 母亲的姐妹　　　　5. 父亲的姐妹
6. 母亲的兄弟　　　　　　　　　　7. 兄弟　　　　　　8. 姐妹　　　　　　　9. 父亲的兄弟的儿子
10. 母亲的姐妹的儿子　　　　　　11. 父亲的兄弟的女儿　　　　　　　　12. 母亲的姐妹的女儿
13. 父亲的姐妹的儿子　　　　　　14. 母亲的兄弟的儿子　　　　　　　　15. 父亲的姐妹的女儿
16. 母亲的兄弟的女儿

图9-8　谱系调查的记录方法

亲属制度主要由血亲制度和姻亲制度构成。无论是血亲还是姻亲，大多数情况下都讲究回避和亲昵。

（1）血亲和姻亲：①血亲是通过父母子女关系及同胞关系追溯出来的关系并得到社会承认；②姻亲是婚姻的结果，指的是自己配偶的亲属或自己亲属的配偶。

（2）回避和亲昵：在亲戚之中，对有些人的行为和态度有特殊的规定，这就是回避（发生在不同的性别之间）和亲昵（对某些亲属可以特别亲近）。

亲属称谓制度是指有亲属关系的人们相互称呼的一套术语。世界上的亲属称谓制度主要有如下六种。

（1）爱斯基摩制：只区分父母兄弟姐妹。

（2）夏威夷制：只区分不同代的和不同性别的亲属，同代同性别的亲属使用同一种称呼。

（3）易洛魁制：父亲与父亲的兄弟不加区别，母亲的兄弟另有称谓，注意区分平表兄弟与交表兄弟。

（4）奥马哈制：仅注意父方亲属代与代的区别而忽视母方亲属中代与代的区别。

（5）克劳制：仅注意母方亲属代与代的区别而忽视父方亲属中代与代的区别。

（6）苏丹制：使用描述的方法，对父母兄弟的姐妹及其子女各有单独称，如汉族。

谱系调查法有时需要和自传调查法结合起来。自传调查法是以个人为对象，全面记录其生平经历的一种调查方法。它不仅可以反映出一个人的全部历史，还可以反映出他们家族史、行业史以及民族史的某些侧面。例如，对于一个职业宗教大师的自传调查，就可以获得很多有关这种宗教的具体资料。这种调查方法能否成功，关键在于调查者是否取得被调查者的信任，使他（她）能够吐露真情，谈出秘密。

在田野工作中，对于同一种类型的人，要选择多个调查对象；对于同一个调查对象，也要进行多次调查。原因在于，真实的材料往往是在最后几次调查中获得的。

（二）定点跟踪调查法

定点跟踪调查法又称"历史追踪法"，它是指在某一社区建立固定的调查点，对于一个群体进行有间隔性的长期持续不断的观察，以研究该群体在总体上或局部上发生的演变，从中发现历史演变的特点、原因和规律。

由于参与观察需要一定的时间跨度，并不是每个人类学者都有充足的时间进行实地调查，因而就有人采用定点跟踪的办法来完成。例如，我国老一辈的社会学家、人类学家费孝通先生"五访江村""五上瑶山"和林耀华先生"三上凉山"等，就是通过定点跟踪调查法来探索当地社会文化变迁的。

> 定点追踪调查研究是社会学、人类学等学科常见的一种研究方法，费孝通是开展定点追踪调查最具代表性的中国学者，其从青年时期则立志社会学研究，在60多年的学术生涯中，娴熟地将定点追踪调查研究方法运用到社会学、人类学研究。费孝通定点追踪调查是建立在本土研究基础上，以针对江村追踪调查最具代表性，并形成了费孝通定点追踪调查研究的显著特点。今天在构建中国特色哲学社会科学的时代语境下，重拾费孝通留给我们的这一学术遗产，对于推动构建中国特色的社会学、人类学学科体系有重要的学术启示。
> ——杨文笔. 费孝通定点追踪调查研究及方法论启示[J]. 宁夏社会科学，2020（2）：121-127.

作为一个研究者或研究单位，应该建立一两个固定的社区调查点，每隔数年（一般是五年或十年）再去调查一次。经过多年积累以后，再作比较分析，这样会更有利于研究发现。

五、文物文献搜集与网络调查

（一）文物文献搜集

只要具有人类学研究和博物馆陈列价值的物品，都可以作为文物。例如，一件正在使用的器物，一件正穿在身上的衣服，或一座正在供奉的神像，等等。但是，民族文物与常规文物有所不同，它大多存在于少数民族的现实生活之中。图 9-9、图 9-10 中器物即为广西百色地区具有价值的壮族文物。

图 9-9　广西百色地区壮族"三月三"节庆活动中的妇女"吹牛角"（廖杨摄）

图 9-10　广西百色地区壮族"三月三"节庆活动中的铜鼓（廖杨摄）

民族文物要有一定的代表性和典型性，亦即它应该富有民族特点。一般来说，文献搜集包括政府档案、民间传说、方志笔记和谱牒资料等。此外，照片、电影和录像等能够记载一切事物发生的实况（包括现场容易被忽略的细节），都应该尽可能搜集，以供反复观察和分析研究。搜集文物不能强取硬要，更不能采取其他不正当手段，不要因搜集文物而伤害民族感情。搜集文物要做好文物登记，并妥善保藏。

（二）网络调查

网络调查又称网上调查，它是利用互联网的交互式信息沟通渠道来搜集有关统计资料的一种方法。它泛指在网络上发布调研信息，并在互联网上收集、记录、整理、分析和公布网民反馈信息的调查方法。

网络调查是一种新兴的调查方法，它大规模发展源于20世纪90年代。网络调查具有自愿性、定向性、及时性、互动性、经济性与匿名性等特点。网络调查的优点是便利、快捷、调查效率高、调查成本低；它的缺点是调查范围受到一定的限制，在调查时还有可能遭到计算机病毒的干扰和破坏，甚至前功尽弃。

它的出现，是对传统调查方法的一个补充。网络调查的资料搜集包括两种形式：一是在网上直接用问卷进行调查，二是通过网络来搜集统计调查中的一些二手资料。随着我国互联网事业的进一步发展，网上调查将会被更广泛地应用。

当今的互联网网络不再是一个单纯的虚拟空间，随着互联网功能的不断拓展和实用性及生活化的区块链整合，网络工具越来越强大。

在很大程度上，网络调查者与网络中的被调查者或被访者正逐渐构成观察和参与观察的双边互动关系。换句话说，网络调查建构的是一种双边或多边交流的互动场域，人人都是观察者，个个都是被观察者。

网络调查法可以搜集质性方面的资料吗？答案是肯定的。研究者既可以通过社交软件等即时通信工具开展在线访谈，又可以通过电子邮件等方式进行间接访谈或书面访谈，还可通过微信群开展观察和参与观察或访谈。在海量的信息中在线抓取数据或"爬虫"，研究者获得的数据有时收入是数据化的，但它本质上仍然属于质性研究的文本分析或内容分析，不同于问卷调查形成的统计分析数据。当然，研究者也可以借助互联网在线发布调查问卷，开展网络问卷调查。换句话说，网络调查既可以做质性研究，也可以做定量研究，或者可以做定性研究+定量研究的混合研究。这完全取决于研究课题或项目的研究需要和方案设计。

总之，借助互联网开展的在线调查是信息时代田野工作的一种方式和重要路径，也是当代田野工作发展的重要趋势。

六、本章小结

综上所述，研究方法只是工具，研究工具需要灵活运用才有价值和效益。但是，田野工作中的方法运用不是单一的，也不是一成不变的，它需要灵活掌握。这其实也说明，"田调十法"，法无定法。

在田野工作的过程中，观察是基本的，但参与观察、观察参与和观察参与中的参与观察更为重要。正所谓"观察为基，参与为要"，亦即观察与参与观察为田野调查之根本大法。

田野工作中的访谈与深度访谈、谱系与追踪调查、文物文献搜集与网络调查、社区研究与案例研究等，也十分重要。可以说，访即是问，问即是访；谱系追踪，文献自传，社区个案，"网开一面"，虚实相间，场域转换，灵活运用，不可执念。

思考题

1. 田野工作中的观察与参与观察如何实施？
2. 田野工作中的访谈与深度访谈如何操作？
3. 田野工作中的社区研究和案例研究如何开展？
4. 田野工作中的谱系调查和追踪调查有哪些要求？
5. 田野工作中的文物文献搜集和网络调查如何开展？

建议进一步阅读的参考书目

1. 费孝通. 江村经济：中国农民的生活[M]. 北京：商务印书馆，2001.
2. 何星亮. 文化人类学调查与研究方法[M]. 北京：中国社会科学出版社，2017.
3. 王铭铭. 社区的历程：溪村汉人家族的个案研究[M]. 天津：天津人民出版社，1997.
4. 杨国枢，文崇一，吴聪贤等. 社会及行为科学研究法[M]. 重庆：重庆大学出版社，2006.
5. [美]大卫·费特曼. 民族志：步步深入[M]. 龚建华译. 重庆：重庆大学出版社，2007.
6. [丹]玛丽亚·海默，[丹]曹诗弟. 在中国做田野调查[M]. 于忠江，赵晗译. 重庆：重庆大学出版社，2012.
7. [美]斯蒂芬·L. 申苏尔，[美]琼·J. 申苏尔，[美]玛格丽特·D. 勒孔特. 民族志方法要义：观察、访谈与调查问卷[M]. 康敏，李荣荣译. 重庆：重庆大学出版社，2012.
8. Pearce T. *Research with Arctic Inuit Communities: Graduate Student*

Experiences, *Lessons and Life Learning*[M]. Cham：Springer Nature，2021.

9. Esters L T，Patchen A，DeCoito I，et al. ***Research Approaches in Urban Agriculture and Community Contexts***[M]. Cham：Springer Nature，2021.

10. Tracy S J. ***Qualitative Research Methods：Collecting Evidence，Crafting Analysis，Communicating Impact***[M]. 2nd ed. New Jersey：Wiley-Blackwell，2020.

参 考 文 献

[1] 李聒噪. 田野调查怎么测量信度和效度呢？[OL]. [2022-04-28]. https://www.zhihu.com/question/390792216/answer/1182479972?ivk_sa=1024320u.

[2] 林美容. 妈祖信仰与汉人社会[M]. 哈尔滨：黑龙江人民出版社，2003.

[3] 费特曼. 民族志：步步深入[M]. 龚建华，译. 重庆：重庆大学出版社，2007：79.

[4] 特纳. 仪式过程：结构与反结构[M]. 黄剑波，柳博赟，译. 北京：中国人民大学出版社，2006.

[5] 同[3]：76.

[6] 杨国枢，文崇一，吴聪贤，等. 社会及行为科学研究法：下册[M]. 重庆：重庆大学出版社，2006：447-448.

[7] 何星亮. 文化人类学调查与研究方法[M]. 北京：中国社会科学出版社，2017：59-64.

[8] 同[6]：453.

[9] 斯蒂芬·L. 申苏尔，琼·J. 申苏尔，勒孔特. 民族志方法要义：观察、访谈与调查问卷[M]. 康敏，李荣荣，译. 重庆：重庆大学出版社，2012：95.

[10] 于显洋. 社区概论（第二版）[M]. 北京：中国人民大学出版社，2016：23.

[11] 同[10]：29-31.

[12] 费孝通. 江村经济：中国农民的生活[M]. 北京：商务印书馆，2001：39.

[13] 费孝通. 费孝通文集（第八卷）[M]. 北京：群言出版社，1999：138-139.

[14] 同[10]：86.

[15] 庄孔韶，等. 时空穿行：中国乡村人类学世纪回访[M]. 北京：中国人民大学出版社，2004：492.

[16] 同[15]：414.

[17] 王铭铭. 社区的历程：溪村汉人家族的个案研究[M]. 天津：天津人民出版社，1997.

[18] 王铭铭. 逝去的繁荣：一座老城的历史人类学考察[M]. 杭州：浙江人民出版社，1999.

[19] 吕晓玲，江金瑶. 海外华人社区闽南方言研究现状及发展趋势[J]. 华侨大学学报（哲学社会科学版），2021（6）：35-42.

第十章　田野工作后的方法反思

一、"法无定法"：方法需要灵活而非刻板

（一）研究方法的规范性

作为一种研究工具，研究方法首先是规范的。无论谁使用这种工具，他/她都应该遵循研究方法的规范性。只有规范地使用某种研究方法，才能确保获得的研究资料或数据和研究结果的一致性，否则，就会出现较大的误差或偏差，最终导致研究结果不可信。

那么，如何确保研究方法的规范性呢？简单来讲，就是严格遵守自己所运用的研究方法的操作流程和操作方法，亦即严格按照自己所运用的研究方法维度去规范操作，就像做化学实验那样一步一步地规范操作。例如，你的研究方法阐述应该从方法论、一般方法、具体的方法或技术等层面去介绍自己的研究方法体系，而不能仅仅介绍资料收集方法。

1. 访谈法的规范问题

访谈法看似简单，但其规范性常常被人忽略。研究者的访谈法规范与否，可以通过以下12个方面来判断。

（1）正文或附录中是否列有一个"访谈信息一览表"。

（2）"访谈信息一览表"中是否写明访谈序号、访谈对象、访谈时间、访谈地点、访谈内容、访谈环境、访谈成效及备注等内容。

（3）访谈对象是否做了化名处理，化名处理方式是否采用阿拉伯数字年份＋大写字母＋数字顺号的方式进行混合编码。

（4）访谈时间是否精确到某年某月某时某分至某年某月某时某分？是否有助于读者从访谈时间长度去评估其访谈质量。

（5）访谈地点是否具体明确，如办公室、家中或其他具体地点。

（6）访谈内容是否简单描述了访谈主题或内容要点。

（7）访谈环境是否写清楚，如安静、嘈杂，或访谈中电话响铃或接听，访谈者以外的人出入访谈地点等情况。

（8）访谈成效及备注等内容描述是否简单明了。

（9）研究报告或著作、论文正文中是否引证了相关访谈资料。

（10）研究报告或著作、论文正文中引证的相关访谈资料通常是否另起一段左右边距向内各缩进两个汉字字符，并以不同字体如仿宋字体等显示。

（11）研究报告或著作、论文正文中引文段末句号后是否以圆括号加"访谈信息一览表"中对应的被访者编号进行了标记。

（12）研究报告或著作、论文正文中引证了化名处理的访谈资料之后是否以不同字体（如仿宋）进行显示，并在下一段对该访谈资料进行了解释、分析或论证，而不是简单地堆积或罗列在那里，"只叙不作"，没有任何分析。

只有这样，正文中的研究方法介绍、访谈资料引证标注和附录"访谈信息一览表"才能相互印证，构成较为规范的访谈方法的运用。

同时，无结构式访谈中的轻松话题氛围的营造、敏感话题藏于不敏感的起始对话、时间控制、对被访者音调变化的敏感度等，也可以视为无结构式访谈的基本规范。

一个有经验的民族志学者会知道如何将没有威胁性的问题深藏在起始的对话之中，然后在介入敏感话题之前，提出比较私人性和威胁性不明显的问题来建立和谐的密切关系。对时间控制和参与者音调的敏感度在访谈中是很重要的——非正式或是其他形式的都是如此。如果在访谈帮派分子的过程中，他接到帮派中其他人警告他团体中混入身份不清的密告者的电话，就可能会失去询问他帮派中非法活动的机会。但是这也是问他线民和这种团体生活压力问题的最佳时机。民族志学者必须学会去留意一个人声调的改变，因为这些改变是态度和情感的重要线索。一个老妇人在述及她配偶的死亡时，从轻柔感性的述说转变成惊吓颤抖的呢喃，此时发问者应该留意这个线索并巧妙地进行下去。她可能是想要把讨论这个话题当成是洗涤心灵的机会，或是感受到揭穿内心秘密的压力。这些情景都不会是轻松的。然而，一个敏感而有经验的民族志学者将可以分辨这两种情况并做出适当的反应。

——[美]大卫·费特曼. 民族志：步步深入[M]. 龚建华译. 重庆：重庆大学出版社，2007：31-32.

---

2. 问卷调查法的规范问题

问卷调查虽然属于定量研究，但质性研究中有时也开展问卷调查进行辅助研究，或者实施定性研究与定量研究相结合的混合研究。因此，问卷调查法的规范问题也需要注意和加强。

规范地操作问卷调查法，需要注意的问题包括但不限于以下十个方面。

（1）正文绪论或导论部分要对问卷调查方法进行介绍（从总体上介绍该研究运用问卷调查研究哪些内容，并说明需要运用这种方法的原因）。

（2）研究设计部分要有明确的研究假设，要对核心概念进行操作化、指标量化，确定二、三级甚至四级测量指标，并使之成为调查问卷中具体问题，以便开展社会测量。

（3）确定抽样方案（概率抽样还是非概率抽样方式，置信水平与样本规模等）。

（4）设计调查问卷，开展试调查，根据试调查情况评估和修改完善调查问卷。

（5）培训调查员，以便"规范"地发放和回收调查问卷。

（6）正式开展问卷调查，并在调查中或调查结束后评估问卷调查质量。

（7）说明调查问卷缺失值的处理方法，开展了回归分析或误差检验。

（8）规范地在研究报告或论著中呈现问卷调查结果，以各种图（直方图、柱状图、饼状图、扇形图、折线图等）或表（一般使用"三线表"，最上方的线为"天线"，最下方的线为"地线"，中间靠"天线"的线为"表身线"，"天线""地线"较粗，如1.5磅；"表身线"较细，如1磅）表示，而且需要确保图序图题或表序表题规范（如摆放位置应遵循表上图下的摆放位置，表注图注是图或表的重要组成部分，它应放在图或表的下方，且"注"或"注释"或"说明"左边与图或表左边对齐，加粗显示；图注或表注正下方再放"图序图题"，且图的序号按阿拉伯数字顺序或以"章序＋图序"，如图9-2表示该图为第九章第2个图；图的序号之后空一个汉字字符而不是加冒号，再写图的名称即图题；图题不能嵌入途中，更不能放在图的正上方；表序后面不能加冒号，而是空一个汉字字符再写表的名称即表题）。

（9）无论是图题还是表题，都应该简洁明了和恰如其分地概括该图或表中的内容，而不能"文题不符"。

（10）无论是图还是表都不能简单罗列或堆砌在正文中，更不能在小标题（如三级或四级标题）之下直接放一张图或一个表格在那里，而是应该先写一段文字并在这段文字中提到图几或表几，然后紧接着把该图或表呈现在这段文字下方（不能跨页去放置图或表格），然后再写一段文字对该图或表中的数据进行解释、说明或论述分析，而不能"置之不理"。需要说明的是，使用图表是为了行文简洁或更好更直观地呈现资料数据，有的人将一些政策文本分析大段大段地摘录在"表"中，试图通过表格方式去呈现政策文本内容。这其实不是最佳的表达方式，因为包含大量文字的图表无法清晰直观自明地呈现资料，甚至会给读者带来阅读上的不便。

3. 扎根理论研究方法的规范问题

扎根理论研究本质上属于质性研究。但是，由于人们对扎根理论研究的理解不同，对其研究方法的规范性要求自然也就存在差异。例如，有的学者认为扎根理论研究方法是一个一般的研究方法论，它结合数据收集和分析，使用一套系统性应用的方法去形成一个关于某一实质领域的归纳性理论。扎根理论是为了"形成一个与研究对象本身所相关的、棘手的，可以解释行为模式的理论"。从研究属性上来看，它是一种质性研究方式，但从实施层面来看，则是从现象中归纳得出理论。或者说，"扎根理论"在研究设计与资料搜集方式上采用质性手段，而在资料分解、分析过程中吸纳量化分析手段。因此，扎根理论研究要求研究者从研究资料出发，通过三级编码，进而构建出新的理论。它不是先有理论，然后再去证实它，而是先有一个待研究的领域，然后自此领域中萌生出概念和理论。

迄今为止，扎根理论研究已经形成了三大流派：①格拉泽（Glaser）的经典扎根理论（原始版本）；②斯特劳斯（Strauss）的程序化扎根理论（现用最多）；③卡麦兹（Charmaz）的建构型扎根理论。其共同点是采用归纳性的质化研究方法，通过对经验资料的收集、整理和开放式、主轴式及选择式的单机编码技术建立新的理论。

这三大理论流派的最大差异在于编码过程，介绍如下。

（1）经典扎根理论编码过程分为实质性编码和理论性编码。实质性编码反映被研究的实质研究领域中一个理论的范畴及其特征，它们是用作构造概念化的理论。理论性编码是概念化实质性编码之间隐形的相互关系，可作为相互连接多变量的假设，从而用来解释研究对象如何去解决他们的主要关注点。它们的整体性是自然呈现的，穿插于破碎的事件之中，形成概念，然后形成一个完整的理论。它们提供理论形成的模式，在编码、写备忘录，特别是在手工整理备忘录的时候自然呈现。

（2）程序化扎根理论分为开放式编码、主轴式编码和选择式编码（过于程序化，反而不利于发现更为丰富的理论形态）。

（3）建构型扎根理论，强调研究者对资料提问的能力，并与被研究者发生互动关系，对其行为意义进行解释。

扎根理论研究的方法流程是：资料收集—资料分析（扎根理论的核心）—形成理论模型。其中，资料收集的方式主要是深度访谈和参与观察，资料分析主要包括三级编码、撰写备忘录、不断比较等环节，形成理论模型包括资料概念化、概念命题化、命题理论化（将实质理论推演到形式理论）。

扎根理论所要形成的理论是实质（substantive）理论与形式（formal）理论两种型式。理论的要素包括概念化范畴和假设。比较、分析的方法可以被用以形成这两个基本理论。扎根理论主张理论的建构与验证必须基于"和数据的亲密关系"之上，亦即无论是从数据中产生理论或是验证理论存在的数据基础，理论和数据都必须是紧扣的，这使得理论与实证研究得以紧密衔接。扎根理论主张在资料分析的过程中将数据概念化，并将概念之间的关系形成命题，逐步将实质理论推演到形式理论。

从资料到概念，从概念到命题，从命题到理论，从理论到理论体系，是一个从最低层次抽象到最高层次抽象的逐步归纳过程。当然，也可以从理论体系或理论向下演绎到"资料"，或者从"中间"的"命题"出发，向下演绎到"资料"的同时向上归纳到理论或理论体系。不过，绝大多数的扎根理论研究采取的是自下而上的、逐步归纳的抽象过程。从形式上看，这种归纳过程其实就是"化繁为简"的资料分析过程，或者说是从开放式编码向主轴式编码及选择式编码迈进的过程。表 10-1 较好地展示了扎根理论研究"化繁为简"的资料分析过程。

表 10-1　三级编码示例

开放式编码	主轴式编码	选择式编码
a1 放羊，a2 相对客气，a3 不特别亲密，a4 佛系，a5 关系一般，a6 挺怕他，a7 没事不接触，a8 没有交集，a9 杀鸡儆猴，a10 害怕犯错，a11 后悔，a12 痛苦	疏离（a）	表现
b1 正常，b2 中规中矩，b3 普通，b4 敬爱中有害怕，b5 和睦，b6 相对和谐，b7 比较平等，b8 敬畏	不疏离也不亲密（b）	
c1 聊得来，c2 朋友，c3 舒服，c4 自由，c5 轻松，c6 幸福，c7 感动，c8 亲密，c9 像父亲一样	亲密（c）	
d1 性格，d2 带教风格，d3 做事方式，d4 对学生的态度，d5 自身修养，d6 年龄，d7 太繁忙，d8 行政职务，d9 榜样	导师方面（d）	因素
e1 个性，e2 不主动，e3 畏惧，e4 放松，e5 学术能力弱，e6 态度，e7 容易偷懒，e8 死缠烂打	学生方面（e）	
f1 彼此的性格，f2 师生沟通不畅（途径、方式），f3 彼此信任不足，f4 师门传统	师生之间（f）	
g1 学术收获不足，g2 松懈，g3 没有达到理想状态，g4 情绪波动，g5 不自信，g6 惧怕，g7 杂乱，g8 羡慕别人，g9 对老师有想法，g10 漫无目的，g11 得不到回应，g12 自我怀疑，g13 交往不愉快	消极（g）	后果
h1 自由，h2 学习上收获，h3 充实，h4 满足，h5 做人做事受到影响，h6 学术之外的事情也愿意向老师请教，h7 以老师为榜样，h8 改变曾经的想法	积极（h）	
i1 模范，i2 榜样，i3 影响，i4 学术能力强，i5 温和，i6 关心，i7 任务，i8 约束，i9 不控制，i10 不强加，i11 多方面关注，i12 融入，i13 值得信任，i14 激发学生求知欲	期待的导师（i）	理想
j1 更多接触，j2 更多共同话题，j3 平等，j4 互相尊重，j5 不怕说错话做错事，j6 更亲密，j7 更多任务，j8 空间，j9 适当敦促，j10 提供帮助，j11 保持沟通互动，j12 具体的建议或意见	期待的师生交往（j）	

表 10-1 清晰地显示了开放式编码、主轴式编码和选择式编码的过程，这个过程是一个归纳过程，与问卷调查法的概念操作化的演绎流程刚好相反。

4. 文献研究法的规范问题

一些研究生甚至导师对文献研究法可能存在误解或偏见，认为文献研究法不属于研究方法。实际上，文献研究法不仅是一种研究方法，而且是一种既可以成为质性研究，又可以成为定量研究的方法。

顾名思义，文献研究法是对文献的研究。但是，这里的文献不是狭义的文献（即文字记载的资料），而是广义的文献（即既包括文字记载的资料，又包括各种非文字记载的音频、视频、图片等实物或非实物的资料或数据，只要具有研究价值，便具有文献意义）。

文献研究法的基本要领在于：

（1）文献查找要查全查新，反映学科学术前沿。所谓"查全"，就是要把自己研究的项目或课题、论文所涉及的直接相关的文献范围要查阅全面，不能"挂一漏万"，而且所涵盖的国家或地区、语种要尽可能全面。例如，有的人梳理或综述研究现状时喜欢分"国内"和"国外"两部分来写（其实这是不太理想的，建议按照文献的主题范围分成若干领域并概括为小标题的方式进行综述，而不是分国内、国外或地区来综述）。即便如此，如果其综述中的"国内文献"只是大陆（内地）出版或发表的论著、研究报告等，缺乏港澳台的相关文献，也是不合理的，甚至是片面的，并不能真正地反映"国内"的学术动态。

（2）文献甄别需要去伪存真和去粗存真，亦即文献资料查阅和收集、整理、分析需要考查文献真实与否和精细、精当程度，有点儿类似于历史文献学研究中的文献校勘。

（3）文献的阅读、分析及引用，需要尊重作者，忠于原文，不能断章取义或曲解原著（文）作者的意愿，更不能张冠李戴、瞒天过海和糊弄读者。

总之，阅读文献不是全盘接受，而是与文献作者"对话""对打""对战"的学术探讨过程。

一些人认为自己在研究论文、课题或项目的文献综述中使用了相关文献，就是运用了"文献研究法"。其实，这是对文献研究法的误解。如果只是了文献综述，而不是在正文中运用内容分析法和语义分析法对文献进行分析，就不能成为规范的文献研究法。

内容分析法是一种对研究对象的内容进行深入分析，透过现象看本质的科学方法。美国传播学家伯纳德·贝雷尔森把它定义为一种客观地、系统地、定量地描述交流的明显内容的研究方法。在近一百年的发展历程中，内容分析法已经被广泛运用到新闻传播、图书情报、政治军事、社会学、心理学等社会科学各领域中，取得了显著成效。随着信息时代的到来，内容分析法在计算机、网络技术研究中也成为了一个新热点。例如，对同一篇（部）文献中的重要词语进行词频分析，就属于文献研究法中的内容分析方法（即文献计量研究范畴）。

内容分析法包括解读式内容分析法、实验式内容分析法和计算机辅助内容分析法等类型。其中，解读式内容分析法是通过精读、理解并阐释文本内容来传达作者意图的方法。该方法强调真实、客观、全面地反映文本内容，有一定深度，适合于描述事实的案例研究。

内容分析法的主要步骤包括：①提出研究问题，即目的、范围和假设；②以概率抽样方式抽取文献样本，进行数理统计分析；③确定分析单位：单词、符号、主题、人物，以及意义独立的词组、句子或段落乃至整篇文献都可以作为分析单位；④确定分析单位的归类标准（完备、互斥与独立）；⑤内容编码与统计，即按归类标准将分析单位进行归类，运用统计分析软件完成百分比、平均值、相关分析、回归分析等各种统计；⑥解释与检验，即量化数据与定性描述相结合，提出观点和结论；进行信度和效度检验。

文献研究法除内容分析法外，还有语义分析法。该方法是通过分析语言的要素、句法、语境来揭示词和语句意义的研究方法，其原理脱胎于"共通感觉"（synesthesia）研究，实施途径是语义区分量表（量化统计分析），应用领域主要是社会心理学、发展心理学、管理心理学、跨文化比较研究等学科专业。

总之，文献研究贯穿于科学研究的全过程，它是我们开展科研工作的基础。从选题、研究设计、资料搜集、整理、分析与运用，以及观点提出，论证过程，等等，均离不开文献资料的运用和分析，而文献资料往往是历史性的。从这个意义上说，文献研究法是我们科学研究的基本方法，离开它，我们的科研工作将成为无源之水，因此应该予以珍视，并加以熟练运用。

（二）研究方法的灵活性

在田野工作过程中，研究方法应该是灵活的，而不是刻板甚至一成不变的。这种灵活性主要表现在以下几个方面。

（1）资料收集方法灵活。例如，案例研究收集的资料包括各级各类文件资料、档案记录、访谈资料、观察资料以及实体的人造物等，既可以采用其中的一种类型的资料，也可以采用几种方法收集资料。在某种类型的案例资料中，也有多种收集资料的方法，如观察资料可以灵活采用直接观察和参与观察等方式进行收集，访谈资料可以采用结构式访谈、半结构式访谈和无结构式访谈中的一种或两三种方法去收集资料。由此可见，案例研究的资料收集方式极为灵活。再如，扎根理论研究的资料既可以采用深度访谈的方法去收集，也可以采用参与观察的方法去收集资料。

（2）资料分析方法灵活。例如，在文献研究中既可以采用内容分析法，也可以采用语义分析法或文献计量法等方法进行研究。质性研究中的辅助性问卷调查数据统计分析，既可以通过问卷星、问卷网等互联网调查平台中的软件自动分析，也可以通过传统的现场发放、现场回收和 SPSS、STATA 的方式统计分析问卷，方法较为灵活。

（3）资料呈现方式灵活。在质性研究的报告或论著中，资料呈现方式十分灵活。例如，对于访谈资料的引证，既可以在正文段落中以直接引用方式（即在双引号内直接引述访谈的部分内容，如果直接引述的内容较长则将其单独成段，并以不同字体显示），也可以转述方式进行引证。但是，无论是直接引述还是间接转述，均需要在引述或转述句子最后一句话的句号后面标注引文资料的出处（一般以圆括号内加访谈对象编码方式表示）。除正文外，附录部分一般还要把一些重要的、放在正文中显得臃肿拖沓但弃之可惜的资料（如访谈资料、珍贵的图片资料、档案文件资料等）放在附录之中。这样，会更有助于读者判断研究报告或论著的学术质量和水平。

（4）逻辑论证方式灵活。在质性研究的报告或论著中，资料呈现方式也较为灵活。研究者既可以采用归纳法，也可以采用演绎法，还可以采用归纳-演绎互嵌法（即归纳当中有演绎，演绎当中有归纳）。当然，这样的论证分析结构也较为复杂。此外，论证方式既可以采用立论方式的正面论证，也可以采用驳论方式的反面论证，还可以佐证或旁证。这种论证方式的多种选择，使得质性研究的论证方式更趋科学，研究逻辑也更为严密。

二、"法无边界"：方法实乃工具，多多益善

社会科学研究方法的"法无边界"，是指各种研究方法之间不应故步自封、徒增壁垒，但每种研究方法本身是有边界的。即便同为"观察法"，直接观察与间接观察、参与观察与非参与观察，甚至参与观察中的观察参与和观察参与中参与观察，也是有"边界"的。同样地，"访谈法"中的直接访谈（面谈）与间接访谈（非面谈）、一般访谈与深度访谈、个别访谈与小组访谈或集体座谈，以及结构式访谈、半结构式访谈和无结构式访谈之间，也是有"边界"的。但是，这并不影响"访谈法"与"观察法"的混合使用，甚至"田调十法"与其他研究方法的混合使用或移植借用及改用。

研究方法讲求适用或效用，它是开放的，而不是封闭的，亦即它不能"作茧自缚"，而应根据研究需要审慎选用、借用或结果改良后使用，形成最佳或最优的组合型的研究方法。仅仅使用某种单一的方法行不行呢？答案当然是肯定的。但是，如果只使用一个方法就能有效地解决自己所要研究的问题，为什么还要多花时间和精力去运用其他方法去研究呢？理由其实很简单，由于哲学社会科学和人文社会科学研究的问题往往十分复杂，单一的研究方法往往难以有效地完成高质量的研究任务。因此，多种研究方法的搭配或配套使用，似乎已经成为现代社会科学研究的普遍现象，特别是在当今的信息时代，借助互联网和即时通信技术的混合研究方法方兴未艾，甚至蔚然成风。

信息时代的研究资料收集、整理和分析，早已不同于早期蒸汽时代、电气时代的资料收集、整理和分析方式。信息时代的社会现象变化太快，有的现象甚至稍纵即逝。如果不运用多种方法捕捉和收集整理，则难以科学、准确地把握社会运行规律，也无法清晰地解释和说明信息时代的社会变迁。随着信息时代新计算社会科学的兴起和发展，社会科学研究方法的"法无边界"和多多益善正在成为现实。计算社会科学的兴起和发展源于和得益于人文社会科学各分支学科长久以来的量化和计算传统及新一轮科技革命的助推等，现已进入融合创新的新阶段；我国也有高校设立了计算社会科学研究中心及校际联盟，大力促进新文科建设，促进和引领人文社会科学研究进入一个全新发展时期。[2]换言之，社会科学的研究方法需要与时俱进和多元化发展，才能适应时代发展的研究需要。

三、"法有法度"：方法需要规范而不能随意

社会科学的研究方法应该"张弛有度"，而不是"率性而为"。作为研究工具的社会科学"研究方法"犹如一把测量社会现象或社会事实的"尺子"。理论上讲，任何使用这把"尺子"的人，只要他/她规范地使用它去测量，应该都会得到相似的结果（误差值在许可的范围内）。为此，我们应该"在弄清楚方法的含义、层次以及问题与方法之间内在联系的前提下，选择恰当的方法组合，并且经过方法引入与激活环节，形成研究问题的独特理论立场与框架"[3]。一个科学、全面的社会科学学术研究规范应该包括哲学上的思辨、科学上的实证、人文上的关怀等三个向度，即哲学上的思辨为社会科学研究提供研究的源泉和动力，科学上的实证为其提供研究的论证工具，而人文上的关怀则为社会科学研究提供价值规范。但在研究实践中，这三个向度之间存在着张力。人文上的关怀确认学术研究的目标诉求，应该是追求国家和社会的福祉及利益。超越了这一目标，任何具有突破性和颠覆性的学术研究都不应该是合意和被推崇的学术研究。正是这种张力，构建了包括行政学在内的社会科学研究之间的平衡。[4]

当前社会的复杂程度使得其异质性大大提高，基于个案的研究是否能够类推受到怀疑。另外，建立在统计学基础上的定量研究因其从样本到总体的科学推论更是将这种质疑放大，挑战个案研究的信心。目前，几乎所有关于个案研究的文献都集中探讨个案研究的代表性与类推问题，并且这一问题成为决定个案研究价值的核心因素。不同的研究者基于不同的方法和策略，对个案研究的类推做出了卓有成效的研究。但是，细究有关个案研究类推的方法，质疑与辩护都还是建立在传统形式逻辑认知的基础上。而发轫于20世纪50年代的非形式逻辑可以很好地回答个案研究类推问题，

> 其所提倡的批判性思维使得我们在面对个案研究时，持一种更为开放的心态，使得个案研究的价值更为凸显。
> ——王刚. 个案研究类推的方法与逻辑反思[J]. 中国农业大学学报(社会科学版), 2016, 33 (1): 68-76.

时至今日，有关质性研究与定量研究的价值问题仍然存在争议。"中国社会科学研究的确缺乏实证主义传统，拙于定量研究和数据分析，更擅长质性研究。但是这并非中国社会科学研究的症结所在。实证主义研究只是社会科学研究的途径之一。而且即使是实证主义研究，其最核心的部分也并非数据整理和定量分析，而是提出科学的研究假设和合理的解释。中国社会科学研究另有其真正的症结。"[7]这些症结到底有哪些呢？有的学者认为主要是学术成果评价主要依靠外部行政标准而非行业学术标准；学术追求"四平八稳"，没有形成容纳不同学术声音的学术生态；以及没有形成学术成果向社会的转换机制，学术成果只是在学术圈内"自娱自乐"。[5]这些看法，大体符合当前国内社会科学研究状况。

规范社会科学的研究方法，就是研究者要严格按照每种研究方法的基本维度、步骤流程和具体操作要求去收集资料、整理资料、分析资料、引述资料、附录资料等。例如，文献研究法不仅要在绪论或前言部分的"研究方法"中简单该方法主要运用于项目（课题）或学位论文哪些内容的研究以及如何研究，还要"研究思路图"或"技术路线图"中呈现该方法对应的研究内容，此外还要在正文中呈现相关文献资料（文字或图片等实物资料）的分析（运用内容分析法、文献计量法或语义分析法进行分析），有时还把一些重要的、不易获取的且具有研究价值的文字或图片等实物资料放在附录中。这样，才能构成首尾呼应、彼此关联的文献研究法的规范研究。那种认为参考了相关文献，引用参考文献进行学术综述，就可以称为文献研究法的观点是错误的，也是有害的。不能简单随意孤立地"关注"该方法的某一方面，而有意或无意地忽略该方法的其他方面或流程。其他研究方法如观察与参与观察、访谈与深度访谈、谱系与追踪调查、社区与案例研究、问卷与网络调查等，也需要将其贯穿于绪论、正文主体、参考文献及附录等各个部分之中，形成一套完整而严密的研究方法。

四、本章小结

社会科学的研究方法是一个包含方法论、研究方式、一般方法、特殊方法和具体的方法与技术的方法体系。在这个体系中，田野工作方法包含更多的收集、整理和分析资料的具体方法与技术维度上的方法。

田野工作方法既是灵活的，更是规范的，但不是刻板的，也不是随意的。田野工作的方法往往不是单一的,而是有机组合在一起的。观察与参与观察、访谈与深度访谈、谱系与追踪调查、文物文献搜集与网络调查、社区与案例研究等十大方法,是田野调查的常用方法,简称"田调十法"。

"田调十法","法无定法","法无边界","法有法度","法内守法"(严格遵循方法规范),方可善成,继而精进。从这个意义上说,田野工作是民族志学者的"成年礼"的修身之本,方法得当,才能避免误入歧途;方法不当,则会"误己害人",得不偿失。

思考题

1. 如何理解田野工作的"法无定法"?
2. 如何理解田野工作的"法无边界"?
3. 如何理解田野工作的"法有法度"?
4. 为什么说方法科学是田野工作规范的基础?
5. 如何在田野工作中规范地使用质性研究方法?

建议进一步阅读的参考书目

1. 陈向明. 质的研究方法与社会科学研究[M]. 北京:教育科学出版社,2006.
2. 陈向明. 质性研究:反思与评论[M]. 重庆:重庆大学出版社,2008.
3. 杨国枢,文崇一,吴聪贤等. 社会及行为科学研究法[M]. 重庆:重庆大学出版社,2006.
4. [美]大卫·费特曼. 民族志:步步深入[M]. 龚建华译. 重庆:重庆大学出版社,2007.
5. [美]保罗·拉比诺. 摩洛哥田野作业反思[M]. 高丙中,康敏译. 北京:商务印书馆,2008.
6. [澳]林恩·休谟,[澳]简·穆拉克. 人类学家在田野:参与观察中的案例分析[M]. 上海:上海译文出版社,2010.
7. [丹]玛丽亚·海默,[丹]曹诗弟. 在中国做田野调查[M]. 于忠江,赵晗译. 重庆:重庆大学出版社,2012.
8. [美]斯蒂芬 L. 申苏尔,[美]琼·J. 申苏尔,[美]玛格丽特·D. 勒孔特. 民族志方法要义:观察、访谈与调查问卷[M]. 康敏,李荣荣译. 重庆:重庆大学出版社,2012.
9. Esters L T,Patchen A,DeCoito I,et al. *Research Approaches in Urban Agriculture and Community Contexts*[M]. Cham:Springer Nature,2021.

10. Tracy S J. *Qualitative Research Methods: Collecting Evidence, Crafting Analysis, Communicating Impact*[M]. 2nd Edition. New Jersey: Wiley-Blackwell, 2020.

参 考 文 献

[1] 费特曼. 民族志：步步深入[M]. 龚建华, 译. 重庆：重庆大学出版社, 2007:32.

[2] 王国成. 计算社会科学：融合创新与引领未来[J]. 河北经贸大学学报（综合版）, 2020（3）：5-9.

[3] 张星久. 论学术规范与人文社会科学研究的"中国话语"构建[J]. 武汉大学学报（哲学社会科学版）, 2018, 71（4）：40-49.

[4] 王刚. 中国行政学研究的学术规范[J]. 内蒙古社会科学（汉文版）, 2018, 39（4）：72-78.

[5] 王刚. 中国社会科学的研究走向：兼与乔晓春教授商榷[J]. 内蒙古社会科学（汉文版）, 2015, 36（6）：179-183.

实 践 篇

第十一章　庙村简史简志初编——一个广西村落的田野民族志[①]

一、村名来历

现今庙村无庙，何以称为"庙村"？村民不解，也说不出所以然。又闻有人觉得庙村之名不雅而改为"妙村"，但也有村民认为这个"妙"字其实也不理想，因为"女""少"为"妙"，使用"妙村"作为村名，就暗含本村女少或少女。无论是女少（shǎo），还是少（shǎo）女或少（shào）女，其实都不利于村落拓展。女少（shǎo）或少（shǎo）女自然影响生育，少（shào）女成人终归外嫁，即便招人留村入赘，也是少数。虽然某个时期曾以"妙村"为村名，但并不常用，而是"庙村"之名更为长存。因此，无论是官方地名还是地图印制，均标记为"庙村"。

"庙"为"廟"字简写。现今庙村小学正门仍书写为"廟村小学"。"廟"字何解？《说文》云："廟，尊先祖儿也，从广朝声。"[②]可见，在佛教传入之前的中国古代社会，"廟"指敬拜列祖先宗之处。但是，中国古代的"廟"有等级之分，王室祭祀之所谓宗庙，士大夫祀祖之处为家庙，一般百姓只能在家祭祀而无庙祭了。上古秦汉时期的"廟"为形声字，但现今的读音（miào）与那时已相去甚远，只有"尊先祖"的文化传统绵延不衰。

庙村村民（除入赘和嫁入外）均姓廖，"庙村"会不会是"廖村"的转音书写？这似乎也说不通。因为隔壁的炉村和公座以及隔山对面的平步村和夏思村也姓廖，它们为什么不叫廖村？难道现在的庙村是三江乡廖姓开村最早的村落？其他村落的廖姓由该村迁徙而来？还是这些村的廖姓虽然未经庙村迁来，但他们到达这些村时已经无法命名廖村，因为现今的庙村已经叫"廖村"了？后来随着相邻的这些村落的廖姓人数增多，庙村再叫"廖村"会引起歧义而转音为"庙村"？是否如此，由于年湮代远和史无记载，个中缘由已不得而知。

其实，庙村之名还可以从"廟"字进行会意。在公座、庙村、炉村、崖头四个相邻的村庄当中，只有庙村和公座是早迎朝阳晚辞霞的，炉村和崖头却正好相反，

[①] 本调查采用同点多时段间断驻点调查方式开展民族志研究。时间跨度超过30年（1992年7月1日至2022年8月28日）。

[②] [汉]许慎撰，[宋]徐铉校定：《说文解字（附检字）》卷九下《广部》，中华书局1963年版，第193页。

早无朝阳暮迎夕阳。同样是早迎朝阳晚辞霞，为什么公座无"廟"而庙村却用"廟"呢？这就不清楚了。不过，公座人确实喜欢在家坐，而庙村人却喜欢起早贪黑，庙村人的勤劳在当地颇有口碑。这或许可以成为庙村来历的一种会意解释。

二、地理环境

从聚落地形上看，庙村是个难得的地形优越的村落。该村背后有坚不可摧的马鞍山，该山有四条余脉，其中三条环抱庙村，颇有背倚阴面、面向阳面之势。另外一条余脉为壬子村背山，公座村则依靠庙村与壬子村之间的余脉（但该余脉被庙村通往樟木村和壬子村之间的峡谷道路所"踩断"，这条被"踩断"的余脉延伸至公座村后成为该村的后背靠山），它虽在一定程度上破坏了庙村右侧的屏障，但其韵味仍然存在。该村村貌见图11-1。

图11-1 庙村村貌（廖杨 摄）

除背有靠山外，庙村前边有开阔的盆地，村的周边有近百亩良田，村前有1条小溪、1条小河流过，对面的崖头村前又有1条小溪和村后1条大河流过，形成4条大小不一的"彩带"常年飘舞，且成回湾流水之势，均拱向庙村回旋而非"淘脚"（即河水反弓似的流向本村村口），更远处则有大磨坪瑶寨背后的笔架山，似乎专为庙村学童设置。从三江乡镇政府所在的三江街远远望去，庙村宛如镶嵌在一匹横卧的骏马左蹄腹下。四周的山形地貌蕴含的美好意象，赋予了该村人杰地灵的美誉。

庙村山岭多为酸性红土壤，植被以马尾松、杉木和山茶树、板栗、毛竹等经济林木、果木、水源林为主。农田、农地有黄黏土、沙土和沙黑土等类型。水源为天然山泉水，经芭蕉和木叶浸化，水性寒凉。庙村气候属亚热带季风气候，四季分明，夏秋易旱，冬春多雨，有时会有霜雪冰雹等恶劣天气。

庙村距离三江乡三江街约 1.5 公里，可通过田间道路经公座村到三江街，步行约 30—40 分钟；也可以从村前机耕路经崖头村后沿 323 国道到达三江街，骑摩托车约 10—15 分钟。沿 323 国道（二级公路），北上可达荔浦市修仁镇（约 6 公里）、荔浦市荔城镇（约 36 公里）、桂林市（约 148 公里）；南下可达金秀瑶族自治县头排镇（约 6 公里）、鹿寨县城（约 60 公里）、柳州市（约 105 公里）、来宾市（约 160 公里）；经头排镇往东北方向可达金秀瑶族自治县桐木镇（约 24 公里）、金秀镇（约 58 公里），经桐木镇往东南，可达象州、武宣等县。但是，目前暂无高速公路和铁路经过该村附近。据说 20 世纪 60—70 年代曾做过铁路建设勘探，但因八里堂山下有地下河而搁置铁路建设。

三、村庄聚落

庙村的村落原来集中在村东边，那里有一条常年流动不息的山泉水供村民生产和生活。溪流的东边为农田和旱地，西边为村落房屋，但村落内的地势高低不平，凹凸不平的石阶和石板路伴随着很多代村民们的成长，有时村民从村头的粮仓挑一担晒干了的稻谷回家，一不小心脚下一滑或一个踉跄，担子就会失去平衡，一个箩筐便滚下谷底，辛辛苦苦耕种而来的稻谷洒落溪谷岸边，即便能够捧起一些，也是泥石混杂，因而不少上了年纪的村民都不会忘记自己吃饭时常吃出泥沙的记忆。不仅从村头挑东西回家路行不便，从家里挑农家肥到村边的田地施肥也苦了家住高处的村民，妇女们挑粪水浇灌菜地而摔烂木粪桶更是常有的事，有时甚至会跌得鼻青脸肿或是闪腰。

听闻庙村村落地势陡峭，一些外村姑娘甚至不敢嫁来庙村。于是，一些男青年讨论婚嫁的时候，特地嘱咐媒婆将外村或外地女青年从地势较为平坦的村落西边带来，有时甚至是"走后门"，唯恐女青年看见村中道路崎岖难行而退却。有些已经嫁入几十年的村民曾开玩笑说她当年第一次进村见面的时候没有看到这么陡的路，怎么嫁来以后这路就变得这么陡了，要是当时知道这么难走，是绝对不会嫁过来的。玩笑归玩笑，但这也从一个侧面反映了该村旧村落的道路状况。

旧村落的房屋全是泥墙瓦顶、木门木窗，一座大屋有 3 间，中间为堂屋，两边为卧房。堂屋的前墙安装骑墙对开大木门，大门上再垒两板泥墙安木窗（俗称天窗），木窗上再加 2—3 板泥墙即达行条瓦背；堂屋后墙中央一般放置一张四方桌（俗称八仙桌），桌子不靠墙的三面通常各摆放一张四角长方木凳，桌子靠墙的上方平行天窗的位置架设穿嵌于两边山墙的横木，可供平日陈放农家丰收的物品。横木上方设置神龛或家庭祭祀之位，神龛正中书写"×××祖考祖妣之位"，两侧配以"绳其子女惟耕读""耕读世家"之类的字样。堂屋两侧山墙前后半部各开房门，前房门往后挪一个房门大小的位置的正上方开设楼门，楼门底边均低于天窗和神龛下的横木底边，楼门正上方垒半板[①]泥墙后安放独木横梁，但该横梁不能高于伸出房屋外墙承接飞檐横条的山墙挑手，俗称"挑不按梁，梁不按挑"，是指横梁和挑手处于水平位置。建房时的安梁习俗比较讲究，安梁大吉也就意味着房子进入收山阶段，很快就可以完工。在此之前的重要仪式是"平桶"，就是建房工作已经进行一半，可以安放二楼的楼木了。这些楼木既可以在一定程度上起到支撑作用，平衡房间两侧的山墙，防止泥墙未干而可能倒塌或向一边倾斜，又可以为房屋主人今后储藏木头木块诸物之用，因此，多数村民的二楼一般不会铺设楼板，而让其呈原初间隔的1米左右的楼木状态。镶嵌铺设楼板的是房间内上方的一楼，该楼楼木底部在房门框顶盖上方约30厘米处铺设，由于楼木行条大小不一，因此楼木底的位置并不处于同一水平线上[②]，但楼木上方是水平的，而且还要把一条条已经开好凹槽的模板平压在楼木两端并嵌入墙体，以便建房完工和墙体干燥后（完工后约2—3年）可以铺设木板镶嵌的楼面用以储存粮食等物品了。在安梁之后的重要仪式是收山下墙板，即完成了最后的夹板泥墙的充垒工作，意味着泥工已全部结束，随即转入铺设行条、瓦板和盖瓦工作，因此，下墙板当天，要加菜打牙祭，热烈庆贺。

1983年底庙村实行家庭联产承包责任制后，逐步富裕起来的庙村村民开始往村落西边地势较为平坦的地方修建新房。但是，20世纪90年代以前的新建房子基本上还是泥房，只是空间构造和用材方面发生了一些变化。例如，原来旧村堂屋后墙上的横木已被走马楼取代，楼门也从山墙前半部移到后半部的走马楼上；原来的木窗换成了更大的铁木窗；房屋的高度也从原来的"丈二滴水"提高到"丈四滴水"，因此，新建的房屋比旧村落的房屋宽敞明亮了许多。不过，由于新建的房屋墙体仍然是泥墙，不经风吹雨打，加上瓦木易损、蛇鼠又多，不便修整，一些村民便从20世纪90年代起开始建造水泥楼房。进入21世纪后，村里新建房屋均为2—3层的水泥楼房。有些村民由于自家没有合适的宅基地，便通过交换用地或现金补偿等方式换取心仪之地进行建房。值得注意的是，该村几乎没有用农田来修建房屋，而邻近的炉村、公座则不乏此例。

---

① 庙村夯实泥墙的墙板有两种：中华人民共和国成立前为老墙板，高宽均为2尺；中华人民共和国成立后改制为高宽均为1.2尺的新墙板，比老墙板少0.8尺。1尺≈0.33米。

② 为确保受力均衡，一般是将楼木首尾间隔1米左右依次排放。例如，在同一侧墙上，如果第1根楼木的大头入墙，那么间隔1米的第2根楼木应该是小尾入墙，第2根、第4根又分别是大头、小尾入墙，依次类推。

总之，从聚落空间上看，庙村在改革开放之后经历了从村东陡峭内藏向村西平坦外显的空间转移过程，也经历了从泥墙瓦屋向水泥楼房的现代转变。

四、宗族人口

庙村人口不多，全村人口最多的时候是 200 多人，现在全村有 20 多户，人口 100 多人。

20 世纪 80 年代严格执行计划生育之前，庙村人口与其他村一样，也是属于多子女的人口结构，20 世纪 80 年代实施计划生育后，也有部分村民超生，但比例很低，即使超生也基本控制在二孩范围，不存在 20 世纪 60—70 年代普遍存在的 3 个以上孩子的情况。另外，人口的自然增长率和死亡率不高，大龄青年未婚未育的情况少见。

五、建制沿革

中华民国时期，庙村隶属于修仁县西乡管辖范围。中华人民共和国成立初期，修仁县撤销，庙村隶属于荔浦县（今荔浦市）。20 世纪 60 年代前后划归柳州地区鹿寨县头排公社。1987 年后划拨到金秀瑶族自治县，隶属于三江乡三江行政村（现建制村）。

六、公共设施

庙村的公共设施不多，主要有庙村小学、村蓄水塔、小河水泥桥、农田水利设施、村内道路、村变电站等。

中华人民共和国成立以前，庙村有私塾教育。中华民国时期，中华民国政府推行国民基础教育，庙村适龄学生到现今三江乡三江街接受高小教育。中华人民共和国成立后，庙村设立小学，生源来自本村和炉村、公座、崖头等邻近村落，壬子村的适龄学生也曾在 20 世纪 80 年代到庙村小学上学。该校先后开设有 1—5 年级、1—6 年级和学前班，现在仅开设有 1—2 年级和学前班，3 年级以后到三江中心小学学习。实施家庭联产承包责任制以前，该校教师全为民办教师，教师薪酬由村集体经济支出。家庭联产承包责任制实施后，原民办教师和代课教师通过公开招考转制为公办教师，另有部分师范院校毕业生分配充实到教师队伍中来。曾在庙村任教的教师有李×燃、韦×明、韦×、廖×英、李×艳、周×林、廖×、廖×兰、廖×萍、廖×承、廖×玲等人。本村村民廖×德也曾在 20 世纪 80 年代后期担任过一段时间的代课教师。如今，庙村小学因年久失修，加上庙村学童太少而搬迁到学童较多的隔壁村落——炉村原来的晒谷场旁边另外新建校舍，但是，学校名称仍然使用庙村小学（因为庙村小学曾经是抗日战争时期中共修仁县支部党员从事地下工作的根据地[①]），导致庙村小学不在庙村，而在炉村。见图11-2、图11-3。

图 11-2　位于庙村的庙村小学旧貌（廖杨　摄）

图 11-3　位于炉村的庙村小学新貌（廖杨　摄）

① 2021年"七一"前夕，中共修仁县支部旧址在庙村集体时期的仓库修建落成。

村蓄水塔为20世纪90年代由上级财政拨款、村民个人捐款自筹和村集体经济收入垫补等方式购置材料费，村民通过义务劳动的方式建成，供应村民人畜饮水和消防用水。水塔主水管铺设至参与捐款的每户门前，村里负责为捐款修塔的每户家庭安装一个水龙头，各家欲增加水龙头需自费自备材料，但无水表。水塔和主水管道的日常维护由村集体经费安排，如需大修，所需经费由村民按户田亩数平摊。除个别家庭外，全村绝大多数家庭都参与了村蓄水塔集资修建和维护。

村前小河水泥桥由县乡两级财政拨款和村民捐资建造，以工代赈完成，桥头立有"民族团结桥"碑，可供汽车等机动车辆和人畜步行，方便村民出行和春夏河水上涨安全通行。由于近年上游河床被圈地开垦种植果树或采挖石砂，河水经常改道，该水泥桥桥引路基经常被洪水冲坏，但村民很快又集资出工修复。

农田水利设施方面，庙村在集体经济时代曾有蓄水池塘和排灌水车。实施家庭联产承包责任制后，公共农田水利设施已经荒废，村里的鱼塘留给村干部经营，作为其担任村委干部劳务支出的收入补偿。20世纪90年代取消粮食统购以及2006年取消农业特产税后，庙村的水稻种植面积逐年减少，进入21世纪后，水稻种植已呈零星分布，代之以柑橘和马蹄等经济作物。原来需要大量水源的生产方式已转变为旱地作业方式，因此，庙村现今的农田水利设施基本上已不存在。

村内道路方面，原来旧村落中的道路为崎岖陡峭的石头路面，现在旧村道路已经废弃，西边村道主干道已经水泥硬化，直通各家各户大门前。由于不再种植水稻，村内耕牛数量减少，路面牛粪便也随之减少，村道清洁程度比以前好了许多。另外，村内主干道可通行小轿车和摩托车，但因拉货汽车经常出入村道，加之路面排水不畅，雨水侵蚀严重，硬化的水泥路面养护状况不佳。

中华人民共和国成立后，庙村修建水力碾米厂（兼水电站），白天负责为村里碾米，晚上水电发电供村民照明，但因水力不足，发电功率小，电量不足，村民家里的白炽灯昏暗，而且由于超负荷而经常突然停电。实施家庭联产承包责任制以后，村水力碾米厂（水电站）随之衰落。随后，个别家庭自建微型水力发电站，电量仅供甚至不足个人家庭使用。村民碾米只好挑往邻村（炉村或公座）的水碾厂，甚至更远的大磨坪大水电站。后来，有村民觉得挑稻谷出村碾米，既费钱，又免不了来回挑谷米重担的辛苦，于是在家中安装柴油机碾米装置，既方便自己，又承接上门碾米收费有偿服务。有的村民嫌本村柴油机碾米收费高，就把稻谷挑到对面的崖头村的柴油机碾米厂去加工。20世纪90年代初，庙村开始通高压电，村内设有一台变电站，为全村生活和一家电力碾米厂供电。村里有1名电工，负责全村用电的简单安全维护和电表抄送等业务，每个电表每月分摊一些费用补偿其劳务支出。

在村内接通高压电的同时，电视机在庙村开始出现。刚开始是小尺寸的黑白电视机，后来逐渐为彩色电视机取代，其后又被等离子、液晶和背投等电视产品代替。不过，村民嫌有线电视十多元的月租贵而不愿接收，自行安装大小不一的地面卫星接收器（俗称锅盖）。

20世纪90年代初，庙村户装程控电话也开始出现，缴纳300元的电话初装材料费，月租10元，按农村电话计费，国内漫游费另计。后来随着手机的普及，村内有线电话已基本绝迹。随着手机资费的降低和移动通信技术的发展，村民也开始利用手机上网获取各种信息。

七、经济生产

庙村传统经济是农耕经济。中华人民共和国成立以前，庙村的少数地主占据大量良田，村里不少村民靠为地主打长工为生。一些拥有少量田产的村民因赌博、病难、灾荒、战乱等原因，家道衰落，只得变卖家产，沦为贫农、雇农或佃农。

中华人民共和国成立后，庙村经过土地改革等措施，融入社会主义建设行列。除种植水稻外，在生产队集体经济时代还种植旱茯苓、半夏、烟叶、金枪子、水栀子、柑橘、山茶树、杉树等经济作物和林木，同时开展养鱼、养鸭等专业养殖活动，还开办砖瓦厂、石灰窑厂等村集体副业经济。

过去庙村的水稻种植一年两造两熟，夏季产量相对高些，但稻谷米质没有晚秋稻好。人民公社时期，农业生产实行专人分工负责，大概分有记分员、看水员、放牛员、养鸭员、砖瓦厂和石灰窑专员等，此外还有犁田耙田滚田、播种育秧、扯秧插秧、喷施农药、收谷晒谷、碾米加工等专员。生产大队分解为生产小队后，各组村民为了抢工分，打破了原来的专业专人负责制，进行混合劳动，争抢工分，多劳多得。

实行家庭联产承包责任制以后，各家各户单干，进一步解放和激活了农村劳动力，农业产量也随之增加。随着村民温饱问题的逐步解决，一些村民开始探索农业致富之路，在20世纪80年代后期和20世纪90年代前中期纷纷兴起在自留地和房前屋后空地、菜园、旱地甚至山岭荒地开辟果园、药园，种植柑橘、柚子、柿子、葡萄等水果和黄连、烟叶、八角、桂花、麻竹等经济作物，一些村民自办养猪场、养鸡场、鱼塘，探索专业养殖和科学养殖的致富道路。

粮食统购和农业特产税取消后，村民们逐年减少水稻种植面积，而改种水果、马蹄等经济作物，原来的稻田在2000年前后已基本变成柑橘果园，只有零星的田块种植一些水稻自给粮食，有些村民甚至将自家田地全部种植水果等经济作物，然后到市场上买米生活。在这些村民看来，"只要有了钱，还怕买不到米吃？""零星种植水稻，还没到收获季节，害虫和鸟早已把田里的生稻谷吃得差不多了！"这在老一辈的村民看来，"农民不种田，那还叫农民吗？"但是，现今村民不种稻田而种果地和"农忙不忙,农闲不闲"的生产、生活方式,正在颠覆老一辈村民对农业、农民的认知。

当然,种植水果是需要技术和投入的。这些技术需要村民不断学习,因此年轻的村民掌握得比较好,年长的村民则靠经验行事。种植的投入,既需要资金投入,也需要人力投入。与传统的水稻种植相比,种植水果等经济作物的投入产出比远远高于种植水稻,因此,村民现实地"用脚投票"转向水果种植等经济生产。

由于水果种植的生产周期与水稻种植周期不同,它基本没有农忙农闲之分,而是一年四季都围绕着水果生长周期而展开。这种生产方式的转变,也改变了村民的生活方式。原来农忙双抢的高强度劳动便分解到一年四季当中,村民再也感受不到农忙和农闲生产生活的巨大反差,而是感觉"农忙不忙,农闲不闲"了。即使到了原来的农忙时节,村民也有一定的时间在家休息和娱乐;而到了原来的农闲时节,村民们则需要在果地里采摘新鲜水果或施冬肥进行果园护理。另一方面,村民不种水稻而靠买粮食吃,自然就不会有多余的粮食来喂养家禽和牲畜,农家肥也就随之减少,不需要也没法种植更多的蔬菜,有时他们甚至到市场上去买蔬菜回家吃,这与20世纪90年代中期以前赶圩(又称赶集或上街)只买肉类而卖蔬菜,甚至肉菜、蔬菜、活禽一起卖的境况已大不相同。更有甚者,村民家中没米没菜吃已不是什么罕见之事。可见,农村种植结构的调整对农民生活的影响是多么巨大而深远,但这也为三江乡成为金秀瑶族自治县的水果之乡做出了贡献。

八、医疗卫生

庙村村里没有卫生诊所和药店。中华人民共和国成立后,曾一度在农村地区推行"赤脚医生"制度,但该村也没有挑选和培养起"赤脚医生"。直到20世纪80年代末90年代初,村里有一位中年妇女自学了一些医学知识和技术,在家里备置了医药箱和一些药品,村民临时疾病可到她那里简单医治,但复杂的疾病和需要手术的治疗,她那里仍然无法解决。遗憾的是,在行医十多年后,这位妇女去世,庙村的乡村医生从此终结。

村民平日生病,一般是自己找些草药煮水喝服或涂擦,自治无效后去乡里的卫生所(后来改建为乡人民卫生院)或私人诊所看病治疗。如果是大病,则会到医疗卫生条件稍微好一些的头排镇人民医院、桐木镇人民医院或修仁镇人民医院;如果是疑难杂症或急性重病,则迅速送到荔浦县(今荔浦市)人民医院、鹿寨县人民医院;如果仍不好转,病人亲属会根据自家的经济状况选择去桂林市、柳州市甚至南宁市省级大医院问诊治疗,或回家以中医方式进行保守治疗。

如今，庙村村民都加入了新型农村合作医疗保险制度，享受到了重大疾病医疗的基本覆盖，医疗卫生条件大为改善，村民们的健康进一步得到保障。

九、风俗习惯

1. 语言文字

庙村村民绝大多数为壮族，操壮语北部方言区（即"北壮"）方言，与南部壮族方言有较大差异。20 世纪 50 年代，国家为了更好地贯彻落实民族政策，以拉丁字母为基础，创制了表音新壮文，但村民多数不会书写。20 世纪七八十年代以后出生的小孩基本不学壮语，而讲西南官话桂柳方言和普通话。当然，讲桂柳方言和普通话的年轻人在日常生活用语中也夹杂了一些壮语发音或用词，而说壮语的村民在日常交流中也会夹杂一些桂柳方言和普通话。

2. 岁时节日

庙村的岁时节日主要有农历春节、元宵节、二月二、三月三、清明节、四月初八牛日、五月端午节、六月初六、七月初七、七月十四、八月十五中秋节、十一月冬至节、十二月二十三小年夜、十二月二十九或三十大年夜（除夕节）。

（1）春节

庙村的春节讲究较多。正月初一零点过后各家户主争相在各家堂屋燃放鞭炮，寓意辞旧迎新，象征新年如隆隆鞭炮声一样红红火火，有声有色。鞭炮在零点前已经摆放好，经济条件好的人家往往选择燃放更久、响声更大更清脆的爆竹。爆竹燃放完毕，各家户主入睡，也有一些户主没有除夕守夜，零点之后起床燃放爆竹完毕继续入睡。

正月初一清晨，各家户主早起，焚香祀祖，接满新年第一桶水入厨烧水洗脸、泡茶和准备早餐。20 世纪 80 年代中期以前，各家尚未接通自来水，户主们便趁早到村里的水井挑回新年第一担水。挑水越早，就象征着新的一年里越可能成为村里最有吃的的家庭。因此，各家户主往往都起得很早。祀祖泡茶后，有的户主会趁着家人还在睡觉的时候拿着斧子将家里的所有门框、门页和楼板等轻轻地敲打三下，象征家里的所有木具都已紧凑完好，一年之内都不会松动，也不需要修理。待家人陆续起床洗漱后，家人相互拜年祝福，互送红包，户主给老人和孩子的钱相对多，老人则象征性地给户主一些吉利数字的钱表示新年发达的良好祝愿。随后，户主开始加热饭菜，但不动菜刀和砧板，只热除夕夜剩余的食物。吃饭时，大人们小心翼翼地给老人和小孩盛饭递筷子，并提醒他们拿好筷子，因为平日里村民都比较忌讳掉筷子，更何况是大年初一早上。如果筷子掉地，会被认为不吉利，也象征着新的一年里一切都可能不顺利。早饭过后，大人们一般会待在自己家里看电视或休闲娱乐，一般不会外出串门，即使出门，也是到公共场所游玩，大家相互问候和祝福，随后开展下棋、扑克、麻将之类的娱乐活动。

除了不动菜刀和砧板外，大年初一这一天也不动扫帚，更不能扫地和拖地。据说这一天扫地拖地的话，新的一年里都有打扫不完的垃圾和杂物，也会被村民笑话，认为这家人太懒，去年的垃圾到新年还没打扫干净。另外，大年初一燃放的鞭炮产生的红色纸屑等是财富的象征，把鞭炮纸屑等打扫出去也就意味着家里没有财富和没法聚财。因此，新年第一天是十分忌讳打扫卫生的。

大年初一的晚餐一般比平日要早得多，一是因为当日村民在家闲着无事，便早早地吃了晚饭。二是因为晚饭吃早意味着新的一年不会过于忙碌而把晚饭弄成了夜饭。所谓"点灯吃早夜"的谚语，不过是庙村村民在没有电灯之前把晚饭弄成夜饭的玩笑和写照而已。可见，新年第一天的晚餐时间也有讲究，意头十足。

正月初二日，年前结婚的新郎新娘要准备丰厚的礼品和年货回新娘父母家（俗称娘家）给新娘父母和其他亲戚拜年，俗称"走亲戚"。新郎新娘回到娘家后，先后给家里的长辈、小孩和同辈们拜年送礼和发红包，再根据新娘父母的建议到其他亲戚家里拜年送礼，如果新郎带回的礼品不够，娘家还需要添补物品给其他亲戚逐个拜年，如有遗漏，则被认为失礼。被遗漏之家会认为新郎新娘及其娘家看不起自己，由此产生不和，甚至断绝交往。接受了新郎新娘拜年之家会彼此商量，轮流邀请新郎新娘及其娘家人到自己家中做客，并热情款待。如果时间无法安排，受拜之家会部分退还或换送自家礼品给新郎新娘。如果新郎父母家（俗称婆家）有老人，娘家会在新郎新娘回婆家的时候部分退还或换送自家礼品，否则会被人笑话不懂礼数。正月初二日被庙村人认为是老鼠出嫁日，因此当天忌讳说老鼠或耗子，否则老鼠会"出嫁"到本家来，正月十六日也如此。但是，一些小孩听到家里有鼠叫时，往往会不由自主地说到老鼠，大人们虽然恼怒，但一般也不会在新年伊始打骂孩子，因此，农村瓦屋的老鼠特别多，被认为是小孩说漏嘴让老鼠"嫁"到家里来的。当然，这只是村民的一种说法而已。

正月初三日俗称"赤口日"，据说这天容易与人发生口角，即便与人产生不快也要尽力克制，不要发生争吵，更不能打斗，否则，新的一年里将会争吵骂架不断。本村外嫁女一般不会在这天回娘家拜年，俗称"三不去，四不回"。意思是说，正月初三日那天不回娘家，初四日不回婆家，较为讲究"不三不四"的拜年习俗。旧时南方汉族地区的正月初三日为"赤狗日"[①]或小年朝，北方传说为谷子生日，故人们当日不吃米饭，或谓女娲造羊日，也禁杀羊或吃羊肉。庙村的正月初三"赤口日"是否与汉族"赤狗日"有关，则不得而知。

---

① 传说"赤狗"为口怒之神，遇之容易发生口角，故人们当日一般宅在家里而不外出拜年。

南方汉族地区的正月初五、初七日分别为"财神日"和"人日"，庙村历史上是否有此习俗尚未知晓，但今无此俗。正月初七日之后，庙村的春节已基本结束，人们开始重新投入生产劳动。过去也有此后开展舞龙舞狮活动至元宵节结束的，但20世纪90年代以后已无此项活动。

（2）元宵节

庙村现今的元宵节也没舞龙舞狮活动了，村民也不热衷吃汤圆和饺子，只是把饭菜做得丰盛一些，在家祭祀祖先和有关神灵之后，全家享用分食，意味着新年春节已正式过完。此后，村民便开始投入日渐忙碌的春耕生产活动。

（3）二月二

农历二月初二为汉族地区的"龙抬头"日，庙村历史上可能也存在过二月初二祭春社的习俗，但现今已无此俗。

（4）三月三

农历三月初三为壮族传统歌圩日，但庙村如今已没有歌圩习俗，而该日吃五色糯米饭的习俗也发生了变异，并转入清明节的黄色糯米团祭祖之俗。

（5）清明节

清明节又称"挂纸节"。每年公历4月4日或5日为正清日，连同前后各半个月形成为期一个月的清明节。村民可在这个月内根据自己的时间安排进行扫墓祭祀（墓祭），但选择在正清日上坟挂纸的村民为多。墓祭分宗族墓祭和家庭墓祭两种形式（有时还有房族墓祭）。宗族墓祭主要是各房族联合起来去给共同的始祖扫墓，大家共同出资出力，祭祀后聚餐分享用于祭祀的食品，如有剩余，平分给各家各户。这种联宗共祭、缅怀始祖的宗族墓祭有助于睦宗合族，增进宗族团结。

宗族墓祭之后，各房族有时还开展房族墓祭，其后再开展家庭墓祭。但是，无论是哪种墓祭方式，基本流程都是一样的。具体流程如下：大家一起动手铲除坟墓四周的杂草，再铲两块大而完整的土块分别翻盖在坟头和坟尾最高的地方，然后砍一根小树枝或竹枝，串上在家杀鸡准备祭品时用鲜鸡血蘸过的冥纸三张，然后插在坟头上。如果坟身因雨水冲刷有损毁，需要在祭祀前进行填充和修复，之后就可以祭了。祭祀时，先由成年人焚香三拜，然后把点燃了的香（如果明火需吹灭）分成三份，每份3支，插在墓碑之前，如果想在坟台前面也点香，可插一柱3支或1支，但要和插在墓碑前的香一起点燃和三拜。插好燃香之后，开始摆放祭盘（通常是比较宽大的竹制簸箕或腊月里蒸米饼用的竹筛子），接着在祭盘里摆放祭肉（一只熟鸡、一块腊肉、一挂腊肠，全部装在一个大瓷碗或不锈钢盆子内）和3个瓷碗（碗内放入事先蒸熟捏成拳头大小的黄色糯米团[①]）、3个酒杯（杯

[①] 这种糯米团的做法是先用一种叫黄饭花树的花烧水去渣，然后用它来焖糯米饭，待糯米饭焖熟起锅后趁热揉成团即可。

内倒少许白酒)、3双竹筷(筷子的方头向着墓碑,圆头朝外),它们的摆放位置由墓碑向外依次是酒杯、饭碗、祭肉盘,筷子则分别放在酒杯和饭碗对应的旁边。中国古有"事死如事生"之礼,庙村也有丧事"当大事"之俗。活着的人与死去的祖先通过祭祀礼仪而维系宗法血缘关系,可见宗法礼俗在庙村壮族社会中也存在。

(6) 四月八

农历四月初八日俗称"牛八"或"牛生日"。过去庙村人会在这一天给牛"过生日",即给它喂食米粥和添加红薯藤等饲料,以感谢牛为主人耕田种地的辛劳。据说村民过去在这天还进行"牛轭"祭祀仪式,以期盼牛轭能给牛带来好运。现今村民基本已不种田,耕牛也逐渐减少,"牛八"节也随之消失。

(7) 端午节

与其他地区一样,庙村的端午节也是农历五月初五日。端午节前几天,村民开始加工糯米和摘捡青竹叶准备过节。节日当天,村民浸泡糯米,烧水潦竹叶,腌制猪肉、板栗、花生、芝麻等诸物,同时用带碱性的木叶煮成碱水过滤待用,然后将腌制过的猪肉和煮好的碱水搅拌浸泡过的糯米,用潦过的竹叶把糯米包成枕形、三角形等不同形状的生粽,剪掉长出粽身的叶子和绳子后,将5个形状相同的生粽集中绑成一捆,然后把所有绑成捆的生粽放到一个大铁锅内加水淹没粽子,用木材烧猛火煮沸,约2—3个小时后开锅验熟,煮至完全熟透。如果尚未熟透或内部仍为米粒状态,则需继续加热;如水蒸发变少,则需补充开水或热水,但不能添加冷水进锅,以免粽子外烂而内夹生。

粽子添加自然碱水是为了延长粽子的保质日期。过去农村没有电冰箱,完全依赖自然环境储藏。但端午节时天气已经变热,气温较高,如不加碱,很难防腐。当然,自然碱水的保质期也并不长,三五天后的粽子已经开始有些变质,这时剥开包裹蒸熟冷却了的粽子,就会看到一些黄白色的黏丝随着被剥开的粽叶而与粽子粘连起来。遇到这种情形,村民一般会将粽子再入锅煮开,口感会有所好转。

端午节除了包食粽子外,主人还会将事先买回来的雄黄和酒调制成雄黄酒(有些村民为了图方便,就直接购买雄黄酒),然后给家里的每个成员的额头和手心、脚心等部位涂上雄黄酒,随后又把剩余的雄黄酒拿到户外,用一些细小的树枝叶蘸上雄黄酒撒在房屋门窗和外墙上,据说可以防止蛇虫爬入家里。

与其他地区不同,庙村的端午节既不祭奠屈原,也没有龙舟竞渡。这是不是与当地没有大的河流或湖泊有关,村民们也说不清楚。

(8) 六月六

"六月六,晒包袱。"这是流传于庙村和周边村落的一句民谚。意思是说,农历六月已经进入盛夏,是暴晒包袱(被褥、衣物等)的好时节。现今庙村一些年长的村民在这天仍有翻晒冬衣、被褥等夏秋季节不常使用的物品,但年轻人使用新式衣橱、衣柜,已淡忘此俗。

（9）七月初七和七月十四

汉族民众一般把农历七月初七日和七月十四日分别称为乞巧节、中元节[①]。但是，庙村村民却把农历七月初七日和七月十四日都称为中元节，而且七月十四比七月初七的节日要隆重一些。

节日当天，村民一般都要买一大块新鲜猪肉（约 1.5—2 斤[②]）回家与刚宰杀好的鸭子一起放到锅内加水猛火煮开，然后文火煮熟，随后捞起滴干盛盘，在家中堂屋焚香摆盘配以酒饭各 3 份祭祀列祖先宗。祭祀时，祭者口中喃喃细语，呼唤祖宗前来享用，随后添酒 3 次，即可焚化冥纸、冥币、冥服诸物，供先人"享用"，接着将酒杯里的酒倒在祭桌周围，以示先人酒足饭饱，可以燃放爆竹，送走列祖先宗。

如果家中先人有死于户外者，还需要在堂屋祭祀寿终正寝的先人之后，再将祭品中的熟肉、熟鸭回锅再加热一下，然后拿到闸门口外为死于户外的先人进行祭祀。如果先人死于村外，在他/她没有进行捡骨二次葬迁回本村之前，家里的后人还需要到村外路边为其祭祀。因此，每年中元节，村里户外和村外路边总有一些零星的家户祭祀那些死于非命的亡魂先人。

在七月中元节期间，庙村村民还会浸泡糯米碾粉，然后用新鲜艾叶或碱性植物煮碱水，与糯米粉一起揉和，配以红糖、芝麻或花生为馅，以开水焯过滴干水的竹叶包成成人食指和中指大小而类似粽子的粑粑，因其酷似狗的舌头，故被称为"狗舌粑"。还有些村民另外取回一些新鲜的柚树叶或芭蕉叶，用开水焯后滴干备用，然后将糯米粉用碱水加糖和泥，捏成月饼大小，内放炒熟的花生或芝麻糖馅，垫以略大的柚树叶或芭蕉叶上，将多余或形状不圆的柚树叶或芭蕉叶裁剪后，依次放入一个直径约 90—100 厘米的竹筛中，待全部完工后，将这些竹筛垒砌一起放入一个大锅隔水蒸煮，大概 30—50 分钟即熟。

（10）八月十五（中秋节）

中秋节也是庙村的一个重要节日。节日当天，村民会去赶圩（即赶集或上街）买月饼和其他新鲜肉类，也有人一大早就杀猪到村里摆卖，村民傍晚宰鸡或杀鸭清理内脏后，将其与洗净的猪肉一起入锅煮熟，然后用它们在家内堂屋焚香祭祖。礼毕，将熟肉、熟鸡（或鸭）切块入锅爆炒或加热做成白切鸡（鸭），即可晚餐。也有村民餐前以清茶三杯、月饼三个，焚香三支，献祭月神。晚餐后，全家围坐在院内天井，边品月饼边赏月，或共叙天伦话家常，或听长辈讲述嫦娥奔月的神话故事。直到皓月当空，露水润身生困意，村民方才就寝休息。

[①] 中元节是我国传统"三元"节的一个重要节日，它与上元节（元宵节）、下元节（冬至节）一起构成我国传统三大节日。

[②] 1 斤＝0.5 千克。

(11) 十一月冬至节

庙村也有过冬至节的习俗，但村民们只是把它作为一个传统的农历节日简单过过而已。节日当天，多数村民只是比平日多买些新鲜肉菜，少数村民也杀鸡或鸭，但多不祭祖，也远不如岭南汉族地区的"冬至大过年"那么隆重。

(12) 十二月小年夜和大年夜（除夕）

庙村虽无腊八之俗，但很重视农历十二月二十三日的小年夜和十二月二十九日或三十日的大年夜。

据说小年夜是灶王升天向玉皇大帝报告主人家一年生活情况的重要日子。因此，庙村村民当日除了祭祖外，还要祭祀灶王爷。祭祀的物品与其他节日的祭品大同小异，基本上也是煮熟了的猪肉和鸡或鸭，不过只用一个酒杯、一个盛饭的饭碗和一双筷子，中途不添酒，过十分钟左右即焚烧冥纸，象征祭祀结束。

过了小年夜，村民们就可以清洗厨房灶台，清扫烟囱、灶灰和瓦屋房顶，以及打扫厨房以外的房子内外卫生了。一般是农历十二月二十四日、二十五日打扫屋内屋外卫生，二十六日、二十七日舂糍粑和做米饼，也有这几日工作顺序互换的，但农历十二月二十八日洗邋遢则基本相同。洗掉了一年的邋遢，除夕之日就可以贴春联和高高兴兴地过年了。

除夕是一年中最重要的节日。这天清早，村民们便早早起床，或上街购买不便储存的新鲜食物和补充购置前几天尚未备齐的年货，或继续清洗前一两天没有洗完的邋遢之物。有些村民中午刚过，就已燃放爆竹祭过先祖，下午两三点钟已开始吃大年夜团圆饭；行动慢的下午四五点钟甚至五六点钟才燃放鞭炮，完成祭祖仪式，其大年夜的团圆饭当然也就随之推后了。大年夜的祭祖祭品比其他节日要丰富得多，大阉鸡、扣肉、大草鱼、酿水豆腐、酿油豆腐、炖排骨、粉丝、丸子、香肠、牛肉等，有的家庭三菜一汤，有的家庭五菜一汤，有的家庭八菜一汤，有的家庭九菜一汤……完全依各家经济状况而定。

吃过除夕团圆饭，有的村民走出家门，到公共活动场所（村里晒谷场等）或村里的代销店玩扑克、下象棋或聊天，有的村民则宅在自己家里围着炭火盆等待观看除夕夜中央电视台现场直播的春节联欢晚会，边看边吃糖果、瓜子等零食和水果，使得除夕守夜多了几分祥和与欢乐。有的村民在守夜观看春节联欢晚会节目的过程中，还同时准备大年初一凌晨燃放的迎新爆竹。除夕一过，新的一年又已悄然到来，如此循环，周而复始。

3. 人生礼俗

(1) 出生

孩子出生对一个家庭来说，不仅意味着增添了新的生命，也给整个家庭带来了新的希望和欢乐。因此，庙村村民对孩子出生一事十分重视。庙村虽属壮族社区，但历史上似乎没有不落夫家和产翁之俗。

过去庙村产妇临盆，主家会请来本村或邻村接生婆在家接生。据说以前的接生工具十分简陋。一个铜质或铁质脸盆装满大半盆开水、一把消毒过的剪刀、一大摞草纸①和两三条消过毒的毛巾，放在产房内备用。产房内除了产妇、接生婆外，还有产妇的婆婆或家中已生育过的其他妇女守候在旁边，以便帮忙和应急。由于过去农村女性一般早婚，而且常年劳动，身体较好，顺产一般也无大碍。但也有一些产妇因临盆异位难产或大出血而毙命的情况发生。

20世纪90年代以后，庙村孕妇一般已到乡镇卫生院和县级医院住院生孩子，而且住院待产前还不定期地到卫生院或医院进行日常孕检，生育医疗状况大为改善。

（2）三朝

新生儿出生当天，产妇家庭成员便到产妇娘家（即亲家家）禀报新添孩子之事。产妇娘家随即赠送一些物品给报喜之人带回，以示庆贺。小孩出生第三天早上，产妇生母带上一只母鸡（但未下过蛋）、一块2—3斤重的新鲜猪肉、30个左右新鲜鸡蛋和一些新生儿穿戴的新物品到亲家家看望自己的女儿和外孙，也有一些村民第二天即去看望。产妇娘家的亲戚也会购买物品自行或委托产妇生母前往探望，亲戚赠送的物品主要是活鸡、猪肉、猪脚、鲜鸡蛋等食品和新生儿衣服、被褥等用品。产妇夫家的亲戚也会带来大致相同的礼品前来庆贺。

产妇主家为答谢亲友们，一般会在三朝日请亲朋好友来家中做客，俗称"吃三朝酒"，酒菜丰富程度视主家经济状况而定。如果是长子长孙，酒席就会相对丰盛一些。如果是幺子次孙，可能就相对简单一些。三朝酒席的菜肴基本为猪肉、鸡肉及其配以时令蔬菜制成的各种菜品。当然，无论酒席丰盛与否，红糖、蛋花拌甜酒则是必备的待客之品。此时，产妇尚在"坐月子"，一般不出产房招呼亲朋好友，但亲朋好友可入产房看望产妇和新生儿。

（3）满月

新生儿满月前夕，主家还会筹备满月酒。举办满月酒之前半个月甚至更早，主家就会通知前来或委托亲家来看望产妇和新生儿的亲朋好友何时在家做满月酒。被邀请的人届时还要再备一份礼品或一定的礼金②前来赴宴。

---

① 这些草纸为民间用原始方法制造的竹纸，颜色与冥纸类似，呈土黄色，吸水性强，在卷筒卫生纸普遍进入农村的20世纪80年代以前，这种草纸颇受当地村民青睐。这些草纸用来接生擦拭胎血，一般不会被当作垃圾扔出去，而是被产妇之家投入粪池，让其腐化成为农家肥。

② 20世纪90年代以前，庙村的经济状况相对落后，村民的礼金一般是6元、8元、10元或20元不等，20元以上较为少见。无论多寡，均以双数为吉。20世纪90年代以后，略有增加。进入21世纪以后，50元、100元甚至100元以上也已常见。

产妇当日会从产房抱着新生儿坐在堂屋,以供亲友看望已经满月的孩子。孩子满月后,产妇已经开始做些轻巧家务,但是仍然不能碰冷水和做繁重的体力活。家人也可以帮着照看满月了的孩子了。

(4) 对岁(周岁)

小孩满一周岁的时候,主家视经济状况决定是否给孩子做"对岁酒"。当日,家长在家里置办酒席宴请亲友。酒席菜品一般也是猪肉、鸡肉和时令蔬菜,但一般以鸭肉、鹅肉、牛肉入菜。庙村的"对岁酒"日,一般没有"抓阄"仪式,周岁孩子也无其他特别仪式活动。现在虽然多为1—2个孩子,但庙村的"对岁酒"之俗似乎已不流行。

(5) 结婚

庙村村民结婚讲究较多。20世纪80年代中期以前,家长一般通过媒婆说媒,即便子女自己喜欢本村或别村某个青年,也是禀报父母,然后请媒婆前往说媒。

媒婆人选,可男可女,但以女性长者为多,一般是男方家长选择那些对双方家庭都较为了解的熟人(包括亲戚朋友)。受男方家长请托,媒婆带着男方家买的礼物(一般是一包糖饼之类的东西)和一个利是(红包),前往女方家说明男方家的求婚之意,并介绍男方家庭人口、经济等基本情况,同时也回答女方家长提出的问题。如果女方当事人和家长觉得合适,就会收下媒婆捎来的礼品和利是;如果无意谈亲,就会换退基本等值的礼品,并拒收利是。媒婆随后向男方家回话。

女方家庭接受男方家求婚后,媒婆将会在男女双方家庭频繁往来。先后经过问名(含生辰八字)、纳吉(合八字)、定聘(即纳征)、择期、亲迎等婚姻礼俗,结婚仪式方告完成。这与我国古代传统的婚姻"六礼"大体一致。

20世纪80年代后期特别是进入20世纪90年代以后,庙村的一些年轻人外出打工,接触了外面的世界,加上电视逐渐普及,年轻人自由恋爱增多,结婚对象已不再局限于周边邻村或邻县,跨县市甚至跨省区结婚也不足为奇,而且婚礼仪式也趋于简朴。已在当地民政部门领取结婚证的年轻男女将亲人们请到男方家或女方家(入赘)吃一餐,就表示向亲友们宣告完婚了。虽然仪式从简,婚宴也从原来的两天缩短为一餐,但传统的婚姻"六礼"精神基本尚存,安床及放置红枣、花生、桂圆、瓜子等象征早生贵子的传统礼俗仍然存在。

(6) 嫁女

20世纪90年代以前,庙村村民嫁女仪式也较为隆重。在宴请亲友的宴席上,舅舅一般要坐在堂屋靠近后墙左边的八仙桌上席(靠墙左角,左为贵),颇有汉族社会"娘亲舅大"之宗法礼俗。

待嫁姑娘在出嫁的前一天晚上通常要和小时候的女玩伴一起回忆成长中的点点滴滴,并进行"哭嫁"仪式,以表示感谢父母的养育之恩,也表示对娘家和儿时女伴的眷恋之情。哭声越大越动情，表示越孝顺和越眷恋。当晚，母亲一般还会向明日出嫁的女儿叮嘱嫁入婆家后要勤俭持家，孝顺公婆，善待叔伯姑嫂，相夫教子，恪守妇道。

第二天，男方家迎亲队伍到来后，待嫁之女留在娘家的时间越来越少，因而又开始哭嫁。吉时一到，待嫁之女便要停止哭泣，并在女伴和媒婆的陪同下步出闺房，由迎亲队伍接回婆家。接亲的交通工具各个时代不同，解放以前的有钱人家请花轿，一路敲锣打鼓，伴以唢呐等八音；穷苦人家则免去八音，但轿子尚有。中华人民共和国成立后至改革开放前，婚礼从简，迎亲队伍多为步行；路途遥远亦会请车，不过费用高昂。20世纪80年代，新娘多随手扶拖拉机、自行车等迎亲队伍前往婆家，90年代后改用摩托车，21世纪以后则租用面包车或小轿车。如果婆家距离娘家不远，当天下午新郎即送新娘回娘家（俗称"回门"），路远者第二天回门，类似于汉族新娘"归宁"。新婚夫妇在娘家小住数日，即回婆家，并在婆家生活，只在一些传统节日才回娘家看望双亲和兄弟姐妹等亲戚，而无不落夫家之俗。

（7）入赘

庙村的入赘婚俗似乎与其他地区不同。一般来说，入赘之家没有儿子但有女儿才会招郎入赘。但是，庙村的一些村民即使家中有儿子，也会招郎入赘。其原因，不外乎两种情形：一是父母年老，儿子年幼，需要留女在家招郎入赘，扶养父母和抚养弟妹；二是儿子年长，但在外地工作和成家，长期不在父母身边照顾双亲，有时也会留女在家招郎入赘。中华人民共和国成立前的入赘的姑爷需要将自己的姓改同妻子家族的姓氏，以保家族姓氏一脉相承而无杂姓。中华人民共和国成立后入赘的人已基本不改随妻姓，所生子女如有两个以上，则让其中1—2个子女随夫姓；若为独生子女，则其父母之姓为该独生子女之姓，不过母姓在前，父姓随后，再取一字，组成二姓一名，不过未见二姓二名类似于日本人名之姓名。如今庙村除廖姓之外，尚有他姓，即源于此。

作为入赘的一种异化形式，庙村还存在一种"两边走"或"两边顶"的情形，亦即"半招半嫁"。这种婚姻形式取决于子女和家长的意愿。家中有儿子的采取这种方式，多半因为儿子年幼而出现在大女儿身上。遇此情形，大女婿不仅在称谓上被称为"大哥"，而不能称为"大姐夫"，而且逢年过节还要给岳父母家购买礼品，平时也要到妻子娘家参加和分担生产劳动，当然他们也会分得娘家一定的家产。另外一种情况是无子多女家庭的大女儿已经招郎入赘，而后家庭劳力仍然觉不够，便让其中一个妹妹以"半招半嫁"的方式结婚，以增强家庭劳动力，使得赡养父母的基础更为牢固。进入21世纪后，年轻村民外出务工逐渐增多，有的家庭即使有两男两女，而且四个子女当中女儿并不年长，也会把两个女儿婚姻全部定为"半招半嫁"的性质，但其前提是儿子们赞成且常年在外工作（或打工）。这种婚姻方式，其实是对男娶女嫁婚俗的与时俱进的创新，但也冲击了人们传统的婚姻观。

(8) 离婚

庙村村民较为传统，婚姻家庭观念较强，改革开放以前离婚较为少见。中华人民共和国成立前少数的离婚者多为妇女，她们与丈夫离婚后回到娘家跟随父母和兄弟生活，直到终老，或不久后再婚。如今，庙村村民的婚姻较为稳固，年轻人离婚者也不多。即便个别村民离婚，也基本上是协议离婚。当然，有些村民由于没有办理正式的结婚手续，只是宴请亲友举办习俗婚姻，外来妇女后来出走的情况也有发生。

(9) 再婚

庙村村民的再婚人数也不多，特别是一些年老的村民认为丧偶后再婚会被村民笑话，因而宁愿守寡也不续弦或再嫁。但有一些从外地嫁来本村的妇女丧夫后也会招郎入赘（俗称"上门接脚"）而不外嫁。

(10) 祝寿

庙村村民虽然对健康长寿十分重视，但给老人举办祝寿活动的人家并不常见。在中国古人的观念中，六十岁为平头甲子（或花甲、耳顺、杖乡）之年，七十岁为古稀（或致政、致事、杖国）之年，八十岁为杖朝之年，八九十岁为耄耋之年，九十岁为鲐背之年，百岁为期颐之年。随着经济社会的发展和医疗卫生事业的不断进步，人们的生活质量也不断提升，寿命也相应延长。

20世纪80年代以前，庙村一些家庭富裕的人家有给六十岁以上的老人祝寿（即过生日）的习俗，但80年代以后祝寿习俗已基本不存。其原因，主要是多数村民认为祝寿会折寿，与其让自己折寿，还不如不让家人给自己祝寿。当然，上了年纪的老人担心祝寿活动会增加家里的开支是主要原因。另外，庙村村民还有"七三八四不祝寿"的习俗。也就是说，七十三岁和八十四岁是人生道路上的一道重要关口，是不能祝寿的，否则会影响寿星的生命健康。

过去庙村村民给老人祝寿时，一般会邀请亲友参加。届时，亲友携带礼品、礼金前来庆贺。寿宴上一般会根据寿星的年龄不同而备置数量不同的寿面（挂面）、寿桃（带馅的形如蟠桃的面包）和其他肉类食品及酒类，此外还为寿星提前缝制或购置新衣服，等等。

(11) 丧礼[①]

在庙村壮族社会中，丧礼是一项重要的人生礼仪。庙村壮族的丧礼分三种不同的情形：一是在家中去世，二是在村落范围内的户外死亡，三是在村外死亡。死主去世的地点不同，丧家为其举办的丧礼也各不相同。

①在家中去世的丧礼

无论是在家中病死等自然死亡，还是在家中突然跌倒等意外死亡，丧礼都是

---

① 现在该村大部分村民已改行火化，骨灰土葬。

大同小异的。丧礼各个时间节点和需要回避的年份之人确定后，各个工作小组开始分头行动。

以前电话、手机、互联网等通信方式尚未出现，报丧组一般是亲自到死者外家报丧。报丧者到了死者外家大门外，跪在大门口外燃放鞭炮，外家人听到鞭炮声出门察看，这时报丧者告以死者过世时间、出殡时间和需要回避之人的出生年份，闻丧者闻之恸哭，并告之前往哭丧。报丧者随后赶往他处报丧。至于本村家族兄弟，也是报丧组负责，不过没有燃放鞭炮，而是站在门外喊话和告知，同样不能进入别人家门。庙村村民认为，从丧家出来之人带有晦气，如果报丧者进入别人家门，就会把晦气带入别人家，这是非常不好和忌讳的。

②在村内户外死亡的丧礼

如果在本村辖地（包括山岭）而非户内死亡的人，是不能抬回家里举行丧礼的，而是在死者死亡的地点就地处理或抬到边远荒野埋葬，但其棺材（或棺椁）不能经过本村落内的任何道路。

③在村外死亡的丧礼

在村外死亡（包括出外就医无效和正常人惨遭横祸等意外死亡）者，其尸体不能拉回本村，甚至也不能经过隔壁邻村。遇此情形，一般是直接拉到本村对面的崖头村背的大河边山岭去埋。埋前的入棺材（棺椁）仪式，与村内户外大致相同。

（12）葬礼

死者出殡前一天，死者长子和负责抬棺的人随有经验的长辈选择墓坑地址。墓址选定后，死者长子要先挖第一锄，其后别人才能开挖，死者长子随后回家参加亡魂超度仪式。

出殡当天，会有一位师公手持双镲边走边敲打，庙村村民认为这是为亡魂开道，师公之后依次跟着魂幡、灵位、棺材和送柩的亲友。亲友送走一段路程，师公则导引至半路，每逢三岔路口，师公都要敲镲施法，庙村村民认为这是为防亡魂迷路和其他神灵阻挡死者赶路。

第二天，丧家亲属带上祭品前往亡人墓前举行祭奠仪式，并象征性地在坟头上加一块新土，俗称"覆土"。礼毕回家，但来往均已不足昨天抬棺上山之路，而改经他途。至此，整个葬礼仪式结束。随即进入守丧阶段，有守护"头七""三七"者，也有"七七"甚至更久者。中华人民共和国成立前多守护"七七"或一年，现今多守"头七"或"三七"。守丧期间，不能娱乐，不能饮酒，夫妻不能同房，也不能到别人家串门。守丧期结束后，守丧者需到上街赶圩，庙村村民认为这是在热闹的人群中冲淡晦气，此后才能到同村别人家里，否则需要给别人家挂红（即带上一包礼品，并在礼品上压一个红包），以取得别人谅解。

4. 民间信仰

（1）风水堪舆

以前庙村村民对风水堪舆较为讲究，无论建房修坟，还是打灶安床，抑或架桥铺路，都讲究选址朝向，"山主人丁水主财""藏风得水"等风水观念较为流行，会操作八卦罗盘的"地理先生"也经常受邀前来为村民的阳宅（活人住屋）、阴宅（死者坟墓）选址定乾坤。时至今日，"一宅二命三风水"的思想观念在庙村壮族民众社会中仍有一定影响。

（2）灵魂超度

庙村壮族民众相信轮回，会为亡魂超度，特别是那些生前做了坏事的恶人死后，其家人一般都要请师公（道士的俗称）为其超度亡魂。对于那些死于非命的亡者，埋葬时由于匆忙或在荒野不便请人超度，多年后也会请师公到家为其超度。有时，村民怀疑惹鬼上身，也要请道公或师公前来超度（俗称"解送"），以驱除附体鬼魂，恢复成正常人。

（3）神灵崇拜

庙村壮族民众信仰多神。社王、土地公、石狗石猪巨石、灶王、床婆神、花婆神、雷公电母、五行契物，等等，皆在其信仰之列。

社王大多位于村头、村尾或村边，实际上是村落保护神。一般是在一棵大树（主要是枫树、樟树等）下面立一块石头，上面再用一块小石压住一些红纸，象征构成社王的神位所在。过去，村民除了在春社和秋社祭祀社王外，除夕之日也会祭祀，祭品一般是一块煮熟的猪肉或鸡（有时会随季节不同而献祭不同的祭品，但数量须为单数）、一杯酒、一碗米饭，祭前焚香，祭后燃放鞭炮。20世纪90年代后，村民祭祀社王的习俗渐息。村民认为，社王神位周边为神圣之地，既不能砍伐那里的树木，也不能在那里大小便，否则会被社王惩罚。据说以前有个小孩在社王附近小便，社王发怒惩罚小孩几天不能排便，后来家人得知此事，赶紧给社王祭祀赔礼，那个小孩才又能够正常排放粪便。

在庙村壮族民众看来，土地公也是十分神圣的。村里现在虽然没有土地公庙，但据说土地公就在村头（石阶）的那棵苦楝树下。过去村民在农业生产劳作之余，喜欢在那棵苦楝树下的石头上乘凉休息，但几乎没人坐到苦楝树根，更不敢在那大小便。据说，有人曾经看到过一个身材非常矮小的白胡子老人出没于那棵苦楝树根周围，此后病得不轻，其家人到那祭祀后，那位病人方才转好。于是，村民们对土地公更加敬畏。

庙村壮族是否存在"石敢当"崇拜，并无史载。但他们相信石头是有灵性的。他们允许对面的崖头村民在其村头安置石狗、石猪各一块，以镇庙村后背的石山犹如猛虎扑其而来，"吃掉"崖头村民的一切好运，而以石狗、石猪化煞庙村后山巨石,并得到庙村民众默许和认可,说明庙村民众也存在巨石崇拜。

灶王崇拜在庙村壮族家庭中普遍存在。一般是在厨房比较大的灶的烟囱上贴一张红纸,表示本家灶王神位所在。村民平日不祭灶王,仅在腊月小年夜和大年夜当日傍晚祭祀。村民认为,小年夜祭祀是送灶王爷上天向玉皇大帝禀报主人家即将过去的一年的生活情况,大年夜(除夕)祭祀则是把灶王爷从天庭上接回自己家中,继续监视和护佑主人家新的一年饮食起居情况。

在庙村壮族村民看来,房间里的睡床是有床婆神看护的。因此,平日不能随便搬移床位,以免惊动床婆神。特别是孕妇睡床,更为讲究。村民认为,床婆神负责护佑孕妇胎儿,如果家有孕妇,不但不能随意移动孕妇睡床,而且也不能给松动的门框、凳子之类加钎敲打,否则可能会影响胎儿,使其流产或留下胎记,等等。

庙村壮族信仰花婆神,特别是那些已婚多年但仍然没有生育的夫妇更为笃信。他们除了祭奉观音娘娘外,还会请求本土的花婆神赐子。当地虽无花婆神庙,但村民一般会在村内外的大路边请人帮忙嫁接花桥,以红线牵引红花(俗称"引花"),实为求子习俗。

庙村壮族对雷鸣闪电也多有崇拜,认为雷公电母会扬善惩恶。如果做了坏事或亏心事,会雷劈电击,而心地善良之人,则不会担心雷鸣电闪殃及自身。

五行思想在庙村壮族社会中较为流行。他们一般都知道自己的命属于木金火水土中的什么命。如果自己的命与父母等家庭成员的命理相冲克,或者自己的五行命相中缺什么,就会找其对应物体进行拜契,以使自己的命相趋于完美,多福多寿。例如,如果命理缺火,就会拜契太阳,增强火候,或在名字中取字带火。如果缺水,就会到村里的井边以一小块红纸贴在井旁的石头上,以示拜契井水,或取带水的字作为自己的名字,如果需要多补水,就取三点水旁的字做名字;如果只需补充一些水,就取两点水偏旁的字为姓名。

5. 社会交往

(1) 打老同

庙村壮族村民过去有"打老同"(或"打同庚")的习俗,直到 20 世纪 90 年代以前还有此俗,现今已被同学、朋友之名取代。

"打老同"(或"打同庚")是两个同年出生但不同姓氏的人通过一定仪式(祭拜祖先、喝交杯酒或歃血饮酒等)结拜成为兄弟或姐妹的一种习俗。一般是同性别"打老同"者多,异性"打老同"者少,与汉族民众通过换帖"义结金兰"情形相似。

过去庙村壮族村民"打老同"不限民族,同族之间、壮族与汉族之间、壮族与瑶族之间等，只要双方愿意，均可以"打老同"，也可以通过一定仪式宣告解除同庚关系，不再往来。

（2）认契爷和契娘

庙村壮族村民如果认为自己的子女命苦，或为了更好地健康成长，曾有认契爷契娘的习俗，类似于汉族社会的认干爹干妈情形。

契爷和契娘的人选，没有特别要求，无论婚否，只要与孩子父母熟悉即可，也不一定需要举行仪式，双方商量和同意后，即可改口称呼对方。

（3）过继

20 世纪 80 年代以前，庙村壮族家庭普遍多孩，但有的夫妇婚后多年未能生育或丧失生育能力。此时，一般会从亲友中选择同一辈分的子或女过继给需要过继的家庭，以助其繁衍子孙后代。20 世纪 80 年代后严格执行计划生育政策，农村孩子数量减少，过继之俗渐息。

十、故事传说

1．"虎人过河"

传说以前庙村有户人家生养了一个奇怪的男孩。这个孩子出生时的哭声与一般孩子的哭声不同，有点儿像虎啸。

后来，这个男孩逐渐长大成人，他的头发有点儿像虎毛斑点，行为活动与别人也不太相同。他白天经常打盹、精神不佳，晚上则精神抖擞。每当夜深人静家人睡熟以后，他便悄悄溜出家门，到村外活动，虽然他出去时可以把家门轻轻关上，但没法从里面拴上门闩。他的父母早上发现家门还是拴得好好的，并没有什么异样。原来，他赶在天亮前回到家里，拴好门后到自己房间去休息。因此，在很长的时期内，他的父母和家人并未发现他与别人有什么不同。

又过了几年，这个头长虎毛的人夜间出去的时间越来越长，有时天亮后还没赶回到家里。他的父母早上起床开门，发现门口并未拴上门闩，但自己前一天晚上明明已经拴好门才去睡觉的，连续几天都是如此，因而心生疑惑，想要探个究竟。有一天晚上，他的父母与往常一样，照例拴门休息，但只是躺在床上佯装打鼾，他便又悄悄起床外出觅食。他的父亲听到开门和关门声，马上起床查看，透过门的缝隙和月光，他的父亲看到一只老虎从自己家门向外飞奔而去。他的父亲很是纳闷儿——哪来的老虎？想到自己的儿子头发与虎毛有些相似，便到他房间去查看，但自己的儿子不在房间，他似乎明白了什么。天亮之后，他儿子从村外回到家中，他便询问儿子夜里外出干什么，为什么会变成老虎。儿子嘴角还沾有一些带血的鸡毛和猪毛，裤腿上也沾了一些稻田里的泥浆。儿子见瞒不过父亲，便一五一十地交代了自己的所作所为，父亲听后十分震惊，瘫坐地上，不知如何是好。儿子把父亲扶到木凳上，央求父亲不要告诉包括家人在内的任何人，父亲含泪点头，知道自己生养了一个白天是人、夜间是虎的怪人——"虎人"。

此后，"虎人"继续自己人虎互变，但他知道，如果自己白天现为虎形，则永远再也无法变为人形了。

有一年夏天，"虎人"和自己的妹妹去外面赶圩回来，时近黄昏，由于大雨倾盆，山洪暴发，滚滚洪流淹没了村前小河中铺砌的石阶，妹妹问"虎人"哥哥如何过河回家，"虎人"想了一会儿，便对妹妹说："别担心，我们可以安全回家，但你必须按照我说的来做！"

"怎么做呢？"妹妹问道。

"虎人"说："我背你过河，但是你在我背上的时候千万不能睁开眼睛。好吗？"

"好的！不过河水这么大，水流这么急，能行吗？"妹妹说。

"放心吧，只要你在我背上的时候不睁开眼睛就行啦！""虎人"答道。

随后，妹妹跨在"虎人"背上。"虎人"问妹妹是否闭上了眼睛，妹妹说闭上了。"虎人"再次叮嘱妹妹在过河的过程中千万不要睁开眼睛。妹妹应允。开始过河了，妹妹紧闭双眼。听到哥哥在湍急的洪水中蹚过的声音，妹妹有些好奇，想探个究竟，心想张开眼睛也没什么吧，想着想着，就忘记了哥哥刚才的叮嘱，张开眼睛一看，发现自己坐老虎背上，吓得差点儿跌进河里，她问："哥哥，你在哪里？我怎么在老虎背上啊！""虎人"没有回答，继续把妹妹送到河对岸躺下，让妹妹下来，然后回头过河，回望了一会儿妹妹，便向外跑走了。

妹妹回到家，把刚才的情况告诉了父母，母亲哭得悲天跄地，父亲则一言不发地坐堂屋门边的木凳上。他知道，自己的儿子（虎人）已经无法变回人形了。

无法变回人形的"虎人"只得外出流浪，继续偷食别人的猪鸡等牲畜或家禽，或到别人的田地里糟蹋粮食，引起周边村民的怨恨，他们制作稻草人或捕兽机关，以吓退或捕获"虎人"。

"虎人"觉得在附近村庄觅食已经越来越困难，于是跑到鹿寨县的寨沙龙江一带活动。由于当地农作物和牲畜家禽经常遭到破坏或失踪，当地村民便请人施法猎杀"虎人"。"虎人"死后恢复原形，当地村民为其埋葬，后来又为他建了一个庙。据说现今广西鹿寨县的寨沙龙江一带仍有虎人庙。

2. 人脚变凳脚

传说庙村古时有一户贫困人家，孤儿寡母，母慈儿孝，但日子颇为清贫，有一年雨水很多，一年之中大半年都是阴雨天气，难见晴天。村民家中的干柴基本都烧完了，仍然不见天晴。这户贫苦人家，连湿漉漉的半生半干的柴火也烧完了。按照村里的习俗，每年端午节照例是要包粽子和煮粽子的。

母亲想在端午节当天包粽子和煮粽子,可她看到家里已经没有柴可烧了,一脸愁云。孝顺的儿子看在眼里,微笑着跟他母亲说:"妈妈,您别担心,我保证可以弄来柴火煮粽子的,您放心好了!"母亲唉声说道:"儿子啊,家里没有柴火了,你拿什么来烧火煮粽子啊?"儿子认真地对母亲说:"您包好粽子就可以了,其他的事情交给我来处理。"母亲将信将疑,不一会儿包好粽子,有三角粽、长形枕头粽,粽子的馅有板栗肉、花生芝麻和纯碱水。儿子帮忙把包好的粽子放到大锅里,添加冷水,漫过竹叶包裹的各种形状、各种馅心的粽子,盖上木盖,然后生火煮粽子。

儿子用一些干草和小树枝点燃火,添加了家里仅有的一根干木枝和两根半干半湿的柴火。母亲说,这些柴火怎么能够煮熟这些生粽子呢?儿子说,妈妈您辛苦了,请您到堂屋去休息吧,我煮熟粽子后再拿过去给您吃。

母亲到堂屋休息了一个多钟头,想看看儿子究竟能不能煮熟粽子,就悄悄地走到厨房,看看儿子究竟有什么办法烧火煮粽子。来到厨房后,母亲大吃一惊,她看见儿子把自己的一条腿伸进灶里,火正旺旺地烧着呢。母亲轻声地问儿子:"儿啊,你怎么拿自己的脚当柴火烧啊!?"儿子回答道:"妈妈,这不是我的脚呢,我烧的是板凳脚呢,您看,这哪里是我的脚,是板凳脚啊!"母亲揉了揉眼睛,自言自语道:"我刚才明明看到是你的脚啊,怎么现在变板凳脚了?你的脚呢?快给我看看!""我的脚在这里,妈妈您看看。"母亲摸了摸儿子的腿和脚,果然还完好无损,便说道:"儿子你是仙人,竟然会此法术!"

此后,人脚变凳脚的消息便不胫而走,久而久之,就成为村里一个传说。

3."与鬼打架"

庙村现今有一个山冲叫作"姑娘冲"。相传古时庙村有户人家,父女相依为命,女儿出生时,生母难产去世,父亲没有再娶,又当爹又当妈地抚养女儿,好不容易拉扯成人。

女儿长大后,十分懂事和孝顺,帮助父亲干农活和打理家务,日子一天比一天好起来。父亲也感到十分欣慰。

有一天,女儿上山打柴,当她挑柴下山到达山冲脚下时,突然阴云密布,狂风大作,有村民在远处看见她手拿柴刀,上下、左右、前后挥舞,并大声说:"我砍死你!砍死你!砍死你!"村民以为她和别人打架,但是除了她之外,没有别人,只见她自己挥刀乱砍,猜想她可能是"撞见鬼"了,并和"鬼"打架。不一会儿,她自己倒下了。村民赶忙回村告诉大家,大家进山搜索查看,发现那女儿倒在地上,面目狰狞,身上没有伤口,但已无生命体征。

女儿的父亲十分伤心,村民可怜这位父亲,帮忙把他女儿埋葬了。此后,埋葬那位姑娘的山就被叫作"姑娘山","与"鬼"打架的传说也因此流传下来。

4. 会法术的人

相传庙村有个会法术的男人，但他心术不正，喜欢用自己的法术去戏弄别人。

有一天，这个会法术的男人去邻近的县城赶圩，他看见自己身后不远处那个李姓的入赘本村的男人也去赶圩，他顿生邪念，想戏弄一下他。于是，他脱下自己的一只草鞋，蹲在路边稻田的田埂上，左手拿着草鞋，右手在草鞋上比画着，像是画符，而且口中呢喃细语，随后把他施了法术的草鞋放到稻田里，那草鞋马上变成了一只肥美的鲤鱼，在路边的水田里游来游去。这个会法术的男人得意地赶圩去了。不一会儿，那个李姓男人走到刚才施法术的男人所蹲的地方，他很好奇刚才那里发生了什么。他发现一只肥大的鲤鱼在脚边的稻田里游来游去，心想：刚才那个男人是不是也发现了这条鱼？但他为什么不捉它呢？如果把它捉到街上去卖，估计会得个好价钱啊！他不捉它，正好我来捉它。于是，李姓男人脱了鞋，卷起裤腿，在稻田里开始捉那个鲤鱼。他不知道，这是一个被施了法术的东西，任凭他怎么捉都捉不住，好不容易捉住它，但一离开水面，鲤鱼又挣脱了。如此反复，弄得李姓男人也精疲力竭，但他很不服气，拼命想捉住鲤鱼。不知不觉，太阳快要落山了。那个施法术的男人赶圩回来，看见李姓男人还在稻田里忙活，便笑着问他："你在干什么呀？""我在捉鲤鱼，这里有一条好大的鲤鱼！""我看看，哪里有鲤鱼？没有鲤鱼啊，只有一只草鞋啊，这是我的草鞋，不是鲤鱼！"李姓男人看见他从田里捞起一只草鞋，穿在脚上，稻田恢复了平静。

李姓男人吃惊地望着会施法术的男人，愤怒地说："你戏弄我啊，害得我在这里白忙活一整天，赶圩也没赶成，你太过分了！你以后会不得好死的！"后来，据说这个会施法术的男人果然不得好死，57岁时被雷电劈死了！

5. "此地无银"

据说庙村历史上有个地主家里很有钱，但那个地主却是守财奴，他不仅对村里人吝啬，对他家里的人也十分吝啬。对于家里的钱财，他想方设法藏好，生怕自己的妻子和儿女们知道。

把钱藏在哪里才安全呢？地主左思右想，拿不定主意，后来，地主想起"此地无银三百两"的典故，就开始效仿，在地上和墙上挖了几个洞，把银元埋好后，又在地上和墙上写上"此地无银"几个大字。地主心想，不是说"最危险的地方，就是最安全的地方么？"因此，自己写的"此地无银"肯定不会引起别人的注意。

过了几天，地主去查看自己埋藏的钱财是否安全。当他走近埋藏钱财的屋子的时候，差点儿晕倒在那里。原来，地主埋藏的钱财已经被偷走，而且"此地无银"几个字的后边还被小偷添加了"三百两"，正印证了"此地无银三百两"的典故。

6."杀舅的刀比这刀利"

相传庙村过去有户人家很穷,母子相依为命,儿子到了婚娶年龄也没人来帮说媒。母亲很是担心,害怕自己老死以后,儿子也娶不上媳妇,可能要孤老一生。

后来,十里外的乡村有位腿部残疾的姑娘,虽然家庭条件不错,但也没人娶她。一位好心的媒婆便撮合他俩的婚事。那位母亲刚开始时担心自己家穷,虽然姑娘腿部残疾,但人家也不一定愿意嫁进家门。媒婆前往那位姑娘家探问,姑娘父母刚开始不乐意,担心自己的孩子嫁进婆家后受苦受累。后在媒婆三寸不烂之舌的劝说下,也同意了这门婚事。

腿部残疾的姑娘嫁进来后,母子俩对她倒也很好,那位母亲更是把儿媳妇视为己出。日子过得清苦安乐,一年后夫妻俩生了个聪明伶俐的女儿,为这清苦之家平添了几分快乐。不知不觉间,那女儿已经三岁,满地乱跑,能说会道,惹人喜爱。

有一年冬天,腿部残疾的妻子有一位在外地做生意的弟弟回家,前来看望姐姐和外甥女。由于多年未见,姐弟俩聊了很多,姐姐和姐夫留弟弟在家吃晚饭。晚饭期间,弟弟无意间说自己近些年在外面做生意,发了些小财。外甥女也闹着舅舅说说外面的故事。姐姐和姐夫觉得女儿太吵,就打发她去找奶奶玩耍。但是,女儿就是赖着舅舅讲讲外面的故事。舅舅只好应着外甥女说晚上讲故事好不好,边说边从口袋拿出鼓鼓的钱包,抽了一张崭新的百元大钞,递给外甥女说:"宝贝,舅舅给你一些零花钱,你改天买点零食吃吧。"姐夫看见妻弟手里鼓鼓的钱包,眼睛睁得大大的。他自打出生以来,可从来没见过这么多钱哟。他想,如果自己也有这么多钱,那该多好!晚饭后,天色已晚,姐姐留弟弟在家里住上一晚。姐夫惦记妻弟鼓鼓的钱包,也极力挽留他住宿。弟弟想想刚才答应要给外甥女讲故事,因此也就答应住下来了。

随后,弟弟到堂屋给外甥女讲故事去了,姐姐在厨房收拾和清洗碗筷,姐夫则在院子里点着煤油灯磨刀。听舅舅讲了几个故事,外甥女听见爸爸在院子里沙沙地做着什么,便跑到她爸爸跟前问道:"爸爸,您在干什么啊?""我在磨刀,准备明天杀年猪,好让你舅舅带点年货回去给你外公外婆过年。""哦,爸爸准备杀年猪啰!杀年猪啰!"女儿嚷着,又跑去听她舅舅讲故事去了。

夜深了,大家相继就寝了,女儿模模糊糊地看到,自己的爸爸正拿着磨得锋利的杀猪刀蹑手蹑脚地走到舅舅的床前,一刀就把舅舅杀死了。女儿被爸爸的举动吓坏了,呜呜咽咽地哭了起来。杀了妻弟的姐夫赶紧去哄女儿,待女儿睡熟后,赶紧去搜妻弟的钱包,并把妻弟扛到家外的山上埋了。

第二天早上,女儿醒来,听见爸爸又在院子里磨刀,赶忙爬起来问爸爸:"舅舅去哪里了?你昨晚上是不是把舅舅给杀了?""女儿,你胡说什么啊?爸爸没有杀你舅舅,你舅舅昨夜说家里有急事,连夜赶回去了。""我不信,我昨晚明明看见你拿刀杀死舅舅了，而且你杀舅舅的刀比你现在磨的这把刀要锋利得多！"听到女儿这么一说，腿部残疾的姑娘顿时瘫在地上，她丈夫的刀也从手中滑落，砍在自己的右脚面上，不治身亡，家庭的悲剧不久便在十里八乡传播开来。随后，庙村和附近的村庄开始流传"知人知面不知心""财不可外漏"的故事传说。

7."好别人与害自己"

相传庙村历史上有两个性格特征十分相左的男人：一个热心肠而喜欢做好事、善事的廖姓村民和另外一个喜欢算计别人和专做损人利己的事情的李姓男人。

在村民的印象中，廖姓男人从不计较个人得失，而是处处为别人着想，宁可自己吃亏，也不让他人利益受损。久而久之，这个廖姓男人就被村民当作"傻子"，年过四十尚未成家，村里没有哪个姑娘看得上她，十里八乡的外村姑娘了解情况后，都不愿意和他成亲，成了远近闻名的光棍"傻子"。但他宁愿终身不娶，坚持做善事。

李姓男人则相反，他处处想钻别人空子，专门做损人利己的事情。有一次，村里有户人家请廖姓男人和李姓男人一起修整房屋和检修房屋顶上的漏瓦。李姓男人对廖姓男人说，你手脚麻利，做事踏实，还是你上屋顶检漏，我在下面给你递瓦和做帮手吧。"好吧。"廖姓男人说完，就爬上屋顶去了。李姓男人在地上用竹篙捅了捅屋顶漏瓦的漏光处，以提醒廖姓男人漏瓦的具体位置。忙碌了一个上午，半边的漏瓦检修工作告一段落。

午饭后，李姓男人对廖姓男人说："你上午上屋顶检漏辛苦了，下午换我上屋顶检漏吧。"廖姓男人本想继续上屋检漏的，但在李姓男人的劝说下，就不再坚持了。李姓男人爬上屋顶后，大声呼喊廖姓男人，让他用竹篙把漏瓦的地方捅大一些，以便知道漏瓦的准确位置。前两次他们配合较为顺利，第三次时，李姓男人开始琢磨戏弄廖姓男人，他在屋顶大声喊道："老廖，麻烦你把那个漏口捅大一点，以便我辨认。"廖姓男人根据李姓男人的要求把漏口处捅得更大一些，但是，李姓男人还是说在上面没找到漏口位置。廖姓男人用竹篙边捅漏口边问李姓男人看到漏口位置没有，李姓男人连说几遍"还没看到"，不一会儿，"雨滴"从漏口洒下来，正好落在廖姓男人的眼睛和脸上，"下雨了吗？这雨水怎么是热的和咸的啊？"廖姓男人问道。李姓男人在屋顶上大声笑道："是下雨了，不过是我的尿雨，味道怎么样啊？不错吧？""你怎么能这样啊？你做这种事情难道不亏心吗？你就不怕遭到报应吗？"廖姓男人问道。"报应？我做了那么多事情，也没见什么报应！你做了那么多好事，又有什么好报呢？你不还是那么穷，连个媳妇都娶不上？"两人正说着，李姓男人突然脚下一滑，失去重心，从近3米高的屋顶滚了下去，摔死在地面上。

此后，村里便流传着"坏人害心害自己"，迟早总会遭报应的故事。

本章附录

庙村的一位粮食管理干部工作手册所见的资料

附表1　1961年环山大队夏收稻谷数

小队名称	水谷(生谷)/斤	干谷/斤
於朝队	33 130	28 670
敬通队	32 313	25 823.4
庙村队	43 855	32 986
崖头队	不详	不详
炉村队	不详	不详

附表2　1961年6月上、中、下旬新潮大队各小队粮食分配情况　　单位：斤

小队名称	上旬 应分配	上旬 已分配	上旬 应补	中旬 应分配	中旬 应补	中旬 合计	下旬 应分配	下旬 应补/扣	下旬 合计
壬子猪场队	407.6	297.7	109.9	407.6	109.435	517.035	407.6	−34.12	373.48
尚正队	1201.4	1071.4	129.85	1201.4	129.85	1331.1	1201.4	−102	1099.4
高群队	1120.1	999.6	130	1120.1	121.4	1241.5	1120.1	−58.89	1061.21
樟木队	1524.6	1345	179.6	1524.6	179.375	1703.975	1524.6	0	1524.6
公座队	1635	1450	185	1635	224.2	1859.2	1635	+370	2005
炉村队	1590	1405	185	1590	185	1775	1590	0	1590
庙村队	1266.4	1126.3	100.1	1266.4	153.55	1419.95	1279.1	0	1279.1

注：当时崖头村与庙村合并为庙村。

附表3　1961年8月4日环山大队各小队粮食分配方案

小队名称	人口数量/人	五个月每人留粮天数/天	留口粮合计/斤	田亩数量/亩	留种合计/斤	超产奖励粮食/斤	小队留粮合计/斤	上交大队公余粮/斤	上交大队饲料粮/斤	上交大队奖励粮30%/斤	上交大队粮食合计/斤
於朝队	85	150	12 526	15	1 403	2 341	16 270	12 687	626	817	14 130
敬通队	87	150	12 680	15	1 383	1 941	16 004	12 545	634	817	13 996
炉村队	169	150	24 609	15	2 790	3 344	30 743	15 789	1 230	1 333	18 352
庙村队	83	150	12 365	15	1 620	4 219	18 204	12 236	618	805	13 659
崖头队	43	150	5 882	15	618	1 721	8 221	4 443	294	337	5 074
合计	467	750	68 062	75	7 814	13 566	89 442	57 700	3 402	4 109	65 211

第十二章　访谈信息一览表（样表）及访谈内容引证分析示例

一、访谈信息一览表（样表）

序号	访谈对象	样本类型	访谈时间	访谈地点	访谈内容	访谈方式	访谈环境	备注
1	2022-YK-LS-01	村民	2022.01.22 16:30-16:45	崖口村	崖口村党组织发展和建设概况	结构性访谈	安静无干扰	
2	2022-YK-XXM-01	村民	2022.01.22 17:00-17:25	崖口村党群服务中心	崖口村党组织发展和建设概况	结构性访谈	安静无干扰	
3	2022-YK-TJG-01	村民	2022.01.22 17:30-17:50	崖口村	崖口村党组织发展和建设概况	结构性访谈	安静无干扰	
4	2022-YK-TSY-01	村民	2022.01.22 18:00-18:15	崖口村	崖口村党组织发展和建设概况	结构性访谈	安静无干扰	
5	2022-YK-TJK-01	村总党支部书记	2022.01.20 10:00-11:00	崖口村党群服务中心	崖口村党组织发展和建设概况	结构性访谈	安静无干扰	
6	2022-YK-TMH-01	村总党支部成员	2022.01.20 11:00-11:40	崖口村党群服务中心	崖口村党组织发展和建设概况	结构性访谈	安静无干扰	
7	2022-YK-YLZ-01	党员	2022.01.21 10:00-10:30	崖口村村委会	崖口村党组织发展和建设概况	结构性访谈	安静无干扰	
8	2022-YK-XLS-01	村干部	2022.01.21 10:30-11:20	崖口村村委会	崖口村党组织发展和建设概况	结构性访谈	安静无干扰	
9	2022-YK-LJK-01	村干部	2022.01.21 11:20-12:05	崖口村村委会	崖口村党组织发展和建设概况	结构性访谈	安静无干扰	

资料来源：华南农业大学 2022 届社会学本科毕业论文（伍婉雯《乡村振兴战略中的农村基层党组织建设研究：以中山市崖口村为例》附录）

该表基本上呈现了访谈的简要信息，但"样本类型"改为"被访者身份"更合适一些。另外，访谈地点中的"崖口村"仍然不够具体，应该具体说明在崖口村的哪个具体地点（如村民家中还是村内哪个公共场所等）。由于采用的是结构式访谈，因而访谈内容始终如一。实际上，针对不同的访谈对象，访谈方式和内容可以有所侧重和不同，特别是质性研究更提倡运用无结构式或半结构式访谈方式进行访谈，尤其是进行深度访谈。除附录中列表呈现"访谈信息一览表"之外，正文中还需要引述相关访谈资料并进行讨论和分析。

二、访谈内容引证分析示例

以下是华南农业大学2022届社会学本科毕业生伍婉雯《乡村振兴战略中的农村基层党组织建设研究：以中山市崖口村为例》毕业论文第17页部分内容的截取（有少量改动）：

"我们的工作还是需要男性和女性相互配合的，女性干部这个缺口我们也在尽力补齐。"（2022-YK-TJK-01）

男性和女性在基层工作中发挥的作用各有侧重却同等重要，相比之下，女性党员具有良好共情力、细致耐心，在妇女、小孩群体中有较大影响力。因此，须要优化干部男女比例，确保村委会和党支部工作顺利进行。

时代发展日新月异，农村基层党组织只有不断提高学习能力和理论水平才能增强适应能力。但是我国农村基层党员队伍存在理论学习不足、知识储备欠缺、党组织学习教育工作形式化的问题。由于农村党员文化水平普遍偏低，难以有效学习和理解马克思列宁主义、毛泽东思想、邓小平理论、"三个代表"重要思想等理论。在访谈中崖口村村干部提到：

"我们村常住人口老年人还是占绝大多数的，年轻人都不愿意回来，觉得外面有更多机会，我们现在村党员和村干部基本上是中年人，文化程度普遍不高，对一些晦涩难懂的理论和紧跟时代的新鲜事物还是接受能力比较低的，希望可以多点年轻人回来建设家乡吧。"（2022-YK-XLS-01）

随着城镇化日益发展，农村空心化情况也日益严重，随之出现了党员老龄化问题，由于身体、思想、教育等多方面因素的限制，老龄党员不能及时主动消化新理论和新政策，用紧跟时代的眼光解决农村问题，导致基层党组织建设创新力度不足，使得政策和理论无法及时准确落实，影响乡村振兴战略的实行，也极易引发党员和群众的矛盾。

从这些截取的内容可以发现，该文作者以不同字体（仿宋）加双引号的方式呈现了访谈内容，并在引述内容反引号之后以圆括号加访谈对象编码的方式表示引文资料的出处，随后另起一段对该访谈引文资料进行讨论和分析，而不是把访谈资料引述堆砌在正文当中，不仅符合学术规范，而且较好地呼应了其毕业论文绪论部分的"研究方法介绍"及附录"访谈信息一览表"，有助于读者或评阅人对其研究方法规范性进行评判。

第十三章　宗族、祠堂与城中村的社区治理变迁
——以广州长湴村为考察中心[①]

传统的中国社会是一个宗法家族（简称"宗族"）社会。祠堂是宗族活动的中心。在相当长的历史时期内，宗族和祠堂在中国传统乡村社会中发挥着社区"自治"的重要功能。因此，宗族及其作为文化载体的祠堂便成为人类学者考察研究的主要对象和内容。沃森、莫里斯·弗里德曼等人分别对我国华南、东南地区的宗族社会做过人类学考察，阐述过宗族在我国乡村社会中的作用和功能。[1-2]许烺光先生更是把中国社会视为宗族社会，并将其与印度、美国社会进行比较研究，三种不同的社会特质恰如其书名《宗族·种姓·俱乐部》所涵括。[3]杨方泉的《塘村纠纷：一个南方村落的土地、宗族与社会》展示了广东佛山一个村落围绕土地展开的宗族争斗的历史场景，描述了都市化进程中的土地与宗族社会变迁。[4]李培林《村落的终结：羊城村的故事》中涉及广州石牌村的祠堂的内容虽少，但对城中村的宗族社会也有论述。[5]周大鸣和吕俊彪曾在《珠江流域的族群与区域文化研究》书中分节讨论了长湴村的族群构成和族群关系，主要是访谈资料分析，虽未涉及宗族和祠堂问题，但也为我们进一步研究提供了基础。[6]当然，涉及华南宗族社会的研究成果还有很多。限于篇幅，不再枚举。从研究范式上看，中国宗族社会研究的路径经历了社会学、人类学、历史学向科际整合的发展取向，乔素玲和黄国信则认为经历了社会人类学向社会历史学的转变过程。[7]值得注意的是，周华论述了长湴村宗族发展脉络，特别是中华人民共和国成立至2007年长湴村宗族先后发展为社队（1949—1977年）、村委（1978—1998年）及公司（1999—2007年）的历程。[8]但他主要从地权、股权、交易等经济结构和意识结构进行分析，对于宗族力量在正式和非正式制度中的博弈却基本上没有涉及，这不能不说是长湴村宗族社会研究的一大缺陷。

随着中华人民共和国成立后的农村土地改革、人民公社、"四清运动"等社会主义改造的相继推行，广大农村中的宗族社会组织的经济结构、组织制度和思想文化等基础遭到削弱，祠堂文化也随之式微。改革开放以后，特别是实行家庭联产承包责任制和社会主义市场经济体制以来，中国农村的宗族势力有所恢复，祠

[①] 本调查采用同点多时段间断非驻点方式进行，调查时间为2008年12月1日至2018年12月30日（2013年8月至2014年10月作者在美国访学除外），历时10年。

堂重建或修葺也开始兴盛起来。对于这种现象，学者们的意见不尽一致。多数学者认为，宗族势力的抬头是现代法治社会一种阻碍力量，不利于现代社会的形成和发展。费孝通认为，血缘与地缘的有机结合是中国传统乡村社会的基本特征。[9]但是，现代城市的发展并没有完全冲破血缘与地缘结合的传统社会，而是在城中村找到了赖以存续的根基。广州长𣲖村的个案表明，传统乡村社会中的宗族、祠堂在现代城市社会中仍然存在，并在社区治理中有其积极作用。本章对此问题进行讨论和分析。

一、广州长𣲖村的宗族和祠堂

长𣲖村位于广州市东北部，广汕公路东侧，西接元岗村，毗邻天河客运站；北连华南植物园，东接岑村，南界五山街；属丘陵地带。2000 年时该村面积 9 平方公里，耕地 374 亩①，经济联社 6 个，人口 2391 人，外来暂住人口 6200 人。[10]此后，随着广州城市扩展，城中村逐渐纳入城市建设范围，村（民）改居（民）制度推行，原来农村经济改制为村经济发展股份公司（简称村改制公司），户籍和农村社会管理则纳入属地社区管理。根据 2010 年第六次全国人口普查统计，长𣲖社区人口 19 196 人，其中，居住和户口均在本乡镇或街道者 2816 人（男性 1380 人，女性 1436 人），居住本地但户口在外乡镇或街道、或离开户口登记地半年以上者 16 236 人（男性 9013 人，女性 7223 人），另外尚有 144 人的户口和住地待定（男性 87 人，女性 57 人）。[11]比较这十年间的人口变化可以发现，长𣲖村本村的人口略有增加，但外来人口增加迅速，几乎达到 6 倍。[11]如何应对数倍于本村人口的外来人员？长𣲖村民宗族意识的复兴、分化和扩展为此提供了解答。

根据《长𣲖村志》的记载，长𣲖村主要有梁、招、陈三姓。其中，梁姓宗族有两支：一支是来自新会的粤平祖。梁粤平是新会县（今新会区）棠下镇桐井小桥村第六世祖梁遁川与钟氏于洪武元年（1368 年）所生，但他自幼被继母陈氏虐待，由祖父南庄抚养成人。洪武三十一年（1398 年），南庄给他 50 两银子携家出外谋生，来到长𣲖村定居。据说，如有桐井小桥村的兄弟来访，只要能够讲出南庄祖的对联"珠玑绵世泽，萃焕肇家声"，就予以接待，并给其回家的路费。其"宗脉延续，始粤平，到元湾，到石所，到茂松，到建南，到慕南、梁受、梁宗、东日、桂庭、泰峰、翠菊、东晓。其中，大房慕南、四房东日、五房桂庭、八房东晓留居本村，二房梁受、三房梁宗、六房泰峰、七房翠菊迁往别处。自十三世开始按世传排行世系：'世叶大明邦祖德远传昌令嗣诗书宏泽国孙猷藩衍振鸿图'。"[12]现在，长𣲖村粤平祖梁氏后代有 1600 多人，成为该村人口最多的一个宗族。[13, 14]其宗

---

① 1 亩≈666.67 平方米。

祠有坐落在长湴南大街自编 5 号的梁氏宗祠（总祠）、长湴南大街自编 12 号的慕南梁公祠、坐落在长湴南大街自编 9 号的桂庭梁公祠、坐落在长湴南大街自编 3 号的东日梁公祠、坐落在长湴东大街自编 11 号的东晓梁公祠。

另外一支梁姓宗族是土华梁姓。其祖先梁登仕，居南雄府保昌县沙水村珠玑巷，生三子。南宋时，梁登仕携三子南迁。第三子梁节娶妻徐氏，迁居番禺茭塘司土华村居住。五世祖梁元高生五子，第五子梁景茂于天顺元年（1457 年）由土华村迁至鹿步司长湴村定居。梁景茂生二子，长子梁子宁居长湴村，次子梁子富娶苏氏生四子，于 1728 年迁移到下元岗定居。到 2000 年时，长湴村子宁梁氏已传 23 代，其支脉从 19 世起按"世泽远怡谋道德文昌开胜业"排班行辈。[12]目前，长湴村的景茂祖后人有 200 多人。[14]其宗祠亦称梁氏宗祠（又称子龄祖祠），坐落在长湴西大街自编 1 号①，两进宽 5.6 米，进深 13.6 米，硬山顶，绿灰筒瓦。

招姓远祖传说叫招猛。汉初，招猛入粤，住番禺，有九子。次子居沙堤乡，其后裔于元朝迁往南海县（今佛山市南海区）朗边村，后又迁往大富乡石井头村。三世祖招自成，生一子名朝鼎，字公辅，号文振。元朝至元二十年（1283 年），朱元璋起兵，文振带兵追随。洪武四年（1371 年），授千户世职。及年老，其子懋勋继袭为山东济南卫千户，后改肃州卫千户。于是由大富乡石井头村迁居南海县。正统十年（1445 年），招僖从南海县井深村迁移到长湴村。目前长湴村有招氏后人 100 多人。[14]招氏宗祠坐落在长湴南大街自编 15 号，宽 10.5 米，深 16 米，青砖绿灰筒瓦。

长湴村陈姓先祖于北宋末年因金兵南侵，随中原移民南迁，后由江西省柳溪迁移到广东省番禺县（今番禺区）嘉和员村。明朝正统元年（1436 年），其十三世第五房陈宗安再迁到长湴村怀安里，入赘梁氏，生一子名招长；梁氏夫人卒后娶林氏，生一子名顺；林氏卒后娶黄氏，生三子，长子名泰。[15]目前，长湴村有陈姓 12 户，总人口 47 人。其中，男 25 人、女 22 人。[14,16]长湴村陈姓似未建宗祠。

除梁、招、陈外，长湴村还有肖、罗、李、杨、何等姓氏。其来源主要有两种情况：一是解放初期在长湴村打田工，土地改革时落户长湴；二是投靠亲友，在长湴村落户。[16]当然，改革开放后，通过婚姻等方式，也有其他姓氏出现。

长湴村历史上周边地区多匪患，如清同治四年（1865 年）正月，长湴等十八村村民联合歼灭水口贼。[17]笔者在实地考察中得知，村民的宗族意识因中华民国时期长湴村与周边元岗村、龙洞村、岑村等村发生过械斗而有所强化。这与莫里斯·弗里德曼利用香港和东南亚地区的华人社会资料分析中国中东南宗族组织发达的原因（宗族械斗和水利灌溉等）有一定相似之处。

---

① 《长湴村志》（中华书局 2004 年版）第 158 页该祠堂坐落于长湴南大街 17 号，但笔者在实地考察中发现该祠堂门牌地址实际上是"长湴西大街自编 1 号"，故以其实际门牌地址为据。

中华人民共和国成立后至改革开放前后，由于农村宗族社会的经济基础、组织基础和文化基础遭到削弱，村民的宗族意识趋于弱化。20世纪90年代后，随着计划经济向市场经济转型，社会风险和不确定因素增加，加之外来流动人口增多，长涩村村民的宗族意识又开始复燃,其中尤以2010年前后的宗祠修葺为标志。

长涩村的一些宗祠如粤平祖的梁氏宗祠和招氏宗祠曾是抗日革命根据地旧址，除招氏宗祠较早修复外，梁氏宗祠和公祠则是近年（2009—2011年）修缮的。当地族人以维修抗日革命根据地旧址之名义，实际上是将宗族祠堂修葺与抗日革命根据地旧址修缮维护捆绑在一起，使得宗族祠堂的修复有了"合法"的名义。加上"清明节"于2008年后成为我国法定的公共节假日，敦族睦族、敬仰先祖的传统孝道文化的复兴，进一步推动了当地民众修缮宗祠、公祠的宗族活动。这可以从他们的捐款修祠、宗祠庆典及清明祭祖等活动反映出来。

粤平祖梁氏宗祠重修捐款倡议书如下[①]：

长涩梁氏宗祠有着几百年的历史，经历风雨沧桑，现已残墙破漏。唯一不变的是宗祠先祖不畏风吹雨打自始至今一直在呵护我们繁衍生息，传宗接代，安居乐业。

中华民族自古以来敬仰先祖，建殿修祠，时至今日，盛世华年，梁氏后人顺应民心，纷纷提出抢救宗祠，保护原抗日革命根据地旧址，集资重修宗祠，告慰先祖，宏[弘]扬梁氏民族文化，最近由众多位樑子族孙自发组成筹建小组，明确分工，严明纪律，具体负责集资和筹建工作，使其祖祠光前裕后，重展光华。

经上级文化部门批准，力求重建工作如期进行，我们恳请梁氏族人，不分姓氏，亲朋好友，企事业单位，商界成功人士，慷慨解囊捐资赞助，功德无量，福有悠[攸]归，共发其祥，踊跃捐款修祠。

捐款日期：2009年12月20日开始

梁氏宗祠筹建小组撰文
二〇〇九年十二月十三日

这份捐款倡议书有三点值得注意：一是强调宗族文化和祠堂古往今来的重要作用或功能，并把宗族文化视同"民族文化"；二是由于宗祠曾是革命根据地旧址，因而宗祠重修获得"上级文化部门批准"；三是募捐对象不限于梁氏族人，而是"不分姓氏"，面向不同宗族、不同行业、不同阶层的社会人士"开放"，反映了社会转型期当地宗族社会的开放意识。

这个祠堂通常又称为"梁氏大祠堂"或"梁氏太祠堂"，虽然较早倡议重修，

---

① 笔者2010年1月19日考察长涩村时拍摄于长涩经济发展有限公司（原长涩村委会）大门右侧围墙，另见廖杨主编《人类学与现代生活·附录》，北京：现代教育出版社，2012年版。该倡议书也张贴于长涩南大街自编5号的梁氏宗祠大门左侧外墙，该宗祠大门上方还悬挂着"衷心欢迎各位乡亲、热心人仕暨村民为梁氏宗祠重修踊跃募捐！（募捐处）"字样的横幅，十分醒目。本章尽量保持张贴文字的原貌。

但因长湴村现已纳入城中村改造计划,加之该祠堂已被广州市天河区认定为危房,担心祠堂修缮后再经城中村改造会造成重复投资,故于2011年8月底公示暂停修缮计划。其告示如下:

关于维修梁氏大宗祠捐款情况公示

各位捐助者、各位村民:

　　自维修梁氏大宗祠的倡议书发起以来,广大梁氏宗亲及热心人士积极捐助善款,目前捐款总额达到人民币 857 633 元。按原定计划下一步即将对梁氏大宗祠开展维修。但是我村纳入到广州城中村改造规划当中,改造规划启动后,村里的祠堂修复费用将由改造专项资金支付。筹委会经多次研究,为了不重复投入,决定暂停对梁氏大宗祠开展维修,下一步将视大环境而定,以维护各位捐助者的最大利益。现将捐款由村委托管,以作未来祠堂维修基金、祠堂公益事业,以不辜负各位捐助者的期望。

村民筹委会示
2011 年 8 月 29 日①

粤平祖大房慕南梁公祠、四房东日梁公祠、五房桂庭梁公祠、八房东晓梁公祠及子宁祖梁氏祠堂在2010年前后仍出租给外来务工人员居住或作档口店面,但几乎都同时在2010年底完成修缮工作,并于2011年初举行了隆重的捐款聚餐入伙庆典活动。相关通告如下:

庆祝活动启事

　　为纪念慕南梁公祠重修一百周年,举行聚餐庆祝活动,由父老及代表会议通过定于公历2011年1月18日(农历十二月十五日)举行,敬告村民踊跃参加,不分男女老少及姓氏,欢迎各房兄弟参加共庆!

　　此活动只代表本村一历史溯源盛会活动。自公告后筹资(时间)为一周,诚望大家互相通传积极配合,确保此庆祝活动如期顺利圆满成功!

　　决定:75岁以上,15岁以下(者)免费;每人集资50元以上不限,入席一票,多捐多福!下午五点半入席。筹资点:慕南梁公祠内

慕南梁公祠活动小组启
2011 年 1 月 6 日②

　　粤平祖四房东日梁公祠重修完工庆典聚会活动通知笔者虽未看到,但其维修捐款及开支情况见表13-1。

---

① 笔者2011年9月29日下午考察长湴村时拍摄于长湴经济发展有限公司(原长湴村委会)大门右侧围墙。
② 笔者2011年1月16日下午考察长湴村时拍摄于长湴经济发展有限公司(原长湴村委会)大门右侧围墙,限于村民文化水平,语句略有不通,为保持原始资料的完整性,本书未作修改,余同,特此说明。

表 13-1　东日梁公祠维修捐款及开支情况表

捐款次数	捐款人数/人	总收入/元	总支出/元	余款/元	备注
第一次	不详	15 800	11 326	4 474	
第二次	120	13 600	6 600	7 000	支出屏风5500元、门槛500元、喷油600元
合计		29 400	17 926	11 474	

资料来源：据笔者2011年1月16日下午考察长涊村时拍摄于东日梁公祠内墙壁上的"东日祠堂维修费"红纸手抄报告示中的数据汇总统计。

粤平祖五房桂庭梁公祠重修完工庆典聚会活动通知如下：

桂庭梁公祠各乡亲：

　　为庆祝五房桂庭梁公祠重修110周年志庆，经本房子弟、父老商议同意，于2011年1月24日（农历十二月二十一日），地点在梁桂庭本祠堂举办一次聚餐晚宴，下午5时入席。现向本房村民（不分姓氏）筹集资金，数量不限，要求每人筹集100元为1人入席1位，数量不限，办完聚餐多余钱，留在日后造神之牌及八仙枱（即八仙桌）之用。希望本房村民互相通知。筹集资金地点在五房梁桂庭公祠内，日期由2011年1月16日至23日内，希望各乡亲拥[踊]跃参加。

五房启
2011年1月16日①

　　据统计，本次桂庭梁公祠庆典活动共有183人参加捐款（其中外人2人，另有四房、八房等房族参加），捐款收入18 300元。

　　粤平祖八房东晓梁公祠重修完工后庆典聚餐入伙收入12 400元，加上290人捐款50 700元，香油款1600元，合计收入64 700元；修缮及聚餐等各项开支26 689元，余款38 011元（截至2011年2月21日）。②其入伙通知如下：

　　长涊村东晓梁公祠入伙时间定于2011年1月18日（农历十二月十五日）星期二晚，请互相告知。另外梁公祠维修完工后，还需要资金使用，决定按每户每人捐资100元以上，在入伙当日收取。

2011年1月14日③

　　东晓梁公祠还举行重修周年庆典聚餐活动，其通知这样写道：

---

① 笔者2011年1月16日下午考察长涊村时拍摄于长涊村南大街自编9号桂庭梁公祠大门外墙左侧。
② 笔者2012年12月4日考察长涊村时拍摄于该村东大街自编11号东晓梁公祠内墙"东晓梁公祠收支表"。
③ 笔者2011年1月16日下午考察长涊村时拍摄于长涊村东大街自编11号东晓梁公祠大门左侧墙上。

为了庆祝东晓梁公祠重修周年活动，定于2012年1月1日晚在祠堂聚餐活动，按人头收取每人60元以上，请互相告知。敬请族外（疑似笔误应为"内"——引者注）和外界人士参加。

八房启
2011.11.20①

不难看出，东晓梁公祠的重修周年庆典聚餐通知，已突破仅限本房族、宗族的狭隘圈子，而邀请外界人士参加，表明其宗族活动的开放性和聚合性，具有了整合社区人口的社会功能。

子宁祖梁氏宗祠重修庆典通知如下：②

子宁宗祠于2011年1月26日（农历十二月二十三日）为子宁祖百年大庆，现准备设宴庆贺，每位参加人员捐60元（姓氏不限），多捐欢迎，并于本月22日前到祠堂捐款，以便定酒席，请各位互相通告。本月农历十二月二十三日晚五时半入席。

联系电话：梁×清：136××××952；梁×炽：134××××489

据统计，子宁祖梁氏宗祠截至2011年1月26日共收到修祠捐款30 500元，截至2011年3月23日修祠捐款增加到30 900元，捐款人数165人，其中梁姓139人，其他姓氏26人（李姓4人，罗姓4人，杨、陈、凤姓各2人，郭、龙、孔、谢、孙、招、卢、温、薛、樊、黄、朱姓各1人）。其费用支出主要用于神台、神位、家私、凳子、天井石、水泥、砂石等购置及维修人工钱支付，以及元宵节采青、清明祭祖等费用支出等，2011年1月26日结余3835元，2011年2月20日结余2479元，2011年3月15日结余2179元。③

长涆村宗族意识的增长和祠堂聚合功能的强化，还表现在每年的元宵节庆和清明祭祖活动当中。慕南梁公祠2013年元宵节（农历正月十七日）聚餐通知如下：

经本房父老研究，决定于正月十七本村元宵大节，举行吃汤圆大团圆大聚会，欢迎父老乡亲大细老嫩（方言，泛指所有人）参加！祝大家幸福团圆，身体健康！万事胜意！时间：正月十七中午11点开始

希望大家踊[踊]跃参加，互相通传。

正月十五慕南祖启④

---

① 笔者2011年12月4日下午考察长涆村时拍摄于长涆村东大街自编11号东晓梁公祠大门左侧墙上。
② 笔者2011年1月16日下午考察长涆村时拍摄于长涆村西大街自编1号梁氏宗祠大门外墙左侧。
③ 笔者2012年2月8日下午考察长涆村时拍摄于长涆村西大街自编1号梁氏宗祠内墙右侧。
④ 笔者2013年3月3日下午考察长涆村拍摄于长涆南大街自编12号的慕南梁公祠大门左侧外墙。

子宁祖梁氏宗祠 2013 年元宵节（正月十七日）聚餐捐款通知如下：

本宗祠定于年十七（公历 2 月 26 日）祠堂聚餐，贺元宵。敬请本祠子孙、老幼、男女，踊跃参加，并敬请各方兄弟、朋友参贺。定于年初八至十三交款（每位 80 元）。①

2013 年元宵节（农历正月十七日）子宁祖梁氏宗祠聚餐捐款收支见表 13-2。

表 13-2　子宁宗祠正月十七日聚餐收支表（2013）

集资人数	集资款额/元	总支出/元	支出项目	结余/元
173	16 160	12 875	中餐 600 元、晚餐 9864 元、酒 876 元、百事可乐 178 元、搭棚 600 元、采青 200 元，烧肉等祭品、红纸、扫把、对联 447 元，人均支出 74.5 元	3 285

资料来源：据笔者 2013 年 3 月 3 日下午考察长涅村拍摄于长涅西大街自编 1 号的梁氏宗祠大门左侧外墙的"子宁宗祠正月十七日聚餐收支表"整理。

招氏宗祠 2013 年元宵节（农历正月十七日）聚餐捐款聚餐通知如下：

新年好！

本宗祠订[定]正月十七日（即 2 月 26 日）在祠堂聚餐，希望招氏子孙老幼男女，踴[踊]跃参加相聚庆贺新春！请于年初九至十三交款 80 元/位。收款人：招×、招×华②

2009 年粤平祖梁氏大祠堂清明祭祖公告如下：

梁氏后代清明祭祖

定于公历 4 月 11 日、农历 3 月 16 日（星期六）中午 1 时在梁氏宗祠门口集中出发愿意者再底交壹佰元，多捐不限，祭祖后，晚上六点在梁氏宗祠用膳。交款在怡乐园内祭祖行程表：1.长涅仙人居；2.黄陂岗；3.长安。时间：中午 1 点正（疑似应为"整"字——引者注）祠堂集中出发，祭祖后六时集中祠堂用膳。

2009 年 3 月 31 日③

2012 年粤平祖梁氏大祠堂清明祭祖启事如下：

祭祖启事

今年清明梁氏祭祖活动定于新历 2012 年 4 月 14 日（农历 3 月 24 日）星期六举行，当日中午一点在梁氏大宗祠集中出发，晚上六点在祠堂聚餐，活动费用每人 100 元起，希大家依时积极参加，望互相通传。此致

交款地点：本祠堂①

---

① 笔者 2013 年 2 月 23 日下午考察长涅村时拍摄于长涅村西大街自编 1 号梁氏宗祠外墙左侧。
② 笔者 2013 年 3 月 3 日下午考察长涅村拍摄于长涅西大街自编 2 号的招氏宗祠大门左侧外墙。
③ 笔者 2009 年 5 月 12 日下午考察长涅村时拍摄于长涅南大街自编 5 号的梁氏宗祠大门左侧外墙。

2009年、2012年、2013年粤平祖梁氏大祠堂清明祭祖捐物捐款及开支情况见表13-3。

表13-3 梁氏大祠堂2009—2013年清明祭祖捐款（物）及开支情况表

年份	捐款（物）总数	开支/元	结余/元	捐款人数/人
2009	30 560元及大烧猪2只	不详	不详	233
2012	16 680元及大烧猪3只、大炮竹8盘	16 038.8	641.2	164
2013	15 671.2元（含上年结余）及大烧猪3只、大炮竹4盘	15 231.5	439.7	129

资料来源：分别依据笔者2009年5月12日、2012年4月22日、2013年4月6日拍摄张贴于该祠堂大门墙壁的捐助名单或收支公布表统计。

慕南梁公祠2012年清明祭祖通知如下：

挺蘭公祭祖定于清明节（四月四日）早上八点半钟在本处集中去祭祖，中午集中食饭，每人暂交100元，出发前交。[②]

东日梁公祠2012年清明祭祖通知如下：

东日公祠定于本月9日（农历三月十九日）中午2点钟在本公祠拜祭，望有心人员参加，每人集资10元。赠回烧肉。有心人士请当天5点前取回烧肉，后既（疑似应为"概"字——引者注）不负责。

四房示[③]

桂庭梁公祠2012年清明祭祖通知如下：

桂庭公祠族人经部分人商议，定于2012年新历4月8日（农历三月十八日）星期日下午3点正（疑似应为"整"字——引者注）在本祠堂拜祭祖先。有意者参加拜祭，每人筹20元买祭品拜祭，特此通知。

五房启
2012年4月2日[①]

---

① 笔者2012年4月7日下午考察长湴村时拍摄于长湴南大街自编5号的梁氏宗祠大门左侧外墙。
② 笔者2012年4月7日下午考察长湴村时拍摄于长湴南大街自编12号的慕南梁公祠大门左侧外墙。
③ 笔者2012年4月7日下午考察长湴村时拍摄于长湴南大街自编3号的东日梁公祠大门左侧外墙。

东晓梁公祠 2012 年清明祭祖通知如下：

　　东晓梁公祠后人准备在 2012 年新历 4 月 21 号星期六下午 3 时去仙人楼拜祭祖先，晚上举行聚餐活动。收费按人头计，每人 60 元以上，欢迎族（内和）外界人士参加。

八房启

2012 年 3 月 12 日②

　　八房祭祖聚餐活动，为了确定人数安排餐席，请速来报名登记，报名到 2012 年 4 月 14 日，请互相通知。

八房启

2012 年 4 月 3 日③

　　招氏宗祠也举行联宗祭祖活动。其 2012 年清明祭祖通知如下：

　　于 2012 年 4 月 15 日早上八时集中扫墓，敬请各位族人积极参加。

祠堂理事启

2012 年 4 月 6 日④

　　长湴村的宗族活动为什么近年出现了复兴？社会学和人类学的以往研究认为，宗族是前现代社会或传统乡村社会的产物，它主要存在于"熟人社会"之间，祠堂是血缘和地缘的空间投射。但是，为什么在大都市郊区城市化的过程中，甚至长湴村已经从农村社区"转制"为城市社区（2005 年 5 月完成转制）的今天，当地的宗族意识不但没有被削弱，反而出现了"复兴"或增长（如捐款维修祠堂、正月十七日元宵聚会和清明联宗祭祖等）？这或许要从城中村的城市化本身来分析。

　　对于像长湴村这样的广州市 130 多条城中村而言，城市化不过是推动城中村社区发展的外部力量，但城中村内部原有"社区"虽然因城市化的发展而变动了传统乡村社区的人口结构、空间结构、经济结构、管理模式等，但其本质上仍然有别于已经完全市民化了的城市社区，处于传统乡村社区向现代城市社区过渡的一种形态。这种形态仍然倾向于把"陌生人"变为"熟人"。在近年长湴村的祠堂维修、庆祝元宵等捐款聚餐活动中，几乎各个祠堂都欢迎"族外人士"（不分姓氏）参加。宗族祠堂向族外异姓人士开放，其实就是化"生"为"熟"的社会资本动

---

① 笔者 2012 年 4 月 7 日下午考察长湴村时拍摄于长湴南大街自编 9 号的桂庭梁公祠大门右侧外墙。
② 笔者 2012 年 4 月 7 日下午考察长湴村时拍摄于长湴东大街自编 11 号的东晓梁公祠大门左侧外墙。
③ 笔者 2012 年 4 月 7 日下午考察长湴村时拍摄于长湴东大街自编 11 号的东晓梁公祠大门左侧外墙。
④ 笔者 2012 年 4 月 7 日下午考察长湴村时拍摄于长湴西大街自编 2 号的招氏宗祠大门左侧外墙。

员过程。

在完全城市化了的社区，商品房住宅小区集聚了陌生人，小区房屋的地理空间纵向延展取代了传统乡村社会空间的横向联结，房屋成了市民早出晚归的寓所，封闭的小区和紧闭的家门使得"家""乡"分离，亦即市民的"家"不再具有"乡土"气息。市民的"家"远离了"乡土"，其生产、生活方式也相应地远离了"乡土""农耕"，经济活动也随之转换到工业生产中的流水作业和商业服务计酬上来。但城中村却有所不同，虽然外来人口大增甚至数倍于本村人口，但本村人仍然相对集中或连片居住，其地理空间相对完整地保存下来，而不像已经完全城市化了的社区那样被商品房"分割"得支离破碎。换句话说，城中村村民的"家"仍然具有乡土气息，虽然他们因城市发展田地被征而无田可耕、无地可种，并"洗脚上岸"住进高楼别墅靠收"房租"生活。但是，这种从传统"耕田种地"到"耕楼"（出租房屋给外来流动人员而收房租）生产方式和经济生活的转变，并没有从根本上改变城中村村民（甚至是已经转变成"市民"的城中村原村民）的乡土意识。因为他们的人口结构、居住空间与其家园的联结仍然较为紧密，没有完全城市化了的社区市民的那种"乡愁"。相反，随着外来流动人口的增加和城中村城市化进程的加快，城中村村民反而需要寻求维系因此变化的乡村社会的管理秩序，睦宗合族的传统复兴和再造便因此获得了"发明"。在这里，我们似乎已经看到了长㴖村宗族意识增长的人口结构—空间结构—经济结构—管理模式转变的内在机理和逻辑推演，而祠堂修缮和清明祭祖等活动，不过是其宗族意识增强的外化形式。

中华人民共和国成立以后，长㴖村的建制沿革和乡村管理在《长㴖村志》已有叙述，此不赘述。但是，长㴖村各大宗族的力量是否嵌入到作为正式制度的村级组织及其社区治理当中，仍是一个值得探讨的问题。

根据《长㴖村志》第70—72页所列"建国后长㴖村历任党政负责人表"的名单，笔者于2014年12月30日下午在长㴖村怡乐园内与该村多位70岁以上的男性老人进行了访谈，以了解长㴖村各宗族或同一宗族内部不同房族在村落社区权力结构中的占比情况。表13-4是笔者的访谈结果汇总，大体上反映了长㴖村自20世纪30年代至21世纪初期各大宗族房族在本村正式组织中的力量布局。其中，新会粤平祖梁氏、土华子宁祖梁氏、招氏、陈氏分别以A、B、C、D表示，粤平祖梁氏大房族以A1、四房族以A4、五房族以A5、六房族以A6、八房族以A8表示。

表13-4　广州长㴖村历任党政负责人所属宗族（房族）表

年份	建制	党支部书记	党支部副书记	党支部委员	村（乡）长大队长	副村（乡）长副大队长
1939—1949					梁△，A4	
1953	长㴖乡	梁△，A6			招△，C	

续表

年份	建制	党支部书记	党支部副书记	党支部委员	村（乡）长大队长	副村（乡）长副大队长
1954	长涩乡	招△，C	谭△△			
1956	红星高级农业社	梁△，A8	招△，C		招△，C	陈△△，D；梁△△（宗族不详）
1958	长涩民兵营	谭△△			招△，C	
1959	长涩大队	陆△	梁△△，A1		招△，C	
1960	长涩大队	梁△，A6	梁△△，B		招△，C	梁△△，B
1961	长涩大队	梁△，A8	梁△△，B		招△，C	梁△△，B
1962	长涩大队	梁△，A8		梁△，A8；招△，C；梁△△，A1；梁△△，A1；梁△△，A5；陈△△，D	招△，C	梁△△，A1
1965	长涩大队	招△，C	梁△△，A1	招△，C；梁△，A8；梁△△，A1；陈△△，D；梁△△，A1；梁△△，A5；梁△△，A5		
1973	长涩大队	梁△，A8	梁△△，A1；	梁△，A8；梁△△，A1；梁△△，A5；梁△△，A1；陈△△，D；梁△△（宗族不详）	梁△△，A1；	梁△△，A1；梁△△（宗族不详）
1975	长涩大队	梁△，A8	梁△△，A4	梁△，A8；梁△△，A4；梁△△，A5；梁△△，A1；陈△△，D；梁△△，A1；招△△，C	梁△△，A5	梁△△，A1；陈△△，D
1977	长涩大队	梁△，A8	梁△△，A1	梁△，A8；梁△△，A1；梁△△，A5；梁△△，A1；招△，C；陈△△，D	梁△△，A5	梁△△，A1；梁△△，A5
1979	长涩大队	梁△△，A5		梁△△，A5；梁△△，A1；梁△，A8；陈△△，D；梁△△（赘），A1；招△△，C	梁△△，A5	梁△△，A1；梁△，A8；陈△△，D
1982	长涩大队	梁△△，A5		梁△△，A5；梁△△，A5；梁△△，A1；梁△，A8；陈△△，D；梁△△（赘），A1；招△△，C	梁△△，A5	梁△△，A1；梁△，A8；梁△△，A1
1984	长涩乡	梁△，A8	梁△△，A5	梁△，A8；梁△△，A5；梁△△，A1；梁△△，A1；梁△，A5	梁△△，A5	梁△△，A5；梁△△，A1

续表

年份	建制	党支部书记	党支部副书记	党支部委员	村（乡）长大队长	副村（乡）长副大队长
1985	长湴乡	梁△，A8	梁△△，A4	梁△，A8；梁△△，A5；梁△△，A1；梁△△，A1；梁△，A5；梁△△，A4	梁△△，A5	梁△△，A5；梁△△，A1
1987	长湴村	梁△△，A4	梁△△，A5	梁△△，A4；梁△△，A5；梁△△，A1；梁△，A5；梁△△，A5	梁△△，A5	梁△△，A1；梁△△，A5
1989	长湴村	梁△△，A4	梁△△，A5	梁△△，A4；梁△△，A5；梁△△，A5；梁△，A5；梁△△，A5	梁△△，A5	梁△△，A5；梁△△，A5
1990—1996	长湴村	梁△△，A1	梁△△，A5；梁△△，A1	梁△△，A1；梁△△，A1；梁△△，A5；梁△，A8；梁△△，A1	梁△△，A1	梁△△，A5；梁△△，A8
1997	长湴村	梁△△，A1	梁△△，A5；梁△△，A8	梁△△，A1；梁△△，A5；梁△△，A8；梁△△，A1；梁△△（编外），A1	梁△△，A5	梁△△，A8
1999—2002	长湴村	梁△△，A1	梁△△，A5；梁△△，A8	梁△△，A1；梁△△，A5；梁△△，A8；梁△，A1；梁△△，A1；梁△△，A5	梁△△，A5	梁△△，A8；梁△△，A5

资料来源：《长湴村志》第70-72页，表中人员所属宗族系实地访谈汇总整理而得。

从表13-4的统计资料可以看出，长湴村各大宗族在本村正式组织中出现的频次差别很大，其中，粤平祖梁氏族人出现140人次，招氏16人次，陈氏10人次，子宁祖梁氏4次。由于这些正式组织的领导主要是通过选举产生的，各大宗族在这些权力结构中的数量情况，基本反映了该村各大宗族的人口数量和结构状况。

值得注意的是，长湴村人口最多的粤平祖梁氏宗族各房族在本村正式组织中也存在较大差异。在粤平祖梁氏族人担任本村党政领导的140人次中，大房梁慕南族人50人次，四房梁东日族人9人次，五房梁桂庭族人52人次，六房梁泰峰族人2人次，八房梁东晓族人27人次。可见，粤平祖梁氏宗族的大房、五房、八房族人在长湴村级正式组织权力结构占据重要地位；四房曾一度发挥主导作用，但在1990年后退出了该村权力结构的舞台；六房人口较少（目前只有几家人），只在20世纪五六十年代占据本村权力结构的核心，1961年后已退出本村权力组织。改革开放特别是实行家庭联产承包责任制以后，长湴村的招氏、陈氏和子宁祖梁氏已完全退出本村正式权力组织。

另外，笔者在访谈中得知，2003年后特别是2005年5月长滧村完成"村改居"转制后，原村民委员会相应地转变为广州市长滧经济发展有限公司，原村委主要领导也转变为公司党支部书记和董事长。目前，该公司领导主要来自粤平祖梁氏宗族的大房和八房族人，原处于该村权力结构内部的五房族人也开始边缘化，反映了宗族内部的力量成长和房族势力的分化。

二、外来人口与广州长滧村社区治理的变迁

在相当长的时期内，长滧村的社会管理与国内其他地区的传统乡村一样，行政管理和民间自治并行不悖。《长滧村志》对其建制沿革和乡村管理已有阐述，本文无须赘述，只想考察长滧村社区治理与外来人口特别是民工的关系。

中华人民共和国成立前，长滧村一般是由本房父老负责处理本房事务，如果无法解决，再由"会源堂"（村级父老组织）进行处理。其原则，一般是按照族规处置。笔者2010年12月22日（冬至）下午拍摄于长滧村南大街自编12号的慕南梁公祠入门右侧内墙的《新建慕南公祖祠记》云：

"伏以先声丕振德泽启于后人，遗荫贻留礼乐，绳其祖武，每怀霜露，顿感春秋，追道范以云正，缅懱[微]音而如在恭惟。六世祖慕南公系出大房，法宗先哲，焕家声而济美，垂懿训以诒谋，事祀孔脩[修]由来旧矣。乃自庭垣久废，则精爽无凭。国课虚捐，则工修难卜爰。十三世祖乾跃、乾宝二公，尝田变置购地于村之南而祀，为推孝思也。启等云非别族，水本同源。拓十笏以崇规，启三楹而建址。庶几堂有簷牙，屋无雀角，土木告竣，松竹改观。黍稷维馨，四时享祀，灵宇斯妥，百世蒙庥。祠经始于嘉庆己巳年，越二年辛未冬十二月落成，是为记。谨将本祠规条开列于左：一许子孙在祠内延师教读诗书，以祈光耀。一许子孙婚嫁在本祠设筵庆叙。一许子孙父母天年在本祠内营理丧事。一许子孙起造屋宇在本祠内暂停木料。一禁子孙不得招引外人在祠内开场聚赌。一禁子孙田禾收割不得担入祠内屯贮，并在先祖神前打禾，恐有惊动不安。一禁子孙农具不得放在祠内致坏垣墙。一禁子孙游手好闲者不得在祠内居处饮食。十七世㫑孙邦遂出银式员 一禁子孙不得在祠内堆积柴薪、泥砖、秽物。本祠买地捐修共费银三佰壹拾两。乾跃祖捐银壹佰伍拾两，乾宝祖捐银壹佰伍拾两。十五世孙大焕、大启、大臻、大文、大赐、大汉、大奇、大乐、大桐、大清、大寿、大炳、大艺等仝[同]刊石。嘉庆岁次辛未季冬吉旦立。"

因该文最后"一禁"与前"一禁"之间有"十七世㫑孙邦遂出银式员"字样，不仅内容显得突兀，而且"银"不以"两"而以"员"计，明显不同。故笔者推测该碑为后人复制刊刻。中华人民共和国成立后，乡村社会除了接受基层组织管理外，还受村规民约等约束。

我国传统的乡村社会是农耕社会,农民的流动性不强。中华人民共和国成立后至改革开放,由于城乡二元经济结构、户籍制度、社会结构和管理模式影响,农民横向流动也很少。改革开放特别是市场经济体制建立和逐步深化后,广大内陆农村的务工人员纷纷涌入东南沿海发达地区,因受住房等生活成本因素的影响,他们大多集聚在城乡接合部,催生了城中村村民的"房租"市场。

20世纪80年代中期以前,长㘵村基本上没有外来人口。1985年后长㘵村开办了一些加工厂,外来工人超过500人。1990年后长㘵村的工业区和商业区先后开办起来,外来人口越来越多,2000年时达到6200人,2001年多达8800人。[18, 19]这些外来人员主要从事工业、农业、建筑、商业餐饮等活动,其职业状况见表13-5。

表 13-5 1992—2001 年长㘵村外来人口职业状况统计表

年份	从事职业					人数		
	工业	农业	建筑业	商业餐饮	其他	省外人数	本省人数	总数
1992	210	12	40	25	13	250	50	300
1993	240	15	40	31	25	270	81	351
1994	250	8	38	50	80	220	206	426
1995	270	10	41	55	124	350	150	500
1996	300	20	50	70	120	300	260	560
1998	不详	不详	不详	不详	不详	不详	不详	1450
1999	350	160	300	30	340	510	670	1180
2000	400	50	600	500	650	900	5300	6200
2001	200	2600	1000	5000	0	2500	6300	8800

资料来源:广州市天河区长㘵村民委员会. 长㘵村志[M]. 北京:中华书局,2004:33-34.

表13-5的统计数据表明,长㘵村的外来人员在20世纪90年代中期以前基本稳定在300—600人,而且外来人员中的省外人和广东本省人数基本持平,但1999年以后呈几何级增长,且广东省本省人数远远超过省外人数。这些外来人员中,从事工业生产者基本维持在200—400人,但农业、建筑业和商业餐饮者人数变化较大。

长㘵村于2005年5月完成村(民)改居(民)转制工作后,长㘵村民委员会相应地转为长㘵社区居民委员会,原村集体经济组织转为广州市长㘵经济发展有限公司。因此,长㘵村"原村民"和外来人口的人数状况在2010年第六次全国人口普查中纳入到长㘵社区居民委员会进行统计。其有关情况见表13-6、表13-7、表13-8。

表 13-6 2010 年长湴社区居委会按现住地、户口登记地、性别分户口登记在外乡镇街道人口

单位：人

	人数合计	省内小计	市辖区内人户分离小计	不包括市辖区内的人户分离小计	省外小计
男	9013	4662	164	4498	4351
女	7223	3779	205	3574	3444
合计	16236	8441	369	8072	7795

资料来源：根据邓浩锋主编《广州市天河区 2010 年人口普查资料》（广州市天河区统计局、广州市天河区第六次人口普查办公室编，2012 年 8 月。下同）第 396-397 页数据整理。

表 13-7 2010 年长湴社区居委会按现住地离开户口登记时间分的户口登记地在外地的人口

单位：人

	半年至一年	1—2 年	2—3 年	3—4 年	4—5 年	5—6 年	6 年以上	合计
离开户口登记地（省内）时间的人口小计	1309	2702	842	756	464	338	2030	8441
离开户口登记地（省外）时间的人口小计	1548	1340	853	740	544	400	2370	7795
离开户口登记地（省内外）时间人口合计	2857	4042	1695	1496	1008	738	4400	16236

资料来源：根据邓浩锋主编《广州市天河区 2010 年人口普查资料》第 448-458 页数据整理。

表 13-8 2010 年长湴社区居委会按现住地、性别划分的户口登记在省外的人口

单位：人

	北京	天津	河北	山西	内蒙古	辽宁	吉林	黑龙江	上海	江苏	浙江	河南	湖北
男性	1	6	28	15	9	12	17	32	1	17	20	399	305
女性	1	3	18	8	4	10	16	26	0	9	13	307	259
合计	2	9	46	23	13	22	33	58	1	26	33	706	564

	湖南	广西	海南	重庆	四川	贵州	云南	陕西	甘肃	青海	宁夏	新疆	合计
男性	1697	417	51	330	220	39	12	24	22	7	2	3	4351
女性	1321	354	43	300	209	34	18	24	6	3	1	1	3444
合计	3018	771	94	630	429	73	30	48	28	10	3	4	7795

资料来源：根据邓浩锋主编《广州市天河区 2010 年人口普查资料》第 408-443 页数据整理。

表 13-6、表 13-7、表 13-8 数据显示，2010 年长湴社区居委会 16 236 人外来人员中，来自广东本省 8441 人、省外 7795 人，而且这些省外人主要来自广东省周边或邻近省（自治区）如湖南、广西、河南、重庆、湖北、四川等。这些来自

不同省（自治区）的流动人员有着相对明显的行业特征。笔者在实地调查中得知，租住和在长湴村经营"生意"的外来民工主要来自湖南、广西、江西、四川、河南等省（自治区）。其中，湖南、广西的民工多以拉货为主（脚踏三轮板车、微型货车、卡车），有的湖南男性民工开出租车（与本地村民开黄褐色出租车有所不同）、女性经营发廊，江西民工主要经营防盗门窗等，四川民工主要经营餐饮、发廊，河南民工主要收废旧品微型货车，广东本省民工主要经营长湴市场等。

2001年前后的长湴村相关资料显示，该村省外人多数来自江西、湖南、广西、四川、贵州，少数来自福建、湖北；来自省内的，多来自五华、清远、韶关、潮州、汕头等，人数比省外多。高州人从事建筑行业，丰顺人多做轮胎生意，开平、台山的做木工，五华的做石匠，汕头、普宁、揭西、广西的多数从事种养业，湖南、四川的多数经营发廊。[19]后因城市建设需要，长湴村的集体土地不断被征用，农田和耕地不断减少，加之市区和近郊不准养猪，此后长湴村的种养业逐渐被其他行业如加工、建筑、餐饮等行业取代。在这个原来乡村—城中村—城市社区的发展转变过程中，"务工经商"仍然是长湴村外来人口流动迁移的主要原因。具体情况见表13-9。

表13-9 2010年长湴社区居民委员会外来人口迁移原因统计表　　单位：人

类型	项目	合计	务工经商	工作调动	学习培训	随迁家属	投亲靠友	拆迁搬家	寄挂户口	婚姻嫁娶	其他
本省外乡	男	4 662	3 118	141	817	500	11	20	1	12	42
	女	3 779	2 143	86	928	522	16	15	1	38	30
	小计	8 441	5 261	227	1 745	1 022	27	35	2	50	72
省外	男	4 351	3 660	163	92	386	12	2	0	3	33
	女	3 444	2 753	99	63	443	34	1	0	10	41
	小计	7 795	6 413	262	155	829	46	3	0	13	74
合计	男	9 013	6 778	304	909	886	23	22	1	15	75
	女	7 223	4 896	185	991	965	50	16	1	48	71
	合计	16 236	11 674	489	1 900	1 851	73	38	2	63	146

资料来源：根据邓浩锋主编《广州市天河区2010年人口普查资料》第490-515页数据整理。

表13-9数据表明，长湴村外来人口中属于"务工经商"者最多，且本省外乡和省外人员人数基本持平，但本省外乡的"学习培训"者和"随迁家属"人数远高于省外，"工作调动"者则大体相当。

长湴村对于外来流动人口的管理最初是纳入到治安管理当中。1984年该村成立了专职治保队伍，1998年成立了社会治安综合治理小组。根据广州市的有关规定,外来流动人口须经申报,并且身份证、计划生育证和暂住证齐全,才能在城区或农村居住。随着长涾村集体土地相续被征和外来流动人口的增加,村民的房屋出租和治理管理便被提上主要议事日程。2000年长涾村已有出租屋450间,外来人口4300多人。[20]2001年该村强化了出租屋管理责任制,使用IC卡为外来人口申报暂住证,该卡登记有租户的姓名、年龄、籍贯、出生时间、身高、指纹等基本资料,做到"人来登记,人走注销,底数清,情况明",实现出租屋业主、治保会和专属片区民警共同管理出租屋的网格化管理,为后来推行居住证管理模式积累了经验。

但是,由于联系片区的警力不足(只有1位片区民警),长涾村治保会除了负责维护好本村治安外,还要协助公安、消防、城管等部门做好相关工作,甚至还要出面调解家庭矛盾纠纷或劳资纠纷,目前虽有40多名治保队员,每天24小时分两班轮流巡逻值守,但因报酬低廉(每月2300—2500元,且无"五险一金"),近两年复员退伍军人都不愿意到村治保会工作。因此,他们感到工作压力很大。①

另一方面,长涾社区是由原长涾村委会发展而来的城中村社区,它在转型的过程中经历着由乡村社区管理向城市社区管理的模式转变,因此,城市管理和乡村管理的双重特征在这里体现得较为明显。从户籍制度上看,随着当地村(民)改居(民)制2005年5月完成和居住证取代暂住证,身份方面的城乡差别似乎已经消除。但是,对于城中村原有村民来说,他们当中有一部分甚至多数人已经通过"村改居制"转变为城市居民,但他们的城市工作因人而异。由于学历、技能、经验等因素的影响,不是人人都能在城市中找到好的、稳定和收入高的工作,他们当中有些人从事个体经营或者只能依靠房租营生。由于转变为市民就意味着他们要放弃原来的村级集体经济(土地、村办企业等)收益,在社会保障等尚未完善的情况下,那些已经"华丽转身"为市民的原有村民甚至怀念和羡慕原来的村民身份。

这种城乡二元经济体制和城市社区与城中村社区的"双轨"管理,给当地居民的经济生活、文化认同和社会认同带来了多重压力:一方面,房屋出租是城中村村民和部分市民收入的重要来源,但其前提建立在租客的需求基础之上。大量外来民工的到来和租住,为城中村村民和部分靠房租租金为收入的市民提供了重要的经济来源。但外来民工与租住社区之间缺乏认同,他们考虑的是经济因素而非非经济因素。这样,租户与业主的关系就变成了纯粹的经济关系。另一方面,纯粹的经济关系淡化并冲击着长涾村的人际关系,经济结构转型对该村原有的人口结构、空间结构和管理模式提出了挑战,刺激了该村宗族意识的增长,因此出现了该村2010年前后各大宗祠相继修缮和联宗祭祖的行动逻辑,并因经济生产方

---

① 笔者2013年7月14日11:30至13:00在长涾村治保会办公室访谈资料。

式（租房）转型而开放族群边界，吸纳外族人士参与宗族活动，试图化"生"为"熟"，实际上是当地文化内部结构应外部经济社会转型的反映。

综上所述，城市化的发展，使得长滆村已由20世纪90年代的城市郊区农村发展成为城中村，村（民）改居（民）制和居住证制度的推行，又使长滆村的经济社会发生转型。其结果，是长滆村村社区治理迫于两方面的压力引发的基层社会治理变迁：一是本村村民转变为市民，二是外来人口的涌入变动了社区的人口结构、经济结构和生产生活方式。[21]内外合力引发了当地的社区治理变迁，而宗族、祠堂的复兴则是应对这种变迁的内部调适。

从公共管理的角度看，社区治理需要多元主体的共同参与和平等协商，而不仅仅是社区居委会或村委会的"孤军作战"。"城中村"似城非城、似村非村、亦城亦村的地理空间积聚着城市和乡村的"二元经济"和生产生活方式，在"村改居"的过程中，村委会和居委会的"二元管理"体制和管理模式仍然存在。村委会和居委会对城中村的社区治理均有"插足"，但因管理不到位而出现"盲区"。显然，这种自上而下的社区治理模式并不能有效地解决城中村的所有问题，而有赖于自下而上的城中村民众的内生性力量的补给。长滆村的宗族和祠堂复兴即为例证，说明宗族和祠堂在现代社会治理中仍有其积极功能。

三、结论

广州长滆村近年来的祠堂修缮和宗族复兴，表明其有内在的社会需求：一是作为民间力量应对和弥补社区居委会或村委会"二元管理"的盲区；二是以开放姿态，积极争取和整合外来流动人口，以应对长滆村民由原"种田"向"耕楼"生产、生活方式的变革。

宗族通过血缘或拟制的方式动员本族或族外"认可"本族的力量，从而实现社会资本效益的最大化，以弥补村委会和居委会社区治理中的某些短板或"真空"。祠堂的重建或修葺就是应对村委会和居委会过度"行政化"的一种文化实践和行动表达。这实质上是在有"形"社区的基础上，重建有"神"（即文化）社区，通过地方性知识的挖掘和复兴，强化民众的族籍认同、文化认同和地域认同。所有这些，正是当今社会建设和社会管理所需要的。从这个意义上说，现代社会中的宗族、祠堂仍有其积极作用。

20世纪30年代至今长滆村各大宗族房族在本村党政组织中的力量布局，在一定程度上反映了各自宗族房族势力的兴衰。"村改居"转制后的长滆经济发展有限公司领导的变化，则反映了宗族内部的力量成长和房族势力的分化。

[本章完成于2016年，部分数据较为陈旧，为保留原文原貌，未作数据更新，文中综合运用

了文献研究法、谱系调查法、观察法、社区研究、案例研究等多种方法。本文曾获得教育部人文社科基金项目"城中村农民社会的人类学研究——以广州长湴村为考察中心"（09YJC840015）、广东省高等学校引进人才专项基金项目（粤财教〔2009〕109 号）、华南农业大学高层次人才引进专项基金（K09005）及国家留学基金委（201207630006）经费资助，特此致谢！]

参 考 文 献

[1] 沃森. 兄弟并不平等：华南的阶级和亲族关系[M]. 时丽娜，译. 上海：上海译文出版社，2008.

[2] 弗里德曼. 中国中东南的宗族组织[M]. 刘晓春，译. 上海：上海人民出版社，2000.

[3] 许烺光. 宗族·种姓·俱乐部[M]. 薛刚，译. 北京：华夏出版社，1990.

[4] 杨方泉. 塘村纠纷：一个南方村落的土地、宗族与社会[M]. 北京：中国社会科学出版社，2007.

[5] 李培林. 村落的终结：羊城村的故事[M]. 北京：商务印书馆，2004.

[6] 周大鸣，吕俊彪. 珠江流域的族群与区域文化研究[M]. 广州：中山大学出版社，2007.

[7] 乔素玲，黄国信. 中国宗族研究：从社会人类学到社会历史学的转向[J]. 社会学研究，2009（4）：196-213，245-246.

[8] 周华. 宗族变公司：广州长湴村村民组织结构的百年演变[M]. 北京：当代中国出版社，2014.

[9] 费孝通. 乡土中国　生育制度[M]. 北京：北京大学出版社，1998.

[10] 广州市天河区长湴村民委员会编. 长湴村志[M]. 北京：中华书局，2004：1.

[11] 邓浩锋. 广州市天河区 2010 年人口普查资料[Z]. 广州：广州市天河区统计局，广州市天河区第六次人口普查办公室，2012.

[12] 同[10]：39.

[13] 同[10]：35.

[14] 同[10]：36.

[15] 同[10]：40.

[16] 同[10]：37.

[17] 同[10]：109-110.

[18] 同[10]：32.

[19] 同[10]：33.

[20] 同[10]：82.

[21] 廖杨，蒙丽. 外来人口与城中村的社会管理变迁：基于广州长湴村的调研分析[J]. 中南民族大学学报（人文社会科学版），2014，34（4）：80-85.

第十四章　广州城中村的老年人生活状况调查
——以海珠区龙潭村为中心[*]

城中村是快速推进城市化进程中出现的产物。随着我国人口老龄化进程加快，城中村的养老问题也值得关注。本章以广州市海珠区龙潭村老年人的生活现状为调研对象，采用整体研究和个案研究相结合的方式，通过问卷调查和访谈方式，尝试从老年人本身、老年人家属、村委会等多个层面深入剖析现状背后的原因，并提出发挥各方面力量为老年人提供经济保障服务，丰富社区居家养老服务项目，改进和完善社区医疗服务，开展丰富的社区文化活动，增加社区不同地区老年人直接的交流，加强家庭成员及其个体的支持和营造尊老、爱老、敬老的家庭及社会氛围，改善龙潭村生活环境等建议，为改善城中村老年人的生活现状建言献策和为制定相关政策提供科学依据。

一、调研背景

人口老龄化是当今世界面临的重大社会问题之一，根据联合国的统计标准，如果一个国家60岁以上老年人口达到总人口数的10%或者65岁以上老年人口占人口总数的7%以上，这个国家就属于老龄化国家。中国是第一人口大国，是65岁及以上老年人口数量最多的国家，据民政部的统计数据和全国老龄办发布的《中国老龄事业发展报告（2013）》，截至2012年底，我国60岁及以上老年人口已达1.94亿，占总人口的14.3%，预计在2013年将突破2亿。[1]据此计算，我国早已进入老龄化国家行列。同时，老年人口的高龄、失能和空巢化等问题将进一步加剧，我国迅速增长的老龄化进程和严峻的养老现状再次被广泛关注，而城中村老年人作为老年人中比较典型的一类人群，它的出现及规模扩大也引起了社会各界的广泛关注。

随着城市化、工业化和现代化的发展，传统意义上的家庭养老方式受到巨大冲击。单纯的家庭养老时代已经过去，而完全意义上的社会化养老又未形成。城中村作为城市的边缘地区，其农村和城市的兼容注定了其特殊性，城市化进程并

---

[*] 本章是廖杨指导的2016届华南农业大学社会学本科毕业论文，经作者温文静同意收入本书。目前广州城中村的老年人生活状况与调研时相比已有较大改变，本章仅作为田野工作案例使用。特此说明。

没有瓦解原农村社区的居住结构和社会结构,大部分的体制杂乱无章,在城中村的社会保障体系不够完善的情况下,老年人的生活处境让人忧愁。[2]居住在城中村的本地老年人与外来老年人的生活状况有别,如何保障两者利益也是城中村发展改善的一大问题,关乎社会的稳定和发展。

广州市海珠区龙潭村的居民中老年人在该村人口占据较大的比例,成为社区各项活动的主体参与者。社区居家养老因其能充分利用社区原有资源,又不需耗费过高成本,将成为中国社会转型期未来老年人养老的主要方式。目前,城中村社区养老的发展现状与社会各方的期待还有相当大的距离,居家养老服务还不能得到有效的提供和保障,老年人大多数知识文化水平比较低,很大程度上影响了他们晚年的生活质量。为了建立和谐社会,给老年人营造一个良好的生活环境,我们有必要建立一个符合当地实际情况的老年人社会服务制度。

二、调研意义

1. 研究城中村老年人生活现状的意义

近些年来,学术界对我国城市和农村社区的养老问题的研究颇为深刻,包括政治学、经济学、管理学、社会保障、社会学、人口学等多个学科都从各个角度对此进行了不同程度的探讨。但有一类社区的养老问题研究却容易被大众遗忘,这就是除城市社区和农村社区以外的第三类社区——"城中村",城中村是我国城市化发展的必然产物,由于我国的特殊国情,它将在很长一段时间持续存在。[3]

目前国内较少对城中村老年人生活状况这一问题进行专门研究调查,因此开展调查有利于填补这一方面的空白。其次,对城中村老年人生活状况进行调查有"以小见大"的功能,因为城中村的社会结构复杂,很大程度上是我国转型期社会结构变迁的缩影。最后,人口老龄化已经成为关系经济发展、社会稳定的重大社会问题,了解老年人生活状况有利于解决养老问题。[4]

2. 研究广州市龙潭村的意义

城中村并非广州独有现象,中国的一二线城市几乎都有城中村存在。然而广州的城中村范围之大(占城市面积的 22%)、数量之多(高达 138 个)仍是其他城市所不及。广州是改革开放的前沿,是所谓"不设防的城市",进入门槛低,气候暖和,生存条件相对优厚,吸引了"孔雀东南飞""东西南北中发财来广东",使得广州拥有数量巨大的外来人口。[5]但是,中国独有的户籍制度使得外来务工人员享受不到本地户口所拥有的很多社会福利,城中村应运而生。

龙潭村作为广州 138 个城中村之一，非常具有代表性。龙潭村位于广州市海珠区的东面，村里河涌交错，是典型的珠三角水乡。龙潭村具有悠久的历史，村内依然存在着很多古老的祠堂、书院等古建筑。村内建筑新旧不一，城市建设规划不完善。原广州居民只占总人口的少数，外来人口众多。选择龙潭村作为研究广州城中村老年人生活情况的一个典型个案来分析极具意义。

3. 研究对象和方法

1) 研究对象

(1) 研究对象情况

本章主要的研究对象是生活在广州龙潭村的 60 周岁及以上的老年人，包括本地老年人和来自外地但居住在龙潭村的外来老年人。访谈对象以与老年人有较多接触的人，包括：老年人家属、社区队长者组组员、村委会养老事务相关负责人、负责养老事务的社工以及两位老年人代表（本地、外地各一）。

(2) 问卷发放及回收情况

抽样调查是指从调查对象的总体中抽取一些个人或单位作为样本，通过对样本的调查研究来推论总体的状况。本次采用简单随机抽样的方法，分别在龙潭村的路上和公共地方进行简单随机抽样，共计 160 个样本，来推论广州市海珠区龙潭村城中村老年人生活的状态情况。

本次调研派发问卷共 160 份，回收有效问卷 150 份，回收率为 93.75%。调查对象中的男女人数比例分别为 49% 和 51%，男女比例基本相当，保证调研的科学严谨性；另一方面，参与问卷调查的本地老年人比例为 63%，外来老年人比例为 37%，相比较之下本地老年人参与问卷调查的比例比较大，也是本次问卷调查的主体。

2) 调研方法

本次采用随机抽样、个案研究和独立配额控制相结合的方法。综合运用整体观察法、问卷调查法、访谈法和个案研究法等调研方式，根据调研目的、调研对象、抽样方式和实际开展情况等因素，选取适当的调研方式。具体方式如下。

(1) 整体观察法

整体观察法即调研人员运用自己的感官对调研对象进行观察，有目的有计划地观察其行为、情感的一种调查方法。采用整体观察法有利于确定平时龙潭村老年人经常活动的范围，了解老年人的活动场所，与老年人进行交流与接触，观察他们的生活状况，对老年人的生活有大致了解。

(2) 问卷调查法

问卷调查法是用书面形式间接搜集研究材料的一种调查手段。通过向调查者发出简明扼要的征询单（表），请示填写对有关问题的意见和建议来间接获得材料和信息的一种方法。本次调研中，我们主要运用该方法调查龙潭村老年人的生活现状。老年人大多不识字，所以每一张问卷几乎都需要与老年人进行一定时间的沟通才能完成，这样做出来的问卷对龙潭村老年人的生活现状有更深刻全面的认识，使关于龙潭村老年人生活现状的调查更具普遍性、代表性和说服力。

（3）访谈法

访谈法是指访问者与被访问者直接进行交流，探讨、思辨某一问题的定性研究方法。我们主要运用个人访谈方式，着重访谈了两位老年人（包括本地和外地），一位老年人家属，村委会主管老年人事务的干部和社工。通过一对一的深入的采访交流进一步了解龙潭村老年人的生活现状。在与村委干部的访谈中，我们清楚认识到国家对于养老的基本指导政策以及龙潭村村委的执行情况；在与老年人以及老年人家属的访谈中，我们更加深入真实地了解到老年人的生活现状以及他们相应的需求；在与社工访谈中，我们进一步了解到老年人平常的状态以及我们作为志愿者如何更好地为老年人服务，作为龙潭村这一项目的"开荒牛"其实是有着深远的意义。以老年人的生活现状以及他们的需求为前提和依据，正确把握访谈问题的设计，推动本次调研活动的客观性、深度性和代表性。

3）数据处理方法

本章整合分析各种调查方法收集获得的数据、文字、图片等资料，利用SPSS、Excel进行数据处理，利用分类整理法、归纳法等方法处理调查资料，最终在对调查资料充分整理和分析的基础上深入分析归纳龙潭村老年人的生活现状以及他们的种种需要，得出符合实际情况和具有指导意义的调研成果。

本次调查问卷的题目分为单项、多项选择，利用 SPSS 17.0 进行描述统计和非参数检验，利用 Excel 2003 对数据进行图表的制作，将收集到的资料进行归纳、整理和简化，使得杂乱无章的数据更加清晰，从而更加直观地反映龙潭村老年人的生活现状以及他们的需求。

4）研究质量以及局限性说明

本次调研立足于龙潭村老年人的生活状况，具有真实可信的事实依据。通过问卷、访谈及探访等多种方法，从不同渠道，不同的人身上了解到龙潭村老年人的生活现状，研究相对真实而客观。但仍然存在许多不利因素，例如：搬家或地址不详导致探访无法正常进行；部分老年人防范意识较高，不愿与人多交谈，老年人因身体不便外出较少等，这些因素对调研过程造成不利影响，因此本次调研无法覆盖整个龙潭村。

三、概念界定、指标测量和研究假设

1. 概念界定

（1）城中村

城中村是指在城市高速发展的进程中，由于农村土地全部被征用，农村集体成员由农民身份转变为居民身份后，仍居住在由原村改造而演变成的居民区，或是指在农村村落城市化进程中，由于农村土地大部分被征用，滞后于时代发展步伐、游离于现代城市管理之外的农民仍在原村居住而形成的村落，亦称为"都市里的村庄"。

"城中村"是处于传统村落向现代化城市过渡的"混合地带"，内在原因是城乡二元社会经济管理体制，外在因素是城市化进程的推进。通常所说的"城中村"，仅指在经济快速发展、城市化不断推进的过程中，位于城区边缘的农村被划入城区，在区域上已经成为城市的一部分，但在土地权属、户籍、行政管理体制上仍然保留着农村模式的村落，本次所调研的村落就是这一概念的城中村。[6]

（2）老年人

不同的文化圈对老年人有着不同的定义。由于生命的周期是一个渐变的过程，壮年到老年的分界线往往是很模糊的。有人认为做了祖父祖母就是进入了老年，有人认为退休是进入老年的一个标志。世界卫生组织以及西方一些发达国家对老年人的定义为65周岁及其以上的人群。中国古代曾将50岁作为中年人与老年人的划分界线。中华人民共和国政府规定为60周岁及其以上的人群即为老年人群，本次所调研的老年人就是这一概念的老年人。

2. 城中村老年人生活状况的指标测量

《中华人民共和国老年人权益保障法》中规定："国家和社会应当采取措施，健全保障老年人权益的各项制度，逐步改善保障老年人生活、健康、安全以及参与社会发展的条件，实现老有所养、老有所医、老有所为、老有所学、老有所乐。"本章所采用的三个指标体系老有所医、老有所养、老有所乐均来源于《中华人民共和国老年人权益保障法》，在此基础上测量龙潭村城中村老年生活状况。具体情况见表14-1。

老有所医，即在医疗服务的保障下，结合卫生资源和服务资源，满足老年人在医疗、照料、护理、康复等方面的需求，使老年人安心地养老。老有所养，即人们进入老年后，不能自己解决生活问题的情况下，能够得到家庭、社会的赡养。让进入老龄阶段、丧失劳动能力或者超过退休年龄而无法工作的人们顺利度过晚年。[7]老有所乐，即开展适合老年人特点的文化、体育活动，丰富老年人的文体活动，使他们幸福地安度晚年。建设老年人活动中心和老年人活动站（室）等，为活跃老年人的生活提供场所。

表 14-1　城中村老年人生活状况的指标测量

指标测量	问卷中所涉及的部分问题
老有所医	在过去一年中老年人的生病次数
	老年人最近一次身体检查的时间
	社区为老年人提供的服务
老有所养	老年人目前的主要生活来源
	老年人目前的居住方式
	子女与老年人的联系频率
老有所乐	老年人对自身价值的看法
	老年人平时的闲暇生活
	社区为老年人提供的文化休闲服务
	老年人希望参加的活动

3. 研究假设

中国的一二线城市都存在类似于龙潭村的典型城中村现象，作为广州138个城中村之一的龙潭村，老年人占据很大的比例，一部分是本地的老年人，另外一部分则是涌进来的外来人口的家庭（以老年人为主）。选择龙潭村的老年人作为我们的调研对象具有可行性，且有较多的采访对象，得出的信息量比较充足，可以对调研的各个问题进行全面而完整的分析，对老年人生活存在的问题提出相应的改善措施。

龙潭村本地老年人和外来老年人的生活水平和生活质量是有所区别的，本地老年人的物质和精神生活应该会比外来老年人的条件好。外来老年人的社会养老保障相对欠缺，主要依靠子女赡养，外出务工有利于提高子女对外来老年人的经济支持能力，但外出子女的经济供养水平普遍偏低，外来老年人的生活条件可能并没有得到显著改善。外来老年人的生活收入比较少，生活压力比较大，也可能因为语言不通，与周围邻居的交流偏少，娱乐休闲方式缺乏。

四、结果分析

1. 城中村老年人的生活状况描述

（1）老年人身体状况总体良好，但对身体健康问题重视程度不够

图 14-1、图 14-2 分别反映了老年人的大致身体状况以及对身体健康问题的重视程度。

由图 14-1 可看出，在过去一年中，48.3%的老年人生 1—2 次病，20.7%的老年人生病次数达 3 次及以上，从来没有生过病的老年人占 31%。由此可知，龙潭村老年人的身体状况良好，大多处于健康状态。

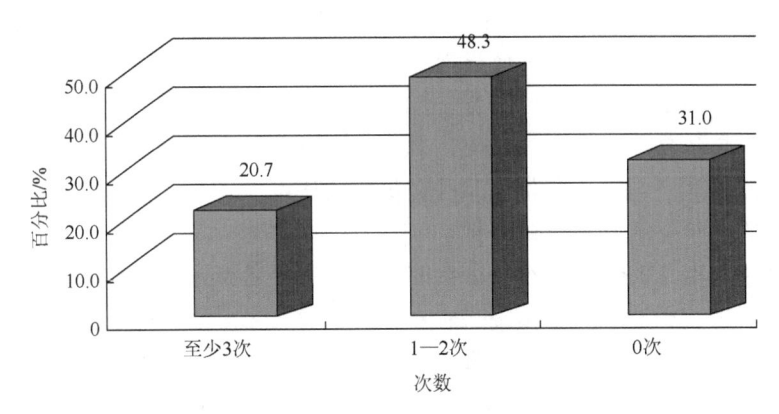

图 14-1　在过去一年中老年人生病的次数

由图 14-2 可知，一年以前进行身体检查的老年人接近半数，不足 30%的老年人在半年到一年的时间内进行检查，10%左右的老年人在两个月到半年内的时间里接受过身体检查，在一个月内检查过身体的老年人为 5%左右。在调查中问及长时间不做身体检查的原因时，老人们反映是出自经济方面的考虑。在访谈老年人家属，问及如何看待老年人健康问题，家属回答道"平常一般不会去医院，老人有什么不舒服才会去看医生。经济压力大而且老人行动不便，基本也是比较少出去体检的。"[1]

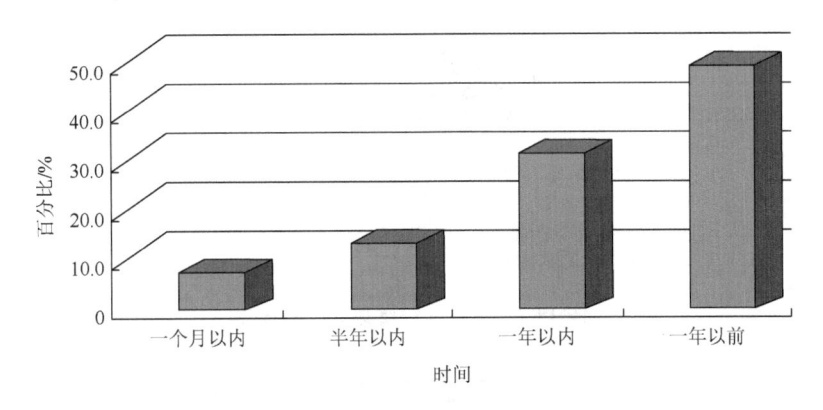

图 14-2　老年人最近一次身体检查的时间

---

[1] 2015 年 3 月 22 日在龙潭村广场访谈老年人家属，详见附录 4 老年人家属访谈记录。

本地的老年人普遍对医疗保险（简称医保）存在不满，认为购买医保的支出得不到应有的收入。另一方面则是医疗补助不足，医疗的保障水平太低，报销比例小，无法抵御大病的侵袭。一旦遇到大病或者疑难杂症，医疗保险无法应付；在访谈本地老年人李婆婆时，李婆婆表示生活来源除了儿女给的生活费，还有500多元的农村社会保险（简称农保），但是农保收入比较低，帮补家计力度不大。[①]另外，外来老年人基本处于零或者低程度的医保状态，得不到应有的医疗保健支持。

（2）城中村老年人心理健康呈现多元化趋势

中国社会科学院老年科学研究会秘书长张仙桥指出，今天中国的物质和精神财富是以前多年创造和积累的结果，老年人分享劳动和社会发展的成果是完全理所当然的，是对老年人自我价值和社会价值的认可。老年人持什么样的价值观，对于他们的晚年生活具有重要意义。

从老年人本身的特点和参与社会的能力来看，老年人的社会参与包括以再就业为主的社会经济活动、以精神娱乐为主的社会文化活动、以增加社会网络为主的人际交往活动、以实现自我价值为主的社会公益和志愿者活动。[8]

图14-3展示了老年人对自身价值的看法。由图可知，16%的老年人在大部分时间里会觉得自己已经老了，没有任何现实价值，10%的老年人在较多时间里会有这种感觉，21%的老年人在一部分时间里会觉得自己的价值得不到体现，24%的老年人只有一小部分时间会觉得自己已经老了没有现实价值，29%的老年人从不觉得自己没有现实价值。因年纪增长而担忧自己逐渐失去现实价值的心理现象在老年人中是普遍存在的。由数据分布可看出，这种心理现象对龙潭村略超半数的老年人影响不大，但仍有接近半数的老年人会担忧自己的现实价值问题，这需要引起年轻一族的重视。

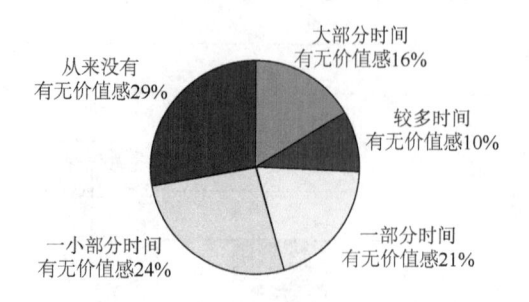

图 14-3　老年人对自身价值的看法

图14-4展示了老年人对生存环境是否安全的看法。由图可知，26.4%的老年人从来没有担心过自己处境危险，24.1%的老年人在大部分时间里觉得自己处境安

---

① 2015年3月21日在龙潭村中约七巷访谈李××，详见附录2本地老年人访谈记录。

全，6.9%的老年人也在较多时间里觉得自己生活于安全的环境中，9.2%的老年人在小部分时间里觉得自己是安全的，也有相同百分比的老年人大部分时间里觉得自己生活在危险之中，另外24.1%的老年人觉得自己一直处于危险状态。

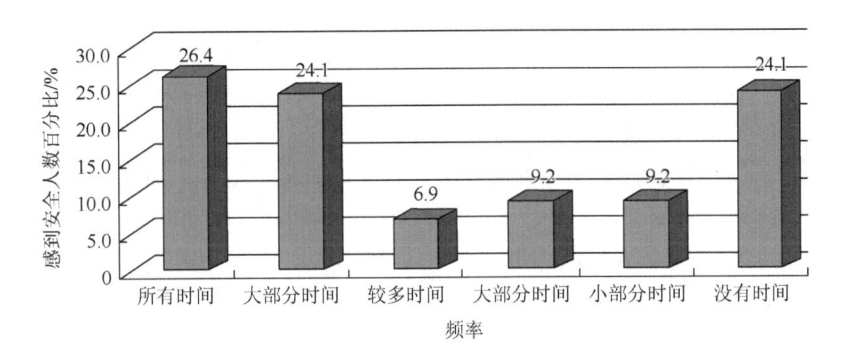

图14-4 老年人对生存环境是否安全的看法

家庭生活中的决策权和管理权的弱化，老年人家庭地位边缘化，使得老年人被排挤在家庭生活重大决策和管理范畴之外。家庭生活的选择与发展，多数由年轻一代决定，他们很少考虑老年人对家庭生活的看法和意见。在与子女同居的家庭中，由于老年人的弱势地位，他们不得不牺牲自己生活的"自由度"，甚至在两代人新旧生活观念和方式的冲突中，老年人还不得不改变自己多年来已经形成的生活习惯，牺牲个人利益为代价，使得老年人对自己身边环境的安全有着担心与疑虑。

图14-5展示了老年人对自身与周围的人之间关系的评价。图14-5数据显示，26%的老年人在所有时间里能很好地和周围的人相处，包括外来人员，34%的老年人在大部分时间里能跟人相处得很好，20%的老年人和周围的人相处是有问题的。

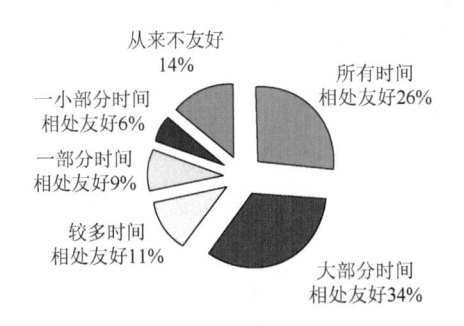

图14-5 老年人对自身与周围的人之间关系的评价

在调查过程中，笔者了解到，除自身原因比如身体、心理等因素之外，老年人觉得自己处境不安全的情绪主要来自于社区的治安和环境问题。不满主要来自于部分本地老年人与外来老年人的相互排斥,主要原因是语言不通,日常生活中无法进行正常的沟通交流。外来老年人多以说普通话为主,少数甚至不会说普通话,而本地的老年人只会讲粤语。这就造成了双方交流的阻碍,同时加上其他方面的原因,两方老年人相处情况较差,多有摩擦,且平时极少进行沟通交流。访谈老年人李婆婆时,她指着对面门(居住着外来老年人)说道:"他们是外地人,我听不懂他们的话,他们也不懂我在说什么。无法交流,都是自己过自己的生活。"[①]在访谈龙潭村社工时问及外来的老年人与本地老年人的关系如何,社工答道本地老年人和外来老年人的关系比较僵,这背后的原因,据了解,是部分本地老年人讨厌外来老年人不讲卫生,随地丢垃圾。外来老年人抱着"你不喜欢我,我干吗要喜欢你"的心理,从而导致矛盾的产生。[②]

图 14-6 展示了老年人处理心事的途径。由图可知,51%的老年人遇到问题的时候会找自己的同伴商量以寻求问题解决的方法;40%的老年人更倾向于采取自我调节的方式排解内心的烦闷,其中一小部分是因自己的另一半去世或其无法进行正常沟通交流;另外,不足 10%的老年人会向自己的子女倾诉,主要原因是怕增加子女负担。

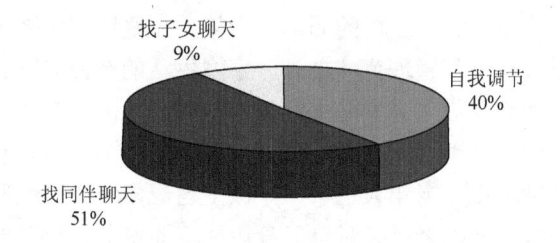

找子女聊天 9%
自我调节 40%
找同伴聊天 51%

图 14-6　老年人处理心事的途径

(3)老年人闲暇时间的休闲娱乐稍显单调

一般情况下,老年人相对于其他年龄层的人来说闲暇时间是较多的。老年人经过年轻时的刻苦拼搏,到了晚年由于身体机能衰退等各方面原因基本退休,有些甚至无法进行正常的工作。

美国学者赖卡德(Reichard)等提出老年人社会学中的连续性理论(continuity theory),注重个性在老年人社会参与中的作用,认为老年期的生活方式在很大程度上会受到中年期生活方式的影响,中年期开朗活跃者,老年期也会积极投入社会活动;中年期沉稳内向者,老年期一般也不会热衷参与社会活动。目前我国老年人的闲暇活动普遍存在着活动意愿高,但活动项目单一的情况,老年人中最受欢迎的闲暇活动项目还是那些花钱不多、对外部条件要求不高的娱乐和保健项目,如看电视、听广播、散步等。[9]

---

① 2015 年 3 月 21 日在龙潭村中约七巷访谈李××,详见附录 2 本地老年人访谈记录。
② 2015 年 3 月 22 日在龙潭村访谈服务中心社工,详见附录 6 社工访谈记录。

图 14-7 展示了老年人平时的闲暇生活。如图所示,老年人大部分时间在家里看电视和听广播,或与同伴聊天。81.6%的人会在家看电视,72.4%的人会与同伴聊些日常生活琐事。据图 14-7 分析可知,老年人闲暇时间花在体育锻炼和棋牌娱乐中占到一定分量,分别有 33.3%和 16.1%。其他娱乐如读书、看报、养花草宠物、参加公益活动等相对来说比较少,上网或者听歌的更少。

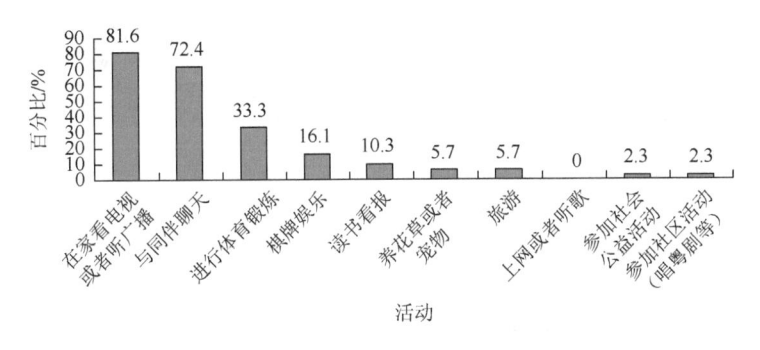

图 14-7 老年人平时的闲暇生活

在访谈本地老年人李婆婆问及平时有空的时候会做什么来打发时间,李婆婆说根本没有时间去做体育锻炼等休闲事情。她要照顾行走不方便的老伴,其他空余时间就捡些瓶子卖赚点钱帮补生活。[1]而访谈中的湖北夫妇则说,他们现在主要忙着照顾孙子,基本生活轨迹是去买菜、煮饭、带孩子。空余时间老年人就在家看看电视,外出的娱乐方式基本没有。[2]

有学者将家务劳动作为老年人社会参与的一部分,认为老年人的家务劳动如买菜、接送孙子女上下学等也可以算作是老年人的一种社会参与,因为他在与社会的互动过程中,实现了与他人的联系,并且体现了自己的一种角色价值。

图 14-8 展示了社区为老年人提供的文化休闲服务。龙潭村提供的文化休闲服务主要是体育活动设施。有 98.9%的人认为村里给他们提供了体育活动设施,27.6%的人认为提供了文娱活动,9.2%的人认为提供了公益活动的服务,4.6%的人认为有提供外出旅游的服务,没有一个人说有提供知识讲座的服务。此外,通过走访调查我们发现存在一些特殊情况,有一部分老年人从不参与体育活动,因而并不关注体育活动设施,认为没有体育活动设施。村里的活动大多由本地老年人组织,而我们调查的部分外来老年人由于语言不通等因素很少参与其中。再来,像外出旅游这样的服务,村里并不普及,能参与其中的老年人相对较少。此外,有部分老年人反映说运动和文娱设施的数量非常少,而且经常被人占用,因而很少有使

---

[1] 2015 年 3 月 21 日在龙潭村中约七巷访谈李××,详见附录 2 本地老年人访谈记录。
[2] 2015 年 3 月 22 日在龙潭村广场访谈湖北老年夫妇,详见附录 3 外来老年人访谈记录。

用到的机会。由此可知,龙潭村对老年人文化休闲问题重视程度不够,对他们的服务也显得不足。

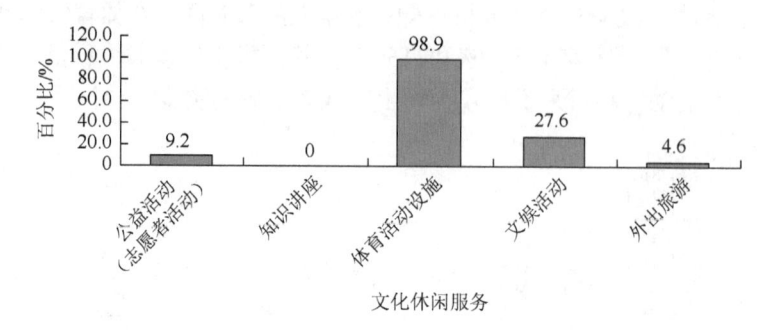

```
        120.0
        100.0                98.9
    百   80.0
    分   60.0
    比   40.0
    /%   20.0    9.2                    27.6
         0.0  ▬    0 ▬    ▬    ▬    4.6
             公益   知识  体育  文娱  外出
             活动   讲座  活动  活动  旅游
            (志愿          设施
             者活动)
                    文化休闲服务
```

图 14-8　社区为老年人提供的文化休闲服务

访谈中,龙潭村村委会干部认为老年人基础设施的建设情况确实需要完善,村中有两家"老年人星光之家",老年人都喜欢去,但是地方空间有限,容纳的人数不多。村中举办的活动基本都是过节办的一些大型活动,老年人喜欢喜庆,如龙舟节爬龙舟、龙潭杯等,都围得人山人海,但是出于安全管理不方便,为了安全着想不敢组织老年人观看和参与其中。[①]

图 14-9 展示了老年人希望参加的活动情况,在所有被调查的老年人中,有67.8%的人都希望能参与到更为丰富多彩的文化娱乐活动中去,31%的人希望多进行运动健身,渴望得到外出旅游、公益活动和老年活动室服务的分别占 19.5%、16.7%、12.6%,老年大学和知识讲座则很少有人选择。由此可看出,老年人并不十分注重知识类的活动,一方面是他们比较少有机会接触,另一方面就是受旧时代教育水平的影响,老人们的文化程度普遍比较低。老人们中大部分认为能给他们带来快乐并且渴望参与的是娱乐、健身和旅游等活动。

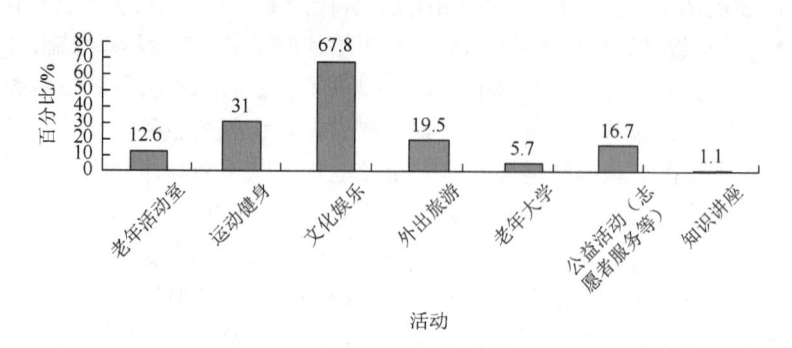

```
        80                67.8
        70
    百   60
    分   50
    比   40         31
    /%   30  12.6
        20  ▬    ▬    ▬    19.5       16.7
        10                    ▬    5.7  ▬    1.1
         0                              ▬    ▬
           老年  运动  文化  外出  老年  公益  知识
           活动  健身  娱乐  旅游  大学  活动  讲座
           室                        (志
                                    愿者
                                    服务等)
                        活动
```

图 14-9　老年人希望参加的活动

---

① 2015 年 3 月 22 日在龙潭村居委会访谈村委干部,详见附录 5 居委会访谈记录。

(4) 城中村养老模式以传统模式为主

龙潭村老年人的生活经济来源主要是子女供养和养老保险或退休金。如图 14-10 所示，个人积蓄、劳动所得和社会救济低保各自所占比例很少，约 10%，且以劳动收入为主要经济来源的老年人主要是低龄老年人，他们可花费的实际费用较少，经济状况较有压力。说明老年人的社会保障体系仍不完善，年轻子女的赡养负担都比较大，生活压力加重。

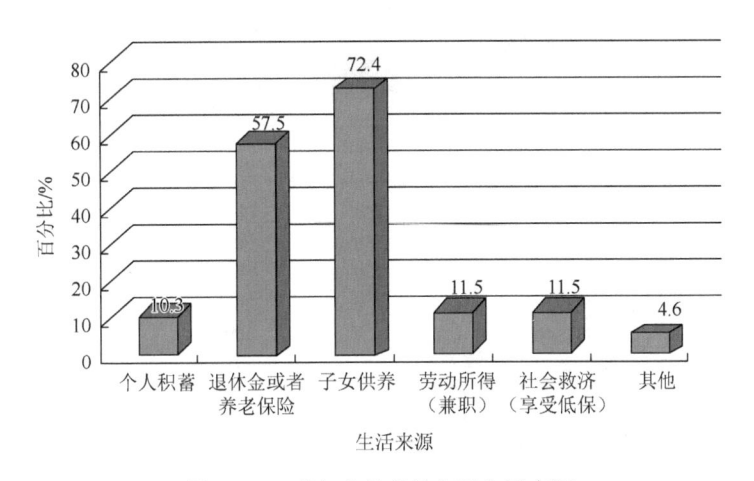

图 14-10 老年人目前的主要生活来源

在居委会进行访谈时龙潭村村委干部问及村中老年人主要的养老模式，村干部表示 99%老年人都有农转居养老保险，年龄不同返还不同，年纪大的有 1000 元左右，养老保险是很少的一部分，部分老年人有退休金，但也只有 500 元。生活上的用电、用水、盐油酱醋等开销都很大，所以基本上都要依靠子女来维持生活，子女是最大支持力。[1]

龙潭村老年人的居住方式主要是与子女一家同住，体现了传统中国以家庭为核心的群体意识，共享天伦之乐，对社会稳定、家庭和睦和老年人健康都有好处。但是由于社会的发展，家庭人际关系变得复杂，代际之间生活习惯和观念存在差异，所以如图 14-11 所示，同样有 45%的老年人以另一种形式居住而非与子女共同居住。

由图 14-12 可知，65%的老年人每天都与子女保持联系，说明家庭关系比较融洽和谐，这也与这里的老年人与子女过半都是同居有关。访谈中的两位老年人都是与子女一起居住，家庭关系比较和谐，生活基本由子女照顾。[2][3]值得注意

---

[1] 2015 年 3 月 22 日在龙潭村居委会访谈村委干部，详见附录 5 居委会访谈记录。
[2] 2015 年 3 月 21 日在龙潭村中约七巷访谈李××，详见附录 2 本地老年人访谈记录。
[3] 2015 年 3 月 22 日在龙潭村广场访谈湖北老年夫妇，详见附录 3 外来老年人访谈记录。

是，被调查的老年人中，有9%从不与子女联系，这个比例还是比较大。在日常生活照料问题上，老年人主要求助于子女。

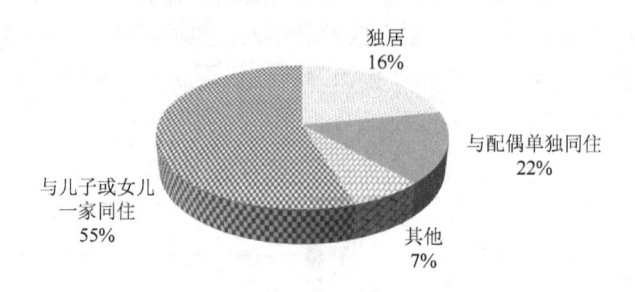

图 14-11　老年人目前的居住方式

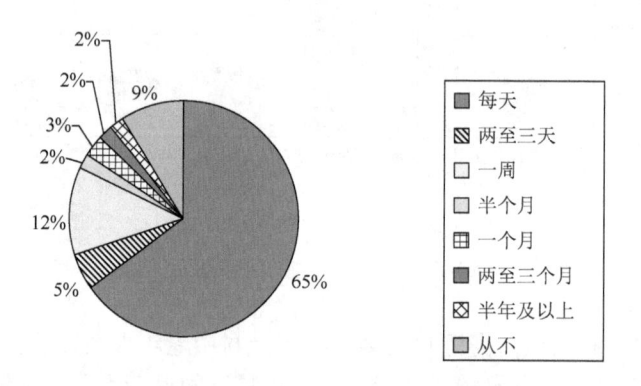

图 14-12　子女与老年人的联系频率

龙潭村提供给老年人的服务很少，如图14-13所示，有69%的调查者认为没有，相对较高一点被认同的服务是上门看病送药，而且根据问卷走访调查选择这一选项的都是本地的年纪稍大的长者，有24.1%，体现该村不重视老年人的需要，老年人被忽视或遗忘。也可以看出城中村的外来老年人是根本不能享受村里的养老服务，甚至外来老年人被完全忽视。

调查龙潭村老年人对政府养老方面的举措的满意程度，大部分人不看好，如图14-14所示，其中认为一般的有39.1%，不满意的有33.3%，很不满意的有5.7%，满意的仅占21.8%。本地老年人多数有购买养老保险，本来每年随社会经济情况和物价水平有大约10%的补助增加，但普遍反映今年没有增加。很大一部分的老年人认为自己的社会化保障较低，认为应该增加补助金额；而外来老年人的情况则较差，他们多数没有补助，即使有补助，金额也较少。另一方面，社会照料和服务的明显滞后使老年人得不到及时有效的服务和帮助。体现政府需要改革和完善养老制度，保障老年人的权利，关心弱势群体，随着中国社会的急剧老龄化，改革的步伐亦需加快。

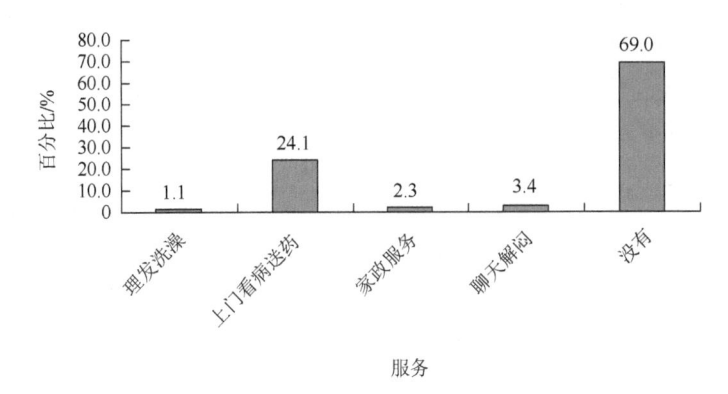

图 14-13 居住场所为老年人提供的服务

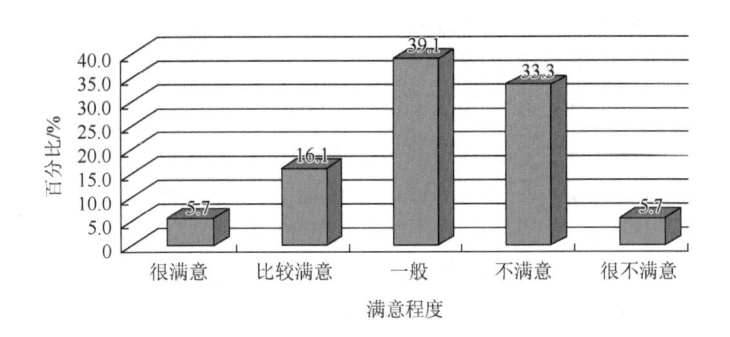

图 14-14 老年人对目前政府养老举措的看法

被调查的龙潭村老年人在目前或者未来的养老中，最担心或最迫切需要解决的问题，如图 14-15 所示，其中经济负担重占 29.9%，社区设施不完善占 25.3%，两者最为代表物质与精神的基本需要，都是长者呼声最强烈、要求最迫切的民生问题。

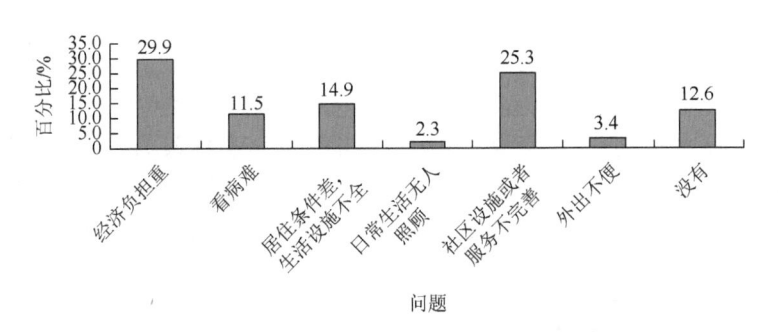

图 14-15 老年人未来最担心或者最迫切需要解决的问题

2. 调研中发现的主要问题

通过问卷调查和实地采访,发现龙潭村老年人生活状况存在以下七个问题,需要加以重视和解决。

(1) 老年人经济收入较为欠缺,生活压力颇大

本地老年人的经济收入主要是以前的少量积蓄、离退休金和养老补助金(部分老年人无法享有),还有部分来自儿女的收入;外来老年人的经济来源主要是儿女的收入和积蓄,比较少的养老补助金(部分老年人无法享有)和部分劳动收入。老年人子女们面临上有老下有小的生活压力,能给父母提供的帮助非常有限;老年人的养老补助没有根据社会物价水平更改,积蓄不多[①]。因此,老年人实际可以花费的费用较少,经济状况较有压力。

(2) 社区医疗服务不足,老年人养老医保的满意度不高

医疗保健的问题一直是老年人生活中的一项重大问题。龙潭村在医疗保健服务方面无法满足老年人的医疗保健要求,社区医疗服务较为欠缺,进行体检的次数也比较少,同时存在质量上的问题(老人家信不过来进行身体检查的实习医生等)。本地的老年人普遍对医保存在不满,认为购买医保的支出得不到应有的收入。另一方面则是医疗补助不足,医疗的保障水平太低,报销比例小,无法抵御大病的侵袭。一旦遇到大病或者疑难杂症,医疗保险无法应付;外来老年人基本处于无医保或者低程度的医保状态,得不到应有的医疗保健支持。

(3) 老年人日常生活缺少照料和关怀,社区尊老爱老氛围有待改善

绝大部分的老年人平时需要自己处理生活上的各种问题,采访外来老年人夫妇时就说到他们需要处理自己日常的生活,包括买菜、做饭、打扫卫生、购买生活用品等[②]。对部分高龄和生活不能自理的老年人来说,随着年龄增长,老年人生活会更加困难。在日常生活照料问题上,老年人主要求助于子女,但由于子女多数为生计忙碌,部分子女不与老年人同住无法向老年人提供基本照料服务。另外,龙潭村对老年人生活状况的了解程度不足,不够重视老年人物质和情感的生活质量。

(4) 社区提供的社区养老服务单一

要更加重视对居家养老及社区配套服务的投入与政策支持,完善养老服务基础设施需要大量资金投入。近年来,各地对社区老年事业的投入也在逐步增加,但与日益增长的养老助老实际需求相比,各地涉老资金投入仍显不足。另一方面,由于社会养老意识尚未形成气候,养老产业仍处于萌芽阶段,民间资金涉足不多,民办养老助老机构数量少、档次低。因此,需要更加重视对居家养老及社区配套

---

① 2015 年 3 月 21 日在龙潭村中约七巷访谈李××,详见附录 2 本地老年人访谈记录。
② 2015 年 3 月 22 日在龙潭村广场访谈湖北老年夫妇,详见附录 3 外来老年人访谈记录。

服务的投入与政策支持。医养融合发展，促进医疗卫生资源进入养老机构、社区和居民家庭，建立社区医院与老年人家庭医疗契约服务关系，开展上门诊视、健康查体、保健咨询等服务。

（5）本地老年人与外来老年人的交流沟通不足

龙潭村的本地和外来老年人的数量相差不大，日常的娱乐活动范围也多在龙潭村的中心广场和其他社区娱乐场所，但是双方的交流和沟通不足。外来老年人多以说普通话为主，少数甚至不会说普通话，本地老年人只会讲粤语，容易造成双方交流的阻碍，老年人相处情况较差，极少进行沟通交流。①

（6）老年人娱乐活动较少，精神生活空缺

精神文化活动是老年人的基本需求之一，是生活中的重要组成部分。大部分的本地老年人是与社区的同伴聊天、看电视收听广播和在社区散步等，其他娱乐休闲方式极少；外来老年人的娱乐活动则更少，多数是带小孩和处理一般家务，基本没有其他娱乐方式。龙潭村老年人的社会参与度比较低，社会交往少。随着老年人日渐老迈，身体每况愈下，行动越来越不便，户外活动较少，老年人的活动范围更为局限，导致老年人的生活单调乏味，影响老年人身心健康。

（7）龙潭村生活环境需要改善

调研过程中发现龙潭村的居住环境较为恶劣，基础设施不完善。很多生活垃圾直接排入河中，河水污染程度较高。龙潭村广场作为老年人和小孩主要的活动场所，遗留垃圾多。在对社区社工访谈时就说到了龙潭村街道小巷中的垃圾很多，会出现居民高空抛物现象。②村里对环境现状了解不足，村委会没有及时清理垃圾，对龙潭村环境治理的力度不大。

五、改善龙潭村老年人生活现状的主要对策和建议

（1）发挥各方面力量为老年人提供经济保障服务

《中华人民共和国老年人权益保障法》中规定："国家根据经济发展以及职工平均工资增长、物价上涨等情况，适时提高养老保障水平。"[10]近年来，随着经济水平的提高，人民生活水平也不断提高，但是老年人的离退休金、养老补助却增加得很少，跟不上物价的涨幅，远远不能满足老年人的需要。目前，离退休金仍是目前龙潭村老年人重要的经济来源。按年龄层次划分，年纪越大，养老保险金越多。其中，月收入在500元以下的占30%，500—1000元的占55%，1000元以上的占15%（图14-16）。村委、政府等应该深入了解城中村老年人的经济状况，

---

① 2015年3月22日在龙潭村居委会访谈村委干部，详见附录5居委会访谈记录。
② 2015年3月22日在龙潭村访谈服务中心社工，详见附录6社工访谈记录。

根据当地经济发展水平，增加财政投入，要切实保证老年人养老补助等的增长，对生活困难和患有重大疾病的老年人进行养老补助，切实保证他们的生活水平。

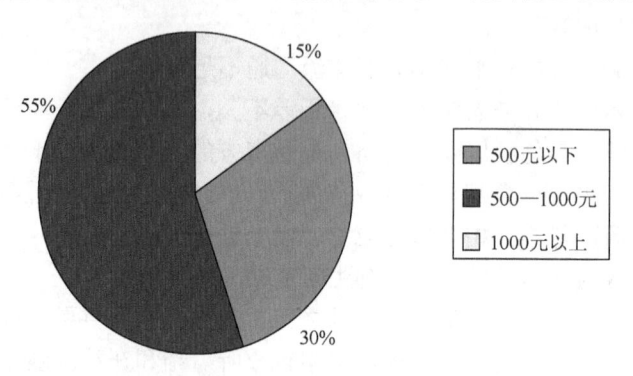

图14-16 龙潭村老年人养老金水平统计图

（2）为老年人提供医疗保障服务，改进和完善社区医疗服务

改进和完善老年人的医疗保障体系，扩大医疗服务保障。我国一直实行着两种不同的医疗保障制度，即城镇职工居民享受基本医疗保险制度，农村实行的是合作制医疗保障制度。[11]因为城中村外来老年人多为农村老年人，"看病难，看病贵"成为他们的一个重点难题，探索城中村居民的基本医疗保障制度尤为迫切。改造后的城中村老年人理应享受与城市老年人同等的医疗保险待遇。另外，通过研究发现，当老年人面对严重的或慢性的身体疾病时，社会支持可以成为一种促使他们战胜疾病、接受治疗和维持心理健康的重要因素。社会支持既可作为心理刺激的缓冲因素或中介因素，对健康产生间接的保护作用，又可维持良好的情绪体验，从而有益于健康。[12]

改进和完善社区医疗服务，龙潭村可以增加社区卫生服务中心，开设社区医院，设立老年家庭病床来方便老年人就近看病和治病，使病人得到专业的治疗和护理。可以通过专业的设备和人员为老年人进行定期体检，对疾病早发现、早预防和早治疗。另外龙潭村可以为老年人建立健康档案，为他们提供疾病咨询、健康讲座等来提高他们的医疗保健常识。最后，龙潭村可以设立针对老年人的大病救助或大病统筹体系，免除老年人的部分担忧，加大对患重大疾病老年人的扶助。

（3）加强家庭成员对老年人的照顾，营造尊老、爱老的家庭以及社会氛围

中国是一个以家庭为本位的社会，家庭对于个人的意义非同寻常。[13]作为老年人支持系统的核心，家庭成员在老年人的日常照料和情感慰藉中起到了不可替代的作用。龙潭村可以针对老年人家庭的具体情况，与老年人子女沟通，落实子女加强对老年人日常生活的照料，经常看望和陪伴老年人，给老年人以情感支持，并且倡导子女要尽量把孩子带到自己的身边，减轻老年人的照顾和教育孙辈的负担。另外，龙潭村应该在和谐社会下，以"以人为本"为指导思想，大力宣传要

营造良好的家庭氛围，提倡老年人是人民的珍宝，我们要尊老、爱老，重视老年情感生活质量，让老年人过上安享晚年的幸福生活。再者，政府应该提倡以德养老和以法养老相结合，制订和完善符合实际情况的法律法规，为家庭养老提供法律支持，使得老年人拥有幸福快乐的晚年受到法律保障，切实地为他们的生存状况以及情感生活质量着想，落实服务。[14]

（4）丰富社区居家养老服务项目，满足老年人不同层次的养老需求

龙潭村的老年人所占比例较大，社区应该建构居家养老服务的多层次服务网络。"居家式社区养老"是一种理想的养老方式，不同于传统的家庭自然养老和社会机构养老，它是以家庭为核心，以社区为依托，以老年人日常生活照料和精神慰藉为主要内容，以上门服务和社区日托为主要形式，并引入养老机构专业服务的新型养老方式。[15]

龙潭村可以尝试依靠政府补贴，增加社区养老服务的项目，增强社区养老服务的广泛性。一是在服务对象上全面掌握，对龙潭村社区60周岁以上老年人的家庭情况、健康情况、服务需求进行登记；对社区人员、社区社工、社区养老服务志愿者进行登记；对社区服务对象与服务人员之间签订服务协议，对服务情况进行跟踪记录。[16]二是在服务模式上推陈出新，丰富居家养老服务项目，对家庭经济困难老年人、特殊贡献老年人，推行政府补贴的形式提供家政服务；对生活不能自理老年人，搭建智能化呼叫平台，提供紧急救援、求助服务；对短期无人照料老年人，依托社区养老服务中心，开展日间照料或短期托管服务。对有特殊需求老年人，按居家老年人的需求，选派专业服务人员和社工上门提供日间照料、家政、精神方面的养老服务。[17]社区居家养老服务类型见表14-2。

表14-2 社区居家养老服务类型一览表

老年人类型	老年人需求	社区服务内容
家庭经济困难老年人 特殊贡献老年人	家政服务等	推行政府补贴的形式，社区统筹
生活不能自理老年人	及时能得到帮助或者救助	搭建智能化呼叫平台，提供的紧急救援、求助服务
短期无人照料老年人	生活有人照料	依托社区养老服务中心，开展日间照料或短期托管服务
有特殊需求老年人	各种不同生活需求	选派专业服务人员和社工上门提供日间照料、家政、精神方面的养老服务

（5）增加社区不同地区老年人直接的交流

本地老年人和外来老年人语言交流上的障碍导致老年人之间的沟通较少，这个问题可以由社工或者其他志愿者帮忙协调，举办诸如学习粤语、学习普通话等活动，相互之间增加交流和沟通，共同处理矛盾，最终改善龙潭村的氛围，增加

彼此间的交流。[18]龙潭村社工也可以通过社区团队发掘和培育愿意作为本地老年人和外来老年人间桥梁作用的老年人，让中间老年人形成自发力量，促进不同地区老年人的交流，发挥社区长者价值。

（6）开展丰富的社区文化活动，为老年人提供精神慰藉服务保障

关注龙潭村的老年人不仅要关注他们的衣食住行，还要关注他们的精神需求，孤独寂寞是很多老年人面临的精神和心理问题。丰富老年人的精神文化生活是实现精神慰藉保障的基本内容。养老服务能力逐步提高，社区服务项目增多，可以通过增加老年人活动中心，提供娱乐场所，为老年人提供丰富的精神文化生活。[19]

可以根据老年人的兴趣爱好划分：学习中心，悠闲中心和健身中心。学习中心为老年人提供书籍期刊和安静的看书环境，类似于图书馆的模式，满足老年人对知识的渴求；悠闲中心开设棋牌室、老年人聊天室、活动室，社区志愿者可以在此举办各种老年人联谊活动、心理咨询活动、心理讲座等，排解老年人孤独和寂寞的情感，获得自我价值感、舒缓心理压力等，使得老年人以积极的心态面对人生暮年，保障心理健康。健身中心以提供运动场地和运动器材为主，满足老年人锻炼身体的需求。社区活动中心分类如表14-3所示。

表14-3 社区活动中心分类

目的、形式、要求	社区中心类型		
	学习中心	悠闲中心	健身中心
目的	满足老年人对知识的渴求	使老年人以积极的心态面对人生暮年，保障心理健康	满足老年人锻炼身体的需求
活动形式	提供书籍期刊和安静的看书环境，类似于图书馆的模式	开设棋牌室、老年人聊天室、活动室，可以在此举办老年人联谊、心理咨询等活动	提供运动场地和运动器材，指导老年人正确运动
社工要求能力	有一定的图书管理能力	擅长组织活动	有一定的体育运动知识

（7）妥善处理生活垃圾，改善龙潭村环境

龙潭村需要加大对环境治理的财政支持力，完善村中基础设施和生活环境。首先，龙潭村可以在村中雨污管网的疏通、更新，水、电、气出户管网的改造，路面的护理、环卫设施的更新、规范，以及绿化、休闲配套设施的完善、视频监控的布置等多方面进行提升，努力做到有公共保洁、有秩序维护、有停车管理、有设施维护、有绿化养护、有道路保养、有维修管理。[20]其次，对集中整治中清理出的裸土地块、村内和村边空闲地、边角地开展覆土绿化。实现村中"六无三化"，"六无"即村内无乱堆乱放、无暴露垃圾、无垃圾黑臭塘、无裸土地块、无赤膊房、无新增违法建筑，"三化"即洁化、绿化、美化。另外，补充完善村规民约，建立龙潭村环境长效管理的日常检查、月度考评、结果公示、激励奖惩等运

行机制。要建立责任追究制度,对不顾生态环境盲目决策、造成严重后果的人,追究其责任。最后,要加强生态文明宣传教育,增强全民节约意识、环保意识、生态意识,努力营造"保护环境光荣,破坏污染环境可耻"的良好风尚。采取村民群众易于接受的好形式,循序渐进地促进村民文明生活、正确消费,破除陈规陋习,建立科学、文明、健康的生活方式。

六、结论与进一步讨论

1. 主要结论

根据上面的讨论和分析,本章得出如下五点主要结论。

(1) 龙潭村本地老年人和外来老年人的生活水平和生活质量是有所区别的,总体而言,大部分的本地老年人的物质生活和精神生活比大部分外来老年人的条件好。

(2) 龙潭村老年人主要和子女一起生活,生活主要依靠子女赡养,其次依靠退休金收入。相对而言,外来老年人的子女的经济供养水平普遍非常低,外来老年人的生活收入比较少,生活压力比较大。

(3) 龙潭村的医疗保障服务较为欠缺,应该改进和完善社区医疗服务,丰富社区居家养老服务项目。

(4) 龙潭村较多老年人日常生活缺少照料和关怀,社区尊老爱老氛围有待改善。本地老年人和外来老年人因为语言不通,交流偏少,娱乐休闲方式缺乏。龙潭村应该增加社区不同地区老年人直接的交流,开展丰富的社区文化活动。

(5) 龙潭村居住环境较为恶劣,基础设施不完善,需要加大对环境治理的财政支持力,改善村中基础设施和生活环境。

2. 进一步讨论

目前,广州市城中村老年人养老问题或者社区养老与老年服务设施的研究相对较少,社区养老模式概念模糊,社区养老与居家养老、社会养老以及城市老年设施之间的关系研究不多。

本次对龙潭村的调研发现的问题,与一些学者的研究有共同点,也有不同点。[21]共同点是家庭成员是老年人最主要的照顾资源,老年人的照顾需引进社会工作的相关服务,要注重对老年人精神的慰藉。不同点是龙潭村老年人在城中村的社会保障体系不够完善的情况下,部分老年人缺少退休金的供养,村中老年人的生活处境让人忧愁,老年人的精神生活匮乏。物质层次方面,老年人经济收入较为欠缺,医疗保障不完善,生活压力颇大,本地老年人与外来老年人的生活收入、医疗保障有明显区别。精神层次方面,老年人日常生活缺少照料和关怀,老年人娱乐活动较少,精神生活空缺,社区尊老爱老氛围有待改善。

另外，广州从 2005 年初开始以原东山区为试点，进行社区居家养老服务模式的探索，广州市在坚持政府主导的前提下，积极探索创新居家养老服务管理方式和运行机制，政府推出社会福利服务生产领域，由市场和社会担当社会福利生产者，实现社会福利体制机制的创新。[22]广州市老龄工作委员会就在"广州市老年人生活状况调查"的基础上探讨了影响老年人养老选择的社会经济因素，并研究如何建立与之相适应的养老居住体系。2011 年以来，广州市紧紧围绕"率先转型升级、建设幸福广州"培育发展社会组织，完善项目购买服务制度，建立了以群众需求为导向的政府购买公共服务供给模式。在 12 个镇、129 个街道共建成了 150 个家庭综合服务中心，服务项目涉及残障康复、行为矫正、社会救助等多个领域。广州市龙潭村可以参考广州市社区居家养老服务模式，完善项目购买服务制度，逐步形成设备完善、功能齐全的老年人服务社区。

探究城中村现象下老年人的生活状况，让社会上更多人了解这一群体并加以关注，针对存在的问题，社会应为老年人群体提供更加完善的生活配套措施，并尽早地做出政策应对老龄化现象和未来城市的发展。龙潭村城中村社区养老的发展现状与社会各方的期待还有相当大的距离，下一步可以继续深入探讨如何兼顾龙潭村本地老年人和外来老年人的切实利益；因为社区居家养老能充分利用社区原有资源，又不需耗费过高成本，也可以继续探讨如何推动社区居家养老模式的发展，建立一个符合当地实际情况的老年人社会服务制度。

参 考 文 献

[1] 张翼. 中国老年人口的家庭居住、健康与照料安排：第六次人口普查数据分析[J].江苏社会科学，2013（1）：57-65.

[2] 陈晓敏，杨柳. 现代化进程中的"空巢"家庭现象论析[J]. 长白学刊，2003（6）：63-66.

[3] 成伟，陈婷婷. 加强城市空巢老人养老服务保障体系建设研究[J]. 学术交流，2013（1）：147-152.

[4] 杜鹏，武超. 中国老年人的生活自理能力状况与变化[J]. 人口研究，2006（1）：50-56.

[5] 谭西顺. 老年人的爱情、婚姻与健康[J]. 保健医苑，2006（3）：2.

[6] 高婉炯. "城中村"改造存在问题及反思[J]. 四川建筑，2008，28（6）：11-12，14.

[7] 蒋承，赵晓军. 中国老年照料的机会成本研究[J]. 管理世界，2009（10）：80-87.

[8] Miltiades H B. The social and psychological effect of an adult child's emigration on non-Immigrant Asian Indian elderly parents[J]. Journal of Cross-Cultural Gerontology, 2002 (17): 33-55.

[9] 段成荣，梁宏. 中国人口地区分布现状及其历史变迁[J]. 市场与人口分析，2002（3）：67-73.

[10] 马继迁. 我国"城中村"研究述评[J]. 经济与社会发展，2008（10）：76-78.

[11] 穆光宗. 中国传统养老方式的变革和展望[J]. 中国人民大学学报，2000（5）：39-44.

[12] Antonucci T C, Okorodudu C, Akiyama H. Well-being among older adults on different continents[J]. Journal of Social Issues, 2002 (4): 617-626.
[13] 汤鸣. 肥西县农村孤寡老人生活现状分析[J]. 现代农业, 2007 (11): 116-117.
[14] 刘雪琴, 任晓琳. 老年人的生活质量现状及其对策[J]. 护理研究, 2002 (11): 639-640.
[15] 陶立群. 中国老年人社会福利[M]. 北京: 中国社会出版社, 2002.
[16] 李强. 关于农村留守老人生活现状及对策研究[J]. 兰州教育学院学报, 2011, 27 (6): 299-300, 316.
[17] 和谐社区课题组, 刘莫鲜, 李向前. 居家老人生活及"居家式社区养老"需求研究[J]. 成都理工大学学报（社会科学版）, 2006 (4): 21-25.
[18] 叶敬忠, 贺聪志. 农村劳动力外出务工对留守老人经济供养的影响研究[J]. 人口研究, 2009, 33 (4): 44-53.
[19] 姚引妹. 经济较发达地区农村空巢老人的养老问题从以浙江农村为例[J]. 人口研究, 2006 (6): 38-46.
[20] 童星, 李正军. 现代家庭养老功能分析[M]. 北京: 社会科学文献出版社, 2000.
[21] 王宁, 王录仓, 李纯斌, 等. "城中村"改造后居民生活状况调查研究: 以兰州市城关区为例[J]. 城市发展研究, 2008 (4): 109-114.
[22] 赵芳, 许芸. 城市空巢老人生活状况和社会支持体系分析[J]. 南京师大学报（社会科学版）, 2003 (3): 61-67.

本章附录

附录1 关于龙潭村老年人生活现状的调查问卷

亲爱的爷爷或奶奶：

您好！我是来自华南农业大学公共管理学院的学生，在龙潭村进行实践调研活动。主要是想了解龙潭村老人们生活的现状，希望可以帮助社区更加深入地了解老人们的需要，更好地为老人们服务。十分感谢您抽出宝贵的时间填写这份问卷调查，请根据您的自身情况如实填写，最终结果仅作为学术研究，不会外泄您的个人资料，谢谢合作！

【题目除了特别注明为多选题外，均为单选题，谢谢合作！】

性别_____ 年龄_____ 家乡_____

1. 您最近一次身体检查是什么时候？
A 一个月以内　　B 半年以内　　C 一年以内　　D 一年以前

2. 在过去的一年中，您生病的次数是？
A 至少3次　　B 1—2次　　C 0次

3. 您会感觉自己已经老了，没有任何的现实价值了吗？
A 所有时间　　B 大部分时间　　C 较多时间　　D 一部分时间
E 一小部分时间　　F 从来不

4. 您感觉自己处境安全，从来没有担心或者疑虑自己生活在危险之中吗？
A 所有时间　　B 大部分时间　　C 较多时间　　D 一部分时间
E 一小部分时间　　F 从来不

5. 您能很好的和周围的人（本地或者外来人员）相处吗？
A 所有时间　　B 大部分时间　　C 较多时间　　D 一部分时间
E 一小部分时间　　F 从来不

6. 当您觉得心烦或遇到问题的时候，您会如何处理？
A 自我调节　　B 找同伴聊天　　C 找子女聊天　　D 找社区工作人员或者志愿者倾诉

7. 您平时的闲暇生活是怎么度过的？（可多选）
A 在家看电视或者听广播　　B 与同伴聊天　　C 进行体育锻炼

D 棋牌娱乐　　　　　E 读书看报　　　F 养花草或者宠物　　G 旅游
H 上网或者听歌　　　I 参加社会公益活动　　J 参加社区活动（唱粤剧等）

8.您所在的社区（龙潭村）为您提供了哪些文化休闲服务？（可多选）
A 公益活动（志愿者活动）B 知识讲座　　　C 体育活动设施
D 文娱活动　　　　E 外出旅游

9.请问您希望参与以下哪些活动？（可多选）
A 老年活动室　　　B 运动健身　　C 文化娱乐　　D 外出旅游
E 老年大学　　　F 公益活动（志愿者服务等）G 知识讲座

10.您目前的生活来源有？（　　）（可多选）
A 个人积蓄　　　　B 退休金或者养老保险　　C 子女供养
D 劳动所得（兼职）E 社会救济（享受低保）F 其他（请注明）＿＿

11.最主要的生活来源有？（　　）（可多选）
A 个人积蓄　　　　B 退休金或者养老保险　　C 子女供养
D 劳动所得（兼职）E 社会救济（享受低保）F 其他（请注明）＿＿

12.您目前的居住方式是？（　　）
A 独居　　B 与配偶单独同住　　C 与儿子或者女儿一家同住
D 养老院　　　E 护理中心　　　　F 其他（请注明）＿＿

13.您子女一般多久与您联系一次？（　　）
A 每天　　B 两至三天　　　C 一周　　　　D 半个月
E 一个月　F 两至三个月　　G 半年及以上　H 从不

14.您的居住场所（龙潭村）为老年人提供的养老服务有？（　　）（可多选）
A 老年饭桌或者送饭服务　　　B 理发洗澡　　　C 上门看病、送药
D 家政服务　E 日托照料　　　F 聊天解闷
G 法律援助（维权）H 其他（请注明）＿＿＿＿

15.您对目前政府在养老方面的政策举措是否满意？（　　）
A 很满意　　　B 比较满意　　C 一般　D 不满意 E 很不满意

16.在目前或者未来的养老中，您最担心的或者最迫切需要解决的问题是？（　　）
A 经济负担重 B 看病难　　C 居住条件差，生活设施不全
D 日常生活无人照料　　　　E 社区设施或者服务不完善　　F 外出不便

再次感谢您的参与！谢谢您对我们调研的支持！

附录 2　本地老年人访谈记录

访谈对象：李××（女，66 岁，小学文化，家中有三口人，配偶健在）
访谈时间：2015 年 3 月 21 日[①]
访谈地点：龙潭村中约七巷 4 号
访谈内容：了解本地老年人的基本生活状况

问：请问您的身体状况如何？平时有锻炼身体的习惯吗？

答：身体不大好。老伴腿有问题，行动不便，耳朵也听不见，常常生病，我要照顾他，一般也没什么时间去锻炼身体。

问：您会时常觉得孤独吗？会不会有种自己老了没用了的感觉？

答：原本我也有一个女儿，只是后来不在了。不过也不会孤独啦。我有一个语言有障碍的儿子在身边照顾我，我另一个儿子每天都会带他一家人回来看我，很开心，不孤独。

问：请问您现在跟谁住在一起？独居？与您配偶单独同住？还是跟您儿子、女儿一家同住？平时在生活上主要由谁来照料您？

答：我跟我老伴还有我一个儿子一起住，平时在生活上也是由我儿子照料我跟我老伴，他会给我们煮饭。

问：请问您孩子多久回来看您一次？通常是您打电话过去叫他们回来还是他们自己会主动回来？

答：我儿子一家每天都会回来看我，他们就住在不远处，很方便。我孙子的孩子每次见到我都叫"太婆……太婆"，满足了。

问：您的生活来源主要是什么？有没有参加或者获得过类似于养老保险、商业保险、基本医疗保险、最低生活保障金这样的收入？

答：我平时会捡一些空汽水瓶之类的能卖钱的东西赚点生活费，也有农保，一个月大概 500 块钱，我们的养老补助没有根据社会物价水平更改，积蓄不多。儿子也会常常回来看我。

问：您觉得您的邻居或者周围的人怎么样？彼此间有常常交流和串门吗？

答：（指着对面门）他们外地人，我不懂他们说的话，他们也不懂我说什么，没法交流，自己过自己的。

问：请问您平时有空的时候会做些什么来打发时间？（比如在家看电视、与同伴聊天、锻炼、棋牌娱乐、读书看报、养花草或宠物、参加社区活动之类的）

[①] 时间还应该具体到某个时段，才更精准。

答：没有没有，哪有时间做这些事呀。我要照顾我老伴，他腿不方便，平时我就捡些瓶子卖赚点钱，很忙的。

问：您是怎样看待社区中越来越多的外来人口的呢？会不会存在卫生、安全之类的问题？

答：治安不怎么样呀，偷东西的人多，我家的东西就被偷了。

问：总的来说，您对您现在的生活还满意不？能不能详细说说？

答：不满意呀。生活这么困难。我儿子就是以前发高烧，没钱看病，后来就变得不会说话了。

问：您是怎样看待我们这些志愿活动的呢？您希望志愿者能为您提供什么类型的服务呢？（比如说陪聊天、帮忙做家务、提供文化知识等）

答：好呀好呀，有空多来陪我聊聊天。日子就是这样咯，你们来陪我说说话我就停下来跟你们聊聊天。

附录3 外来老年人访谈记录

访谈对象：一对湖北老年夫妇（陈××，男，68岁；吴××，女63岁，与儿子儿媳孙子同住）

访谈时间：2015年3月21日[①]

访谈地点：龙潭村中心广场

访谈内容：了解外来老年人的基本生活状况

问：请问您的身体状况如何？平时有锻炼身体的习惯吗？

答：身体还不错，还好。锻炼？平时都是在带孙子，没有空啦！带孙子出来外面走走。

问：您会时常觉得孤独吗？会不会感觉现在时间多了会觉得闷呢？

答：不会啊。带着孙子出来玩，还跟老伴一起。平常很忙的，要带孙子，要喂他吃东西，洗衣服，很忙，不会觉得闷。

问：请问您现在跟谁住在一起？独居？与您配偶单独同住？还是跟您儿子、女儿一家同住？平时在生活上主要由谁来照料您？

答：现在跟小孩住在一起。我们两个（与老伴）暑假过来这边帮小孩带带孙子，他们都很忙，我们两（个）老（人）就负责看着孩子，做做饭、买下菜。

问：那就是平常的时候，也就是没有放假的话，您老人家就在老家对吗？

答：对！放假才过来这里的。

问：那平常的时候，请问您孩子多久去湖北（老家）看您一次？

[①] 时间还应该具体到某个时段，才更精准。

答：他们很忙，通常都是打个电话问问老人家。

问：您的生活来源主要是什么？有没有参加或者获得过类似于养老保险、商业保险、基本医疗保险、最低生活保障金这样的收入？

答：养老保险和补助在老家有，每个月有些钱，但是在这里没有。还有就是小孩子赚钱了。

问：您觉得您的邻居或者周围的人怎么样？彼此间有常常交流和串门吗？

答：还好，平常都是带着孙子出来这里走走，跟别人聊聊。

问：请问您平时有空的时候会做些什么来打发时间？（比如在家看电视、与同伴聊天、锻炼、棋牌娱乐、读书看报、养花草或宠物、参加社区活动之类的）

答：多数是忙着带孙子，要去买菜、煮饭，回家了要帮他洗澡、洗衣服。没有什么时间有空。在家看看电视。

问：您对社区提供的基础娱乐设施还满意不？您希望增加哪些设施？

答：还好。我们都是暑假才来的，忙着照顾孙子。这些（设施）都不错！

问：您觉得跟这里本地的老年人相处得怎么样？会不会存在卫生、安全之类的问题？

答：还行，但是我们说的话不同（本地老年人基本只懂得粤语，外来老年人以普通话为主），平时很少聊天。但跟自己的老乡就相处得不错。这里很多人都是湖北人。不会（存在卫生、安全问题），很好。

问：总的来说，您对您现在的生活还满意不？能不能详细说说？

答：满意！现在有吃有穿，带带孙子，很满意了。

问：您是怎样看待我们这些志愿活动的呢？您希望志愿者能为您提供什么类型的服务呢？（比如说陪聊天、帮忙做家务、提供文化知识等）

答：很好，谢谢你们对老人家的关心！你们可以多点跟老人家聊天，跟小朋友玩。

附录 4 老年人家属访谈记录

访谈对象：老年人家属（女，过路人，约 50 岁）
访谈时间：2015 年 3 月 22 日[①]
访谈地点：龙潭村广场
访谈内容：主要是关于老年人的一些情况的了解

问：请问您从事什么类型的工作（若愿意可详细，有助于判断陪伴老年人的时间长短）？

---

① 时间还应该具体到某个时段，才更精准。

答：厨师并负责清洁，平时中午是不回家的，一般都是晚上才回家；先生住在公司，一般只有节假日才会回来一次。

问：**请问您结婚与否？是否与双亲或公婆居住？**

答：已经结婚多年了，公婆都已经去世，现在自己的父亲与自己一家同住。

问：**请问您平时的假期时间如何安排？回家陪伴老年人的时间长短？（如与老年人去旅游、返乡探亲等）**

答：平时假期会选择回乡探亲，然后看看亲戚，陪陪老人。

问：**请问您家中的成员有哪些？（双亲、配偶、公婆、兄弟姐妹、子女）（他们是否与老年人一起住、探访老年人的频率）**

答：家里有儿子两个，女儿一个（一个儿子已经出去工作了）；自己有一个兄弟，三个姐妹。因为兄弟家是在乡下种田，所以父亲就住在自己家中。自己一家同父亲一起住，负责他的起居饮食；兄弟姐妹会在节假日或者是收获的季节过来，比较经常过来探望父亲。

问：**请问您所知的双亲或者公婆的一些情况？（性别及年龄、文化教育程度、政治面貌、婚姻及子女情况、职业等）**

答：父亲今年将近 90 岁，当年曾经当过兵打过仗（但父亲不是本地人）；没受过什么教育，母亲也早已去世。父亲的孩子（非龙潭村人，但是广东人）多在老家种田，子孙众多。

问：**请问您所知的双亲或者公婆日常的生活情况？（日常参与的活动、活动地区等）**

答：父亲因为年近 90 岁，早年当兵的时候脚也受过伤，现在身体比较差，一般是待在家里，偶尔自己有时间会带他出来走走，但是比较少。

问：**请问老人的居住情况是？（一人独居、两人单独居住、与儿子儿媳一起、与女儿女婿一起、轮流居住在几个孩子家、和家人同住但另起炉灶、养老院等）**

答：与女儿女婿一家一起住。

问：**请问您双亲或者公婆的一些养老的情况？（养老资金、养老的地点等）**

答：父亲生活的来源基本上是由子女供养的，待在龙潭村这边养老。

问：**请问您最担心的老人的养老中哪些具体的问题？（看病、经济、日常问候娱乐、心理健康等）**

答：比较担心老人的看病问题跟日常的问候娱乐。毕竟是快 90（岁）的老人家，身体已经大不如前，怕一旦出点差错会出事。而且平时自己在外面做工不在家，小孩也去工作或者上学，父亲一个人在家没什么人陪他，他自己出来又不是一件容易的事情，日常生活还是过于单调无聊。

问：**请问您平时与老人在一起的时间多半进行什么活动？**

答：聊聊家常，看电视。

问：请问您如何对待老年人的身体健康问题？（多久去体检、常规检查等）

答：平常一般不会去医院，有什么不舒服才会去看医生。老人行动不便，基本也是比较少出去体检的。

问：请问您对您与双亲或者公婆生活所在的社区有什么评价？（包括生活设施、养老设施、医疗卫生设施等）

答：生活娱乐设施太少，就算父亲有能力出来走走，那些器材什么的他也没得用，一般都被人家占了。而且没什么娱乐活动吧，广场舞这些又不适合。看病其实还算是方便的，医院离得比较近。

问：请问您知道社区的志愿者活动吗？您对来社区做志愿的志愿者有什么要求吗？（尤其是服务老年人这一方面）

答：不是很清楚，都不怎么见过。可以偶尔去和老人家聊聊天。

问：请问您对您双亲，及其他老年人的生活情况作出什么评价？

答：就是这样子了，也没什么的。

附录 5 居委会访谈记录

访谈对象：简副书记（女，龙潭村村委副书记）

访谈时间：2015 年 3 月 22 日[①]

访谈地点：龙潭村居委会

访谈内容：了解居委会与老年人之间的关系

问：龙潭村作为广州一个比较典型的城中村，这里老年人的生活各方面与其他地方相比有没有什么特殊的地方？

答：本村的老年人容易接受新鲜的事物，比较聪明；老年人之间比较团结，都很好。

问：老年人作为龙潭村人口比例较大的一个群体，主要的养老模式是哪种？你们对现在的这种养老模式怎么看？

答：99%老年人都有农转居养老保险，年龄不同返还不同，年纪大的有 1000 元左右，但是绝大部分没到那么老，所以养老保险只是作为很少的一部分，部分老年人有退休金，但也只有 500 元。生活上的用电、用水、盐油酱醋等开销都很大，所以基本上都要依靠子女来维持生活，子女是最大支持力。

问：居委会平时与老年人的关系如何？彼此沟通交流机会多吗？沟通过程是否存在问题？

答：接触机会不是很多，主要有两种方式，一是致电，二是干部去通知。沟通没有太大阻碍。

---

① 时间还应该具体到某个时段，才更精准。

问：龙潭村外来人多，原广州居民只占总人口的少数。大量的外来人口给龙潭村带来一定的经济发展的同时，也导致治安混乱等问题。这对当地老年人的生活有什么影响吗？

答：这个肯定有影响，外来人口来这里有利有弊吧，一方面外来人口能交点租，为生活来源的一部分，另一方面，人口多自然偷偷摸摸的事也有，偶有抢劫但很少，综合治理有难度，特别是环境卫生。

问：龙潭村老年人与子女的关系怎么样？子女对老年人是否有尽到赡养的责任？

答：挺和谐的，绝大部分子女有尽到赡养的责任。

问：龙潭村对老年人基础设施的建设情况如何？老人们是否喜欢使用这些基础设施？

答：不多，有两家"老人星光之家"，他们都喜欢去，只是地方有限，容纳的人数不多。基本活动都是过节办的一些大型活动，他们都很高兴很喜庆，例如龙舟节爬龙舟、龙潭杯，都围得人山人海，但因为临近水人又多，管理不方便，为了安全着想有些还得取消。

问：（上级）政府这几年采取了许多措施来改善老年人的养老和生活，哪些措施是最受民众欢迎？在落实措施时遇到的最大的困难和阻碍是什么？如何解决？

答：我们没有刻意去调查，不过像过年请吃饭、分红、八月十五的座谈会、把敬老节提前等他们都是很高兴的（受欢迎）。最大的困难和阻碍是人力资源和资金，办活动都得需要这些。

问：居委会未来在老年人生活建设方面有什么计划吗？

答：居委会主管的是集体经济、行政事务，所以没有专职这方面，但本地政府通过投标的方式，购买一些"服务机构"，如"爱中行"、"妇儿之家"由这些服务机构负责，服务对象更具针对性，与居委会相比下，居委会是一个统筹的单位。

问：本地老年人和外来老年人之间有发生过什么纠纷吗？怎样解决的？

答：纠纷是难免的，不是刻意针对外地人，有些外地人比较不讲卫生，这个本地人是难忍的。

问：居委会对于老年人管理方面有什么心得和体会吗？

答：抱着一颗负责任的心，为人民服务，在其职谋其位，尽力帮助老年人。

附录6 社工访谈记录[①]

访谈对象：龙潭村社工（女，35岁，大专文化，任龙潭村社工3个月）

---

① 时间还应该具体到某个时段，地点也应该更具体，才更精准。

访谈时间：2015年3月22日

访谈地点：广州市龙潭村

访谈内容：了解龙潭村老年人的基本生活状况

问：请问您在龙潭村担任了多久的社工？

答：我是去年12月份左右过来的。

问：回顾一下，您作为社工对老年人进行服务，有什么感想和经验呢？（有工作负担吗）

答：经验的话因为我刚来没多久所以也还没有什么经验。虽然工作负担肯定是有的，但是因为热爱这份工作，所以负担压力什么的也就没有什么了。

问：龙潭村里对老年人的社工服务作了一个怎样的安排？（人手，时间）

答：村委对这一块并没有什么安排，一般是要我们社工这边去找他们。华洲街比较不重视社工这一方面。市区里面会比较重视社工服务，会特别支持家综。比如说你要什么资源他们都会帮忙配备好，但龙潭村这边不行，这边好像上边没有要求家综做到怎样，但市区那边是有要求的街道为家综提供帮助的。

问：哪些服务比较受老年人的追捧？

答：现在应该是比如茶话会之类的会比较受欢迎。这边老年人生活基本上经济方面是没有什么问题的，就是精神娱乐方面比较匮乏。所以基本上只要可以玩的话他们都是比较乐意参加的。

问：全村大约有多少老年人接受了社区服务？参与程度？

答：我自己来了之后也就搞过一次活动，但听之前的社工讲老年人都是很乐意参加这些活动的。因为老年人数量也多，所以一般参加的人数都不用担心。正确来讲老年人的参与率比较高，而不是参与度比较高。可能有很多人参加一个活动，但不是说一个人会参加很多个活动。我们可以保证活动的参与的人的数量但保证不了质量。意思也就是这个参加了这次的活动并不能保证他下次还来参加你的活动，也相当于所谓的"回头率"。

问：向老年人进行服务时，哪些常见的问题会发生？

答：因为我也刚来没多久，所以还没遇到什么大的问题。

问：凭您的社工和接触经验，你认为龙潭的老年人生活状况如何？

答：这里老年人大都是本地的吧，我接触的除了一个是外地的其他都是本地的。他们生活情况都挺好的啊，大部分都有子女供养，所以经济上没有什么问题，就还是精神娱乐方面欠缺。

问：龙潭村根据现出现的生活问题进行了哪些改革？

答：这里的情况我不太清楚啊。这些你们最好去问居委和村委吧。

问：外来老年人与本地老年人的关系如何？

答：他们关系比较僵。这背后的原因呢，据我了解，本地人是很讨厌外地人不讲卫生，随地丢垃圾。可外地人为什么讨厌本地人我就真的不知道了。外地人应该是那种好像"你不喜欢我我干吗要喜欢你"的心理。但我觉得呢，外地人并没有本地人讨厌外地人那样讨厌。街道小巷中的垃圾很多，会出现居民高空抛物。

问：大学生的志愿服务参与情况如何？

答：这边并没有很多大学生过来做志愿服务。老年人还是很喜欢大学生过来搞活动的，即使他们并不喜欢这个活动，但也不会讨厌，还是很欢迎你们过来服务的。所以就是多做也不怕，只要有人敢去做，就一定会有所改变的。

问：我们（大学生）能为你们提供怎样的帮助？

答：有时候比如搞活动的时候，像我一个人就肯定是不够的，就会希望有志愿者过来帮忙啊。但平时的话就希望大学生可以自己组织志愿活动，侧重于你们自己的安排。参加志愿者的活动，不仅可以为别人服务也可以锻炼自己的能力。

后　　记

　　自2002年秋在广西师范大学社会文化与旅游学院给中国少数民族史、民俗学等专业的硕士研究生讲授人类学理论与方法课程以来，我先后给该校民族学、人类学、民俗学、旅游管理等专业的硕士研究生开设过"民族学人类学理论与方法""民族学人类学民俗学经典著作选读""历史人类学专题""经济人类学专题""宗教人类学专题""旅游人类学专题"等课程。

　　2008年10月，从兰州大学民族学博士后流动站出站后不久，经人事部、全国博士后管委会派遣，我到华南农业大学公共管理学院工作，主要从事社会学和公共管理等方面的教学与研究。除继续开设面向本科生的"人类学与现代生活"选修课程外，新开设"田野调查与实践"（后更名为"田野调查与社会实践"）、"社会调查理论与方法"、"民族社会学"、"文化人类学"、"文化社会学"等本科课程。从2011年秋季学期开始，我每年（除2013年8月至2014年8月在美国普渡大学访学外）给公共管理专业硕士（MPA）研究生主讲"社会研究方法"（2016年被立项为广东省研究生示范课程建设项目）；2015年起给华南农业大学公共管理学术型硕士研究生主讲学位课程"公共管理质性研究方法"（后更名为"质性研究方法"）；2016年起承担专业学位研究生政治课（"马克思主义与社会科学方法论"）的教学任务；2021年秋季学期开始，为华南农业大学的农业专业硕士农村发展领域研究生主讲核心主干课程（"社会调查研究方法"）。可以说，我在社会调查研究方法的教育教学中已经耕耘了20年。

　　20年来，我深刻地感受到社会调查研究方法教学对于人才培养工作和学生成长成才的重要意义。但是，目前国内却缺乏一部适合本科生和研究生学习参考的田野工作和质性研究的教材，定量研究的教材却不少，我也主编了全国农业专业农村发展领域硕士学位研究生使用的统编教材《社会调查研究方法》（中国农业出版社2022年出版）。因此，我萌生了编写《田野工作：质性研究的理论、方法与实践》教材的想法。

　　本书在编写过程中得到了许多领导、同事和朋友的帮助与支持。广东省教育厅给予了项目立项和经费支持，华南农业大学研究生院、本科生院也分别给予了课程思政的课程建设项目立项和经费支持。我的同事张运红副教授、张雯闻副教授、蒙丽副研究员积极参与本书编写，他们的任务分工是：蒙丽编写第四章、第五章、第六章及与我合写第十三章，张运红编写第七章，张雯闻编写第八章。另外，我指导的本科毕业生温文静和伍婉翠也欣然同意将其毕业论文的相关内容收录本书（第十四章）。其余章节内容由我编写。正是由于他们的大力支持，本书才得以顺利出版。我在此深表感谢！

由于时间仓促，学浅识疏，书中疏漏难免，敬请大家批评指正！

廖杨　谨识

2024 年 5 月于羊城五山